民國歷史與文化研究

六　編

第9冊

李宗仁與抗戰時期第五戰區（1937～1945）
——以安徽為中心的探討

廖奕盛　著

花木蘭文化事業有限公司

國家圖書館出版品預行編目資料

李宗仁與抗戰時期第五戰區（1937～1945）——以安徽為中心的探討／廖奕盛 著 — 初版 — 新北市：花木蘭文化事業有限公司，2017〔民 106〕
目 4+170 面；19×26 公分
（民國歷史與文化研究 六編；第 9 冊）
ISBN 978-986-486-148-5（精裝）
1. 中日戰爭 2. 民國史
628.08 106013736

民國歷史與文化研究
六 編 第 九 冊 ISBN：978-986-485-148-5

李宗仁與抗戰時期第五戰區（1937～1945）
——以安徽爲中心的探討

作　　者 廖奕盛
總 編 輯 杜潔祥
副總編輯 楊嘉樂
編　　輯 許郁翎、王 筑　美術編輯 陳逸婷
出　　版 花木蘭文化事業有限公司
社　　長 高小娟
聯絡地址 235 新北市中和區中安街七二號十三樓
電話：02-2923-1455／傳眞：02-2923-1452
網　　址 http://www.huamulan.tw 信箱 hml 810518@gmail.com
印　　刷 普羅文化出版廣告事業
初　　版 2017 年 9 月
全書字數 136350 字
定　　價 六編 10 冊（精裝）台幣 18,000 元

李宗仁與抗戰時期第五戰區（1937～1945）

——以安徽為中心的探討

廖奕盛 著

作者簡介

廖奕盛，雲林縣二崙人，1990 年生。私立淡江大學統計學系畢業，國立中興大學歷史學碩士。研究範圍爲中國近現代史、軍事史。

提　　要

抗戰爆發後，李宗仁所領導的桂系集團加入對日作戰行列。李宗仁擔任第五戰區司令長官期間，由於戰法靈活，使得日軍無法消滅第五戰區的主力部隊；1941 年中旬以後，日軍就不復對第五戰區實施大規模的作戰，直到李宗仁調離後，日軍才重新對第五戰區發動攻勢。

安徽省在抗戰初期，就被劃入第五戰區的作戰範圍內。戰時安徽省總共歷經三位省主席，分別是李宗仁、廖磊和李品仙。桂系運用戰前統治廣西的經驗來治理安徽省，成功將安徽省染上桂系的色彩。在經歷桂系的治理後，安徽省在戰後成爲桂系的勢力範圍。

第五戰區從抗戰初期，即是由各個軍系所組成，內部相當的龐雜，李宗仁除了要跟各個派系將領維持良好關係，還必須消除彼此之間的對立，才能有效指揮作戰，但這樣的行爲，自然也引起中央的猜忌。不過在李宗仁立下戰功後，舒緩中央的疑慮，只是中央仍對李宗仁持有戒心。

抗戰初期，李宗仁在擔任安徽省主席期間，對於中共派遣人員到安徽來建立組織，並不反對；但隨後引發的高敬亭事件，讓李宗仁對中共逐漸感到不滿。李宗仁對於中共的誠意，產生了疑問，加上各個機關被中共嚴重滲透，決定開始排除中共參與各種機關和活動。1940 年後，雖然雙方尚未公開破裂，但桂系已經不再跟中共合作，彼此之間的衝突也不斷地加深。待新四軍事件發生後，桂系與新四軍的衝突也表面化，雙方對於皖東地區的爭奪，在之後的抗戰期間，從沒有停止過。

李宗仁擔任第五戰區司令長官期間，將桂系的聲勢推向高峰；不但將安徽省納入其勢力範圍，也成功結交其他派系的軍事將領。儘管中央對李頗有戒心，但因李相當遵從中央號令，使得中央只好繼續由李擔任此一職務。直到日軍「一號作戰」後，中央才藉機將李宗仁升任漢中行營主任，調離第五戰區，直至抗戰勝利爲止。

目次

第一章　緒　論 …… 1
第一節　本文主旨與研究目的 …… 1
第二節　研究回顧 …… 4
第三節　研究方法與論文綱要 …… 7
第二章　第五戰區的成立與戰績 …… 11
第一節　抗戰前廣西與中央的分合 …… 11
一、武漢事變 …… 11
二、重振桂系 …… 13
三、兩廣事變 …… 16
第二節　李宗仁的戰略構想及投入抗戰 …… 19
一、李宗仁的抗戰思想 …… 19
二、桂軍出省作戰 …… 21
三、徐州會戰 …… 24
四、武漢會戰 …… 33
第三節　敵我相持下的第五戰區 …… 37
一、隨棗會戰 …… 37
二、冬季攻勢 …… 41
三、棗宜會戰 …… 44
四、豫南會戰 …… 50
第三章　第五戰區的基層治理　—以安徽為例 …… 55
第一節　桂系的治理績效 …… 55
一、李宗仁時期（1938/01～1938/09） …… 55
二、廖磊時期（1938/09～1939/10） …… 61
三、李品仙時期（1939/11～1944/12） …… 68
第二節　戰區糧政措施的推行 …… 77
一、糧食管理機構的設置與調整 …… 77
二、戰時的糧食政策 …… 79
三、實施田賦徵實 …… 82
四、徵購軍公糧 …… 85
五、調節民食 …… 87
第三節　立煌事變與戰區的善後政策 …… 88
一、事變經過 …… 88
二、善後政策的施行 …… 92

第四章　戰區與各方的關係 …… 99
第一節　戰區內部人事的協調 …… 99
一、章乃器引發的紛爭 …… 99
二、與國民黨 CC 派的鬥爭 …… 101
三、與「雜牌軍」的相處 …… 103
四、中央的反感 …… 107
第二節　與各戰區的合作與衝突 …… 110
一、省務方面 …… 110
二、軍事方面 …… 113
第三節　戰區內中共之活動 …… 118
一、初期合作 …… 118
二、高敬亭事件 …… 119
三、從修好到決裂 …… 121
四、國共爭奪皖東 …… 124
第五章　迎接勝利 …… 129
第一節　重新調整戰區 …… 129
一、豫中會戰 …… 129
二、重新劃分第五戰區 …… 133
三、李宗仁調任漢中行營 …… 134
四、豫西鄂北會戰 …… 136
第二節　新四軍事變後的共軍活動 …… 138
一、壓迫鄂東地區的新四軍 …… 138
二、皖東地區的爭奪 …… 142
第六章　結　論 …… 145
附　錄 …… 149
徐州會戰前期第五戰區指揮系統圖 …… 151
徐州會戰後期第五戰區指揮系統圖 …… 152
武漢會戰第五戰區指揮系統圖 …… 153
隨棗會戰第五戰區指揮系統圖 …… 154
冬季攻勢第五戰區指揮系統圖 …… 155
棗宜會戰第五戰區指揮系統圖 …… 156
豫南會戰第五戰區指揮系統圖 …… 157
1944 年安徽省政府組織圖 …… 158
戰時安徽省政府機關歷任負責人表 …… 158

徵引書目 ………………………………………………… 159

圖　次

圖 1-1　第五戰區作戰地形演變圖 ……………………… 8
圖 1-2　李宗仁在奪回之台兒莊車站上 ………………… 9
圖 1-3　1940 年 4 月第五戰區高級將領合影 ………… 9
圖 2-1　1938 年第五戰區作戰地形圖 ………………… 21
圖 2-2　徐州會戰經過要圖 ……………………………… 32
圖 2-3　武漢會戰經過要圖 ……………………………… 36
圖 2-4　隨棗會戰經過要圖 ……………………………… 40
圖 2-5　冬季攻勢第五戰區作戰經過要圖 ……………… 43
圖 2-6　棗宜會戰經過要圖（1940 年 5 月 1 日至 30 日）· 47
圖 2-7　棗宜會戰經過要圖（1940 年 6 月 1 日至 7 月 4 日）
……………………………………………………………… 48
圖 2-8　1940 年 9 月第五戰區作戰地形圖 …………… 50
圖 2-9　豫南會戰經過要圖 ……………………………… 53
圖 3-1　1944 年安徽省保安司令部組織系統圖 ……… 77
圖 3-2　第二十一集團軍作戰部署圖 …………………… 90
圖 4-1　江北殲滅作戰前雙方軍力部署圖 …………… 106
圖 5-1　豫中會戰經過要圖 …………………………… 132
圖 5-2　1945 年第五和第十戰區作戰地形圖 ……… 133
圖 5-3　豫西鄂北會戰經過要圖 ……………………… 137
圖 5-4　第五戰區分區剿辦匪軍要圖 ………………… 139

表次

表 3-1　重新評定安徽省各縣縣等表 …………………… 70
表 3-2　安徽省各重要城市零售物價總指數表 ………… 74
表 3-3　5 年來省庫收入表 ……………………………… 75
表 3-4　安徽省糧食生產消費數量統計表 ……………… 80
表 3-5　安徽省各主要糧食市場米價指數統計表 ……… 81
表 3-6　抗戰時期安徽省田賦徵實統計表 ……………… 85
表 3-7　1942 年 2 月至 6 月省會公糧運撥數量表 …… 87
表 3-8　日軍第六十八聯隊第一大隊虜獲表 …………… 92
表 3-9　各項職責辦理機關列表 ………………………… 95
表 4-1　1940 年幹訓團職務負責人表 ………………… 102
表 5-1　抗戰期間新四軍第五師士兵統計表 ………… 142

第一章　緒　論

第一節　本文主旨與研究目的

（一）李宗仁、桂軍與抗戰

1916 年，袁世凱企圖恢復帝制失敗而暴卒後，中國各地逐漸演變成軍閥割據的狀態，其中廣西、廣東皆被以陸榮廷爲首的「舊桂系」所盤據。然不久後，即被孫中山、陳炯明聯手打倒；孫並進駐桂林，準備北伐。不料，1922 年陳炯明叛變，孫中山無力兼領廣西，廣西一時無主，成爲群雄並起的局面。〔註 1〕

李宗仁，字德鄰，廣西桂林人，廣西陸軍小學畢業後即加入桂軍。1921 年「老桂系」瓦解後，率領殘部退入廣西六萬大山中，吸收其他敗退的桂軍，勢力逐漸壯大。之後與黃紹竑、白崇禧二人共同合作，並加入中國國民黨。1924 年，在得到李濟深的粵軍協助下，陸續消滅陸榮廷、沈鴻英等勢力，統一廣西，成爲「舊桂系」（以下仍稱「桂系」）。

李宗仁領導桂系加入國民黨後，成爲國民黨內的派系之一。其有三大特徵：（一）桂系發端於一個獨立發展的地方武力，不同於黨內的多數派系，都是在黨內成長的。（二）桂系是國民黨中，少數擁有武力、地盤和財權的派系，始終沒有放棄其發跡地，也沒有放棄所屬部隊的控制權。（三）桂系的地區性太濃厚，難以袪除地方色彩而眞正融入中央，對中央只是合作而不是認同。〔註 2〕

〔註 1〕廣西區政協文史資料委員會編，《新桂系紀實（下）》（南寧：廣西壯族自治區新聞出版局，1990 年），頁 353。

〔註 2〕唐德剛作、中國近代口述史學會編譯，《民國史軍閥篇：段祺瑞政權》（臺北：遠流，2012 年），頁 264-265。

北伐期間，雖然李宗仁與蔣中正聯合發動清黨，但由於李並非黃埔出身，因而難令蔣感到信任。北伐成功後，桂系的力量遍及全國，蔣的疑慮更加擴大，遂利用桂系內部向心力不足的問題，將桂系瓦解。直到中原大戰爆發後，李宗仁才藉機重返廣西。此後，桂系即埋頭建設廣西，直到兩廣事變後，才再度與中央攜手合作。

抗戰爆發後，李宗仁被任命爲第五戰區司令長官，桂軍則被改編爲三個集團軍。李宗仁率領其中兩支北上參與抗戰，分別是第十一和第二十一集團軍，而留置於廣西的則是第十六集團軍。整個抗戰期間，李宗仁能夠長久穩坐第五戰區司令長官的位置，有三項因素：（一）李擁有實力不錯的桂軍；（二）李能夠駕馭非中央軍系的將領；（三）李確實有表現。由於以上的因素，使得蔣中正對李宗仁相當重視，沒有隨意變動李的職位。

（二）抗戰時期的第五戰區

中央成立第五戰區的原因，最初目的是阻擋日軍南下。因此在李宗仁剛任第五戰區司令長官時，戰區作戰範圍，是長江以北，黃河以南，聊城、鄆城、商邱、鹿邑一線以東地區，包括山東、江蘇、河南、安徽省之各一部分，與第一、第三戰區相鄰。徐州會戰結束後，重新調整作戰範圍，第五戰區改爲隴海鐵路以南，長江以北，商邱、沈邱、信陽一線及漢水以東地區，包括安徽、河南和湖北省，與第一、第三、第九戰區相鄰。

1938 年武漢會戰結束後，第五戰區再次調整作戰範圍，變爲長江以北，信陽、桐柏、光化一線以南的鄂北、豫南、皖西、皖北、皖中、皖東地區，跟第一、第三、第九戰區相接。1940 年棗宜會戰結束後，軍委會鑒於宜昌遭到日軍佔領，決定在湖北地區重新設置第六戰區，藉此保衛戰時首都重慶的安全。隨著第六戰區的增設，第五戰區的作戰範圍再度改變，改爲襄河以東。

1944 年日軍發動「一號作戰」，成功打通平漢鐵路，造成鐵路以西，駐老河口的第五戰區長官部，與鐵路以東的豫鄂皖邊區，聯繫受阻。於是軍委會決定將東半部劃入 1945 年新成立的第十戰區，作戰區域爲平漢路以東，黃河以南，長江以北的地區，包括地區爲河南東部、山東省及長江以北的安徽、江蘇部份，司令長官由李品仙擔任。〔註 3〕

至此，原西半部第五戰區的作戰範圍，只剩下北至信陽、桐柏一線，南

〔註 3〕李品仙，《李品仙回憶錄》（臺北：中外圖書出版社，1975 年），頁 218。

至長江流域，東至平漢鐵路，西達襄河的豫鄂地區。配合戰區變動，1945 年 2 月，軍委會將李宗仁調任為漢中行營主任，結束長達 7 年多的戰區司令長官職務，遺缺則由劉峙接掌。劉接任不久後，爆發豫西鄂北會戰，此會戰結束後，就再無重大變化，直至抗戰勝利。

抗戰時期，中央為了方便省政府能夠有效配合軍方作戰，實行軍政合一，多讓軍人兼任省政府主席。時任第五戰區司令長官的李宗仁，在抗戰初期也一度兼任安徽省主席。但李宗仁認為司令長官應集中精神籌劃軍事，沒有時間去兼管全省的政務，〔註 4〕所以 8 個月後就請辭省主席，由第二十一集團軍司令廖磊來接任；廖磊亡故後，遺留的軍職及省職，都改由李品仙來接掌。李宗仁、廖磊、李品仙都是廣西人，使得整個抗戰期間，形成「桂人治皖」的局面。

（三）研究目的與問題

抗戰期間，「政治配合軍事」的考量下，省主席皆由軍人兼任，也就造成許多省主席是由不同省份的軍人擔任，「桂人治皖」就是在此局勢下所形成。李宗仁、廖磊、李品仙等廣西人，在戰時特殊體制下，如何治理安徽省，是本文首先希望進行釐清的。

其次，第五戰區成立初期，下轄的部隊就派系繁雜。這些被歸類為「雜牌」部隊的川軍、西北軍，一直都是第五戰區的重要戰力。而李宗仁擔任戰區司令長官期間，必須能有效的指揮這些部隊參與作戰，因此李宗仁要如何與這些部隊打好關係，是本文要釐清的另一問題。

第三，第五戰區的位置，從一開始夾在第一和第三戰區之間；隨著戰事的演變，逐步往西移動，漸漸形成被第一、第三、第六和第九戰區所包圍。而這些戰區都是由中央嫡系的人馬出任，李宗仁等人跟他們的相處情形，也是本文所要探討的部分。

最後，抗戰爆發後，國民黨與共產黨重新合作，而李宗仁一開始對共產黨的態度也尚屬友善。但隨著雙方的衝突不斷，到了 1940 年初，關係已降到冰點，軍隊之間的衝突逐漸升溫。1941 年新四軍事件（又稱皖南事變）爆發，第五戰區內的衝突也告表面化。李宗仁對共產黨的態度，從一開始的開放，到之後強烈將其排除，為何會有如此巨大的轉變？其因素也是本文探討的重點。

〔註 4〕李宗仁口述、唐德剛編著，《李宗仁回憶錄》，頁 469。

綜合以上幾項問題，本文嘗試利用多元的角度，來描寫在李宗仁統領下，第五戰區的軍政表現；同時藉此釐清桂系如何治皖、李宗仁與「雜牌軍」的相處、處理戰區之間的關係、桂系與中共的紛爭等問題，希望對李宗仁和抗戰的研究能有所貢獻。

第二節　研究回顧

李宗仁身為桂系的領導人，參與國民黨的北伐運動，在達成全國形勢上的統一後，卻跟中央決裂，直到兩廣事變後才再度攜手合作，並於抗日戰爭立下不少戰功。

有關李宗仁、桂軍與抗戰的研究，唐德剛所著的《民國史軍閥篇：段祺瑞政權》中，〔註5〕提出桂系的三大特徵，並簡述其崛起到腐敗的過程；但也因此，對於李宗仁在抗戰期間的作為，並不詳細。吳振漢所著的《國民政府時期的地方派系意識》，〔註6〕探討李宗仁所領導的桂系跟中央之間的分合，其中該書對桂系在抗戰期間的作為，有不少著墨；只是本書較偏重於桂系與中央的關係，因此桂系與其他派系之間的相處，則著墨甚少。

李宗仁擔任第五戰區司令長官期間所指導的幾次戰役，是屬於戰史的範圍。國防部史政編譯局（現在改制為史政編譯室）所編的專書，如《抗日戰史紀要》、〔註7〕《抗日戰史》〔註8〕等等，還有三軍大學（現改名為國防大學）所編纂的《國民革命軍戰役史第四部——抗日》，〔註9〕皆是研究抗日戰史不可或缺的材料。這裡面所提及的史料有很多都是屬於中華民國軍方檔案，許多作戰指示與部隊編裝、番號均可從書中來進行查閱，故有很高的參考價值。不過由於這些書籍是由軍方所編成，故其內容難免主觀，許多記述除有誇大不實外，於失利的戰鬥上，用詞也比較委婉。在大陸方面，也有不少與戰史相關的書籍，如王曉華和戚厚杰主編的《抗日戰爭正面戰場檔案全

〔註5〕唐德剛作、中國近代口述史學會編譯，《民國史軍閥篇：段祺瑞政權》，臺北：遠流，2012年。

〔註6〕吳振漢，《國民政府時期的地方派系意識》，臺北：文史哲出版社，1992年。

〔註7〕國防部總政治作戰部編，《抗日戰史紀要》，出版地不明：國防部總政治作戰部，1996年。

〔註8〕國防部史政編譯局，《抗日戰史》，臺北：國防部史政編譯局，1981年。

〔註9〕三軍大學戰史編纂委員會，《國民革命軍戰役史第四部——抗日》，臺北：國防部史政編譯局，1995年。

紀錄》，〔註 10〕該書主要是運用中國第二歷史檔案館的資料所寫成，其書中對國軍將領的評價，較之前來得公允，因此有其參考價值。

此外，本文還會運用大陸近年所彙編的《抗日戰爭正面戰場》，〔註 11〕來補充臺灣相關史料不足的部分；並藉由大陸所出版的《原國民黨將領抗日戰爭親歷記》，來貼近戰時的眞實狀況。

戰區制度與第五戰區的研究，最近有蕭先佑的《薛岳與抗戰時期第九戰區的發展（1938～1945）》，〔註 12〕雖然研究的戰區不同，但其內文中對戰區制度的研究，是値得做爲參考。而林伯瀚的《陳誠主政湖北之研究（1938～1944）》，〔註 13〕其內文中有一節是探討第五和第六戰區之間的關係。由於第五戰區的作戰範圍包括湖北省部分，而與第六戰區司令長官兼湖北省主席陳誠之間，衝突劇烈，此文在這方面提供不少研究成果。

抗戰時期安徽省政的發展，有申曉雲所著的〈抗戰時期新桂系治皖〉〔註 14〕一文，其分析三位桂系省主席如何治理皖政，可惜對 1943 年立煌事變後的皖政敘述較少。李辰昊的《抗戰時期第五戰區豫鄂皖游擊區的軍政建設研究》〔註 15〕論文中，也有分析三位安徽省主席在戰時的建設，只是 1943 年後安徽的建設，也是簡單帶過。

至於桂系與中共的關係，陳永發的《中國共產黨革命七十年》〔註 16〕內文中有提到抗戰期間國共兩黨之間的相處，但提及桂系與中共在安徽地區的相處也相當簡略。因此本論文大量運用《張雲逸年譜》〔註 17〕來釐清桂系與中共的關係，並用《新四軍在安徽》〔註 18〕中的回憶錄和彙編出版的檔案《新

〔註 10〕王曉華、戚厚杰主編，《抗日戰爭正面戰場檔案全紀錄》，北京：團結出版社，2011 年。

〔註 11〕中國第二歷史檔案館編，《抗日戰爭正面戰場》，南京：鳳凰出版社，2005 年。

〔註 12〕蕭先佑，《薛岳與抗戰時期第九戰區的發展（1938～1945）》，嘉義：國立中正大學歷史研究所碩士論文，2014。

〔註 13〕林伯瀚，《陳誠主政湖北之研究（1938～1944）》，桃園：國立中央大學歷史研究所碩士論文，2010。

〔註 14〕申曉雲，〈抗戰時期新桂系治皖〉，《慶祝抗戰勝利五十週年兩岸學術研討會論文集》，臺北：聯經出版社，1996 年。

〔註 15〕李辰昊，《抗戰時期第五戰區豫鄂皖游擊區的軍政建設研究》，大連：遼寧師範大學歷史研究所碩士論文，2014。

〔註 16〕陳永發，《中國共產黨革命七十年》，臺北：聯經出版社，2001 年。

〔註 17〕《張雲逸傳》編寫組和海南省檔案館合編，《張雲逸年譜》，北京：當代中國出版社，2012 年。

〔註 18〕安徽省軍區政治部主編，《新四軍在安徽》，合肥：安徽人民出版社，1982 年。

四軍文獻》，來補充不足之處。

大體言之，目前對於李宗仁的研究上，主要還是著重在戰前與中央之間的分合和對廣西建設，還有戰後擔任副總統期間的探討。對於李宗仁在抗戰期間，主政第五戰區時期的軍民建設，則只有少數文章有所提及，而且並不完整，這方面是比較模糊的地方。

因此本文除運用上述所提及的史料外，還會運用臺北國史館所收藏的《蔣中正總統文物》。《蔣檔》中包含許多電文資料，可作爲李宗仁與各派系之間關係的史料。而由國史館出版的《蔣中正總統五記》，〔註 19〕可以輔助《蔣檔》不足的部分，使研究能夠較完整。另外，本文將多方利用相關人物的日記、口述歷史與回憶錄，如大陸所出版的《安徽文史資料》、《安徽文史集萃叢書》、《湖北文史資料》、《老河口文史資料》、《新桂系紀實》；〔註 20〕台灣出版的《李宗仁回憶錄》、〔註 21〕《李品仙回憶錄》、〔註 22〕《黃旭初回憶錄》、〔註 23〕《白崇禧先生訪問紀錄》、〔註 24〕《談往事》、〔註 25〕《孫連仲先生年譜長編》、〔註 26〕《陳誠先生回憶錄——抗日戰爭》〔註 27〕等等，藉此來補足檔案無法呈現的部分。

除上述各材料外，本文將大量使用中國國家圖書館的電子資料：《安徽政治》，作爲桂系如何治理安徽的依據。《安徽政治》是 1938 年李宗仁擔任安徽省主席時所創辦的雜誌，其內文主要都由省主席和各廳廳長所撰寫，以此宣傳所實施的政策。而國史館所藏的《國民政府檔案》，也提供不少有關省政府方面的資料。此外，本文還會以國史館所彙編的《糧政史料》和國民黨黨史會出版的《抗戰建國史料——糧政方面》、《抗戰建國史料——田賦徵實》及大陸出版的《中華民國史檔案資料匯編》、《安徽省志》、《中國檔案精粹 安徽卷》〔註 28〕等書，來補充不足的部份。希望藉此能夠將第五戰區主要管轄範

〔註 19〕黃自進、潘光哲編，《蔣中正總統五記——困勉記》，臺北：國史館，2011 年。

〔註 20〕廣西區政協文史資料委員會編，《新桂系紀實》，南寧：廣西壯族自治區新聞出版局，1990 年。

〔註 21〕李宗仁口述、唐德剛撰寫，《李宗仁回憶錄》，臺北：曉園出版社，1989 年。

〔註 22〕李品仙，《李品仙回憶錄》，臺北：中外圖書出版社，1975 年。

〔註 23〕黃旭初，《黃旭初回憶錄：李宗仁、白崇禧與蔣介石的離合》，臺北：獨立作家，2015 年。

〔註 24〕白崇禧，《白崇禧先生訪問紀錄》，臺北：中研院近史所，2015 年。

〔註 25〕韋永成，《談往事》，臺北：作者自印，年代不詳。

〔註 26〕劉鳳翰編著，《孫連仲先生年譜長編》，臺北：國史館，1993 年。

〔註 27〕何智霖編，《陳誠先生回憶錄——抗日戰爭》，新店：國史館，2004 年。

〔註 28〕安徽省檔案館編，《中國檔案精粹》「安徽卷」，香港：零至壹出版有限公司，2001 年。

圍安徽省，其治理情形給具體呈現出來。

總之，本文期望能透過史料的爬梳，將有關李宗仁領政第五戰區的資料加以整理，同時免除偏見以求客觀，將李宗仁在第五戰區內的具體行為呈現出來，補充學術界對李宗仁研究不足的部分。

第三節　研究方法與論文綱要

由於目前學術界對抗戰時期有關李宗仁的研究仍舊不全，故本文將用各種史料來釐清問題，使本文在論述上具有說服力。按：一般在論文的形式上，多將之分為三個部分，即緒論、主體、結論，本文也是如此。第一章為緒論，主要是說明本文的研究目的、研究回顧及研究方法。

主體的部分將分為四章。其中第二章將探討第五戰區的成立與戰績，先講述抗戰前李宗仁所領導的桂系跟中央之間的分合；後闡述李宗仁的戰略構想，以及抗戰爆發後桂系所參與的會戰；最後將敘述武漢會戰後，第五戰區接鄰前敵，負責保衛戰時首都重慶，因此與日軍爆發的幾場會戰。

第三章為第五戰區的基層統治。第五戰區的作戰範圍，從成立初期到 1944 年日軍「一號作戰」佔領平漢鐵路沿線為止，一直都以安徽省為主體；所以在李宗仁的安排下，抗戰期間安徽省主席都由桂系人馬出任。1945 年，豫鄂皖邊區獨立成為第十戰區，司令長官仍由李品仙擔任。因此這章將以安徽省為例，來說明第五戰區如何治理基層。第一節先說明桂系的治理績效，分別敘述省主席李宗仁、廖磊、李品仙治理安徽的方針；接著第二節分析安徽省在戰區指導下，如何實施糧政措施；第三節則要探討 1943 年發生的立煌事變，並說明戰區所實施的善後政策。

第四章為戰區跟各方的關係，第一節是戰區內部人事的協調。緣因第五戰區下轄的軍隊相當複雜，各個派系的軍隊都有，故將介紹李宗仁如何來統領這些軍隊。第二節將敘述第五戰區與鄰近戰區的關係。第三節將分析李宗仁對待共產黨的態度，如何從一開始的合作，到之後的分裂，為何會有如此轉變等。第五章為第五戰區的後續發展，分為兩個部分，前半部將說明豫中會戰後，中央對第五戰區的改組；後半部則是介紹新四軍事變後，桂系與中共在皖東及鄂東地區的爭奪。

最後第六章則是結論的部分，將對李宗仁在第五戰區的軍政表現做統合式整理，其中對李宗仁與「雜牌」軍、中央、中共之間的關係，及桂系如何治理安徽，將是本文結論的整理重點。

圖 1-1　第五戰區作戰地形演變圖

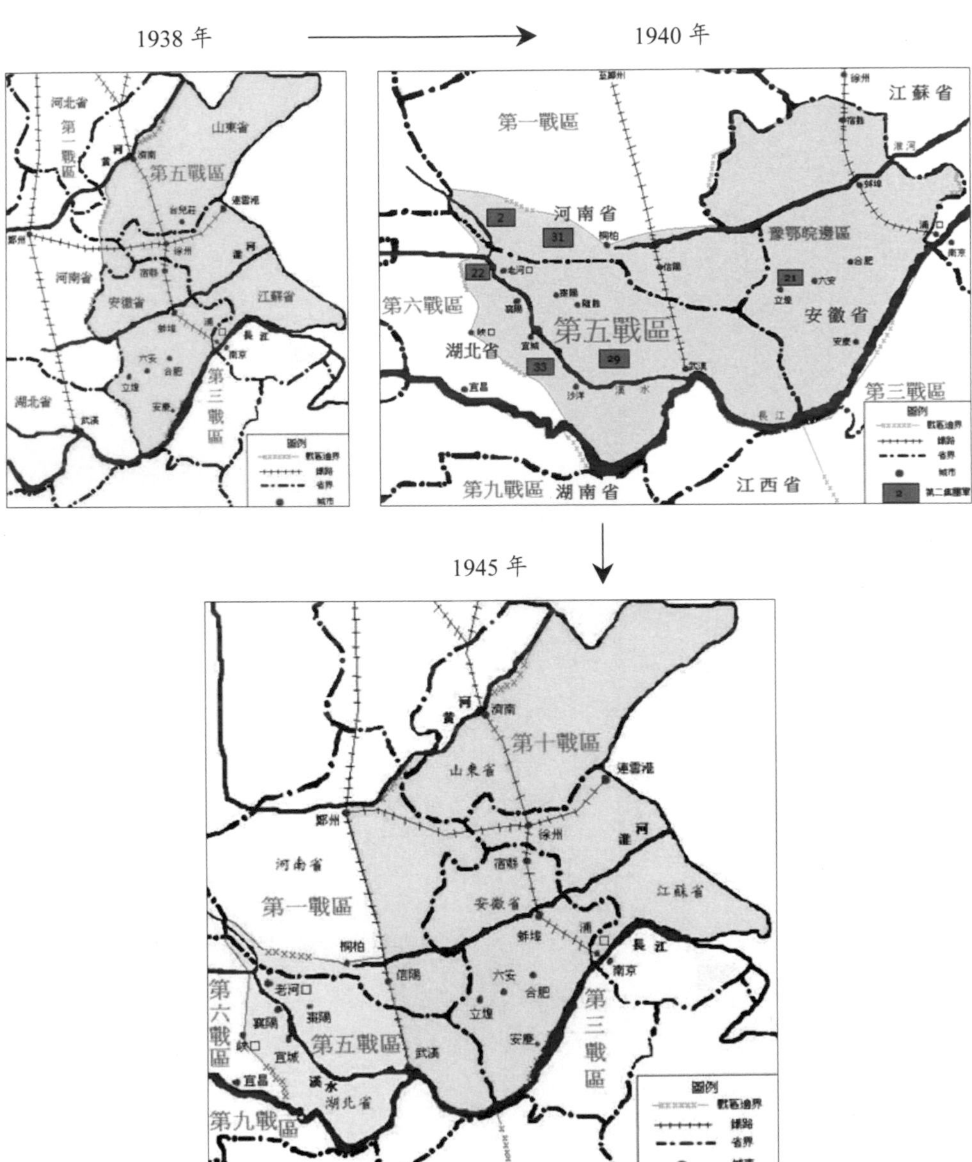

資料來源：根據蔣緯國編，《國民革命戰史第三部——抗日禦侮（五）》，附圖 20；《國民革命戰史第三部——抗日禦侮（六）》，附圖 6-1、7、13；李品仙，《李品仙回憶錄》，頁 220，筆者自繪。

圖 1-2　李宗仁在奪回之台兒莊車站上

資料來源：李宗仁口述、唐德剛撰寫，《李宗仁回憶錄》，附圖。

圖 1-3　1940 年 4 月第五戰區高級將領合影

攝於 1940 年 4 月 15 日，老河口第五戰區司令部會議室前。照中左起：張仲直、高松元、劉汝明、王鳴詔、郭懺、湯恩伯、孫連仲、李宗仁、張自忠、黃琪翔、韋永成。（資料來源：中國人民政治協商會議全國委員會文史資料研究委員會《武漢會戰》編審組編，《原國民黨將領抗日戰爭親歷記：武漢會戰》，附圖。）

第二章　第五戰區的成立與戰績

第一節　抗戰前廣西與中央的分合

一、武漢事變

李宗仁（1891～1969），字德鄰，廣西桂林人，曾就讀廣西陸軍小學堂和廣西陸軍速成學堂，畢業後擔任廣西將校講習所中尉教官。將校講習所停辦後，轉任「護國軍」第六軍林虎部的排長。1921 年統治廣西的陸榮廷被陳炯明所率領的粵軍擊敗，1922 年陳炯明與孫中山決裂，無力顧及廣西地區，廣西各地群雄並起，擁兵自重，陷入分裂的狀態。李宗仁也是群雄之一，後來和黃紹竑、白崇禧的部隊合流，在三年之間陸續消滅群雄，於 1925 年統一廣西。李宗仁遂成爲「桂系」的領導者。

桂系的特性在於：李宗仁、白崇禧、黃紹竑三位創建者，由於其社會、經濟出身和教育背景大致相同，使得三人之間存在幾乎平等的關係，不允許其中一人凌駕於其它人之上；而他們與桂系的次級人物背景也大致相同，這增加桂系的穩定性和持久性。〔註 1〕

李宗仁統一廣西後，隨即接受國民黨的領導，使國民政府能夠完成兩廣的統一。但李宗仁接受國民黨的領導後，對其之「聯俄容共」政策感到疑慮，認爲國共雙方的信仰不同，彼此難免會格格不入。〔註 2〕所以他所領導的桂系，始終獨立於國共合作體制之外，不讓共產黨有機會滲透；當北伐軍進至

〔註 1〕戴安娜．拉里（Diana Lary）、陳仲丹譯，《中國政壇上的桂系》（南京：江蘇教育出版社，2010 年），頁 44。

〔註 2〕李宗仁口述、唐德剛撰寫，《李宗仁回憶錄》（臺北：曉園出版社，1989 年），頁 212～213。

上海，總司令蔣中正準備發動清黨時，李宗仁也曾表示支持。

國民政府在南京成立，李宗仁受任武漢政治分會主任，兼任第四集團軍總司令。1928 年北伐完成，桂系勢力如日中天，遍及全國，李宗仁遂將第四集團軍司令部從廣西搬到武漢；而白崇禧也虎踞華北，收編下野的唐生智所屬桂籍李品仙、廖磊等部數萬人；黃紹竑和李濟深則留守兩廣。然而桂系表面上看似實力雄厚，事實上由於其發展速度太快，內部的向心力不足；又使蔣對桂系產生疑慮，準備進行「削藩」。

此時桂系將重心置於華中地區，出省北伐的菁華部隊，第七、第十八、第十九軍皆集中於此。李宗仁在「鄂人治鄂」的方針下，令鄂籍的第十八軍軍長陶鈞、第十九軍軍長胡宗鐸返回湖北，還分別兼任湖北省清鄉督辦、會辦，及黨部要職。兩人總攬湖北全省軍政大權，日益驕縱跋扈；〔註 3〕即對蔣中正也不見敬，1928 年 6 月蔣過武漢赴北平，胡、陶竟拒不與見。〔註 4〕

由於胡、陶二人掌握湖北省的稅收，連帶第十八、十九軍的待遇跟著提升，除薪餉外，還有特別收入。而廣西子弟兵第七軍則僅能仰賴經常費維持，日子很不好過，該軍幹部皆感不滿，於是武漢軍中傳出「廣西人拼命打仗，湖北人升官發財」的不平之鳴。〔註 5〕但李宗仁對胡宗鐸和陶鈞的種種行爲，仍予以放任。

1929 年 1 月，國軍編遣會議正式在南京召開，由蔣中正以國軍編遣委員會委員長身分主持。2 月 5 日舉行第一次常務委員會議，正式展開各項工作。2 月 13 日，湖南省政府委員何鍵親赴武漢，向李宗仁告密，指湖南省主席魯滌平接受中央軍火接濟。〔註 6〕這使得武漢地區的桂系諸將領惟恐後路有失，決定先下手爲強，2 月 21 日出兵襲擊長沙的魯滌平部，迫魯倉皇逃往江西。2 月 22 日，武漢政治分會作出決議，湖南省主席改由何鍵繼任，〔註 7〕此即是「武漢事變」的序曲。

武漢政治分會以武力強行任免地方官員，既有違國民黨二屆五中的決議：不得以政治分會名義，對外發表命令，及任免省政府委員；也違反編遣

〔註 3〕吳振漢，《國民政府時期的地方派系意識》（臺北：文史哲出版社，1992 年），頁 141。
〔註 4〕郭廷以，《近代中國史綱 下冊》（香港：中文大學出版社，1986 年），頁 575。
〔註 5〕程思遠，《白崇禧傳》（臺北：曉園出版社，1989 年），頁 119。
〔註 6〕陳進金，《地方實力派與中原大戰》（臺北：國史館，2002 年），頁 84-85。
〔註 7〕程思遠，《白崇禧傳》，頁 121-122。

會議的命令：各地軍隊不能自由調動。〔註 8〕於是武漢事變正好給蔣中正一個「口實」，得以名正言順，對桂系進行「削藩」工作。

蔣中正首先用中央所控制的報紙，大力宣傳武漢政治分會的違法行徑；還派遣蔡元培等人對整件事情進行調查。另一方面，邀請留守兩廣的李濟深赴京商談，以示尚有轉寰餘地。不料李濟深入京後，卻被軟禁於湯山；〔註 9〕李宗仁獲知後，隨即逃回廣西。

接著，蔣中正採取分化的方針，從內部將桂軍瓦解。華北地區由白崇禧統領的部隊，大部分都是唐生智的舊部，蔣分別派何成濬和唐生智前往策動。白崇禧立即失勢，在廖磊的護送下，走海路抵達香港，最後返抵廣西。〔註 10〕華中方面，蔣分別與第七軍的兩位旅長李明瑞和楊騰輝取得聯絡，使之暗中輸誠中央，還聯絡第七軍中同樣對胡、陶不滿的將領，共同倒戈。武漢地區的桂軍隨即土崩瓦解，胡、陶通電下野。〔註 11〕華南方面，廣東地區的陳銘樞和陳濟棠公開表示願意服從中央，準備進攻廣西。〔註 12〕

李宗仁和白崇禧逃回廣西後，因中央開出的條件過於嚴苛，遂將留省的部隊集中，和中央決戰，最後大敗，只能黯然的離開廣西，逃往香港避難。〔註 13〕直到 1930 年爆發中原大戰，李宗仁利用這個機會，回到廣西重組桂系參戰，失利後退回廣西防守。九一八事變後，日軍的侵略動作頻繁，加上共產黨實力坐大，蔣一時無力顧及廣西地區。李宗仁、白崇禧、黃旭初等人決心趁機從根本上，整理充實廣西的省政和軍力，來維持跟中央抗衡的本錢；而原本在外的桂籍軍政幹才如葉琪、李品仙、廖磊等人，也都歸來參與省政，共圖建設。〔註 14〕

二、重振桂系

李宗仁首先精簡軍民兩政，由本人出任第四集團軍總司令，擔任全盤指導，以總其成；白崇禧爲副總司令，負責軍事方面的改革；葉琪爲參謀總長，

〔註 8〕程思遠，《政海秘辛》（香港：南粵出版社，1988 年），頁 7。

〔註 9〕吳振漢，《國民政府時期的地方派系意識》，頁 142-143。

〔註 10〕黃旭初，《黃旭初回憶錄：李宗仁、白崇禧與蔣介石的離合》（臺北：獨立作家，2015 年），頁 116-119。

〔註 11〕吳振漢，《國民政府時期的地方派系意識》，頁 144。

〔註 12〕黃旭初，《黃旭初回憶錄：李宗仁、白崇禧與蔣介石的離合》，頁 120。

〔註 13〕唐德剛作、中國近代口述史學會編譯，《民國史軍閥篇：段祺瑞政權》（臺北：遠流，2012 年），頁 273。

〔註 14〕施家順，《兩廣事變之研究》（高雄：復文圖書出版社，1992 年），頁 29。

廖磊爲第七軍軍長，夏威爲第十五軍軍長，黃旭初則爲廣西省主席專職在省政方面。〔註 15〕其次在 1934 年召開「擴大黨政軍聯席會議」，會中通過「廣西建設綱領」，具體地確定廣西省內建設的方針。〔註 16〕白崇禧還提出「三自」（自衛、自治、自給）、「三寓」（寓兵於團、寓將於學、寓徵於募）的主張，〔註 17〕成爲建設廣西的政策核心。

李宗仁認爲在武漢事變中，桂系會如此快速瓦解的主因，是將領失和與眾叛親離。因此 1931 年各項軍事行動結束後，便著手整頓軍隊，強化軍隊內部團結和將領忠誠。首先是在 1931 年前已經出面反李的將領，如李明瑞、楊騰輝等人，先後遭到剷除。接著由於黃紹竑脫離桂系投向中央，屬於黃紹竑系的黃鶴齡、梁朝璣、蘇來蘇、黃韜、何次三等人，也都被解除兵權。〔註 18〕經過一番調整後，桂系軍隊的士氣和戰力得到恢復，成爲桂系能再度向外發展的實力基礎。

鑒於武漢事變的失敗，李宗仁也重新調整桂系的政治組織，但他發現桂系缺乏相關的人才。當年統一廣西是依靠武力，大多送往日本士官學校學習，對於政治人才並不重視。北伐前，各軍能夠推薦兩人到莫斯科中山大學就讀，李宗仁推薦韋永成和王公度前往。〔註 19〕兩人回國後，成爲桂系少數培育的政治人才，因此獲得李宗仁和白崇禧的重用。

王公度獲得重用後，隨即引進其留蘇同學謝蒼生、區渭文、李一塵、張威遐等人，在組織、訓練方面成爲一股勢力。韋永成則提攜程思遠、韋贊唐、張岳靈等人，在軍中發展政工，另成一系，成爲桂系的「少壯派」。〔註 20〕由於王公度對時局世事的分析，有其獨到之處，獲得李宗仁和白崇禧的信任，兩人有重要的事情，喜歡找王公度來談；加上王公度留蘇時，看到史達林藉由組織的力量成功奪權，了解組織的力量高於一切，因此他致力在桂系中建立一個以李、白爲中心的緊密團體。〔註 21〕李宗仁有過內部不和而致失敗的經驗，對於王公度在桂系中發展組織是信任有加，桂系內部的組織變得極度

〔註 15〕李品仙，《李品仙回憶錄》（臺北：中外圖書出版社，1975 年），頁 119。

〔註 16〕李宗仁口述、唐德剛撰寫，《李宗仁回憶錄》，頁 421。

〔註 17〕白先勇編著，《父親與民國　白崇禧將軍身影集（上）》（臺北：時報文化，2012 年），頁 88。

〔註 18〕吳振漢，《國民政府時期的地方派系意識》，頁 150。

〔註 19〕韋永成，《談往事》（臺北：作者自印，年代不詳），頁 25。

〔註 20〕吳振漢，《國民政府時期的地方派系意識》，頁 147。

〔註 21〕韋永成，《談往事》，頁 106-107。

嚴密，團結力亦較之前提高。

廣西省的財力素來只能支持兩個軍左右的兵力，爲此李宗仁和白崇禧便採用「寓兵於團」的方式，來厚植實力。當時廣西民團最高機構爲「民團總指揮部」，先後隸屬於省政府和第四集團軍總司令部。總指揮部下轄 12 個民團區，團勇徵集 18 歲到 30 歲的壯丁，以 90 人編爲一隊，受訓期間爲 6 個月，期滿退伍，輪番訓練。〔註 22〕而民團的各級幹部，也正是各級行政機關的首長與各級學校的校長。爲了節省經費和更有效領導地方建設，將地方軍政、行政與教育的權力統一起來，集中在一個人的身上；藉由一人身兼三職，也就是編制上的「三位一體」，來達成人員緊縮和領導指揮集權化。〔註 23〕

李宗仁還成立「廣西全省民團幹部學校」，來招考知識青年受訓。訓練的主要科目爲灌輸現代的知識和培養專業的技能，也就是訓練出能夠執行「三自」政策的青年幹部。由於原有的鄉、鎭、村長可能無法有效執行「三自政策」，於是當這些知識青年訓練結束後，即被分配到各地擔任鄉、鎭、村長等職，由他們來組織民眾和訓練民眾，培養人民自衛、自給、自治的能力。〔註 24〕廣西民團有別於其他省份單純的軍事性民眾武裝，而是一種具有軍事、政治、經濟多功能的基層民眾組織，是一支「生產化」的部隊。〔註 25〕民團制度爲李宗仁培養了堅強的實力，這也使得中央無法輕忽桂系的實力與意見。

要建設廣西，必須有穩定的財源，廣西的財政在李宗仁統一前，相當的紊亂，且赤字虧空長達十三年。統一後，由黃紹竑主持省政，財政始逐漸好轉。1931 年李宗仁重返廣西掌權，將省政改由黃旭初主持。黃旭初對廣西財政的改革分爲三個方面。首先是國家和地方財政的劃分，藉由確實的區分，來向中央政府請求若干補助。

其次是省方面確立三權之制，三權制指的是財務執行權、財務立法權和財務司法權。黃旭初建立省級機關的預算與金庫制度，藉由厲行此兩項制度，讓財政的三權能夠逐漸確立。

最後是建立縣方面的財政制度，先後頒布「財政廳監督地方財政章程」、

〔註 22〕吳振漢，《國民政府時期的地方派系意識》，頁 150-151。

〔註 23〕朱浤源，《從變亂到軍省：廣西的初期現代化，1860～1937》（臺北：中央研究院，1995 年），頁 240。

〔註 24〕李宗仁口述、唐德剛撰寫，《李宗仁回憶錄》，頁 422。

〔註 25〕申曉雲，〈社會控制與秩序重建——三十年代的廣西建設〉，《傳記文學》，100：6（臺北，2012 年），頁 35。

「縣地方財政監察委員會章程」，規定以縣政府管理稽徵，縣地方金庫專司出納，縣財政監察委員會職掌審核。其目的也是在將財政的三權制貫徹至縣一級。〔註 26〕

財政之外，稅收方面，則以整理田賦、紓解民困，同時充裕稅收爲第一要務。爲了整理田賦，必須先辦理土地陳報，由人民自行申報土地，再讓政府抽查核對。其次是劃清國庫、省庫的收支。在黃紹竑任內，已經開始從事省稅與國稅的區分；黃旭初接任後，加以整體性的規劃，將關稅、鹽稅、菸酒稅、印花稅、統稅、礦稅、協助收入等歸入國庫；田賦、契稅、營業稅、房屋稅、地方財產收入、地方事業收入、地方行政收入、地方營業純益等歸入省庫。最後是廢除苛捐雜稅，黃旭初通令全省，凡屬妨礙社會公共利益、妨礙中央收入之來源、重複稅、妨礙交通、爲某地方之利益而對其他地方之輸入爲不公平的課稅、物品通過稅等，均應廢除，並訂定廢除地方捐的標準。〔註 27〕上述的財政改革，雖不能說非常完善，但還是讓廣西省有了足以實行經濟建設的基礎，也穩定了金融，並且能加強整理軍備，厚儲抗戰的力量。

廣西省在李宗仁的建設與改革下，爲廣西帶來一股興旺朝氣，在當時甚至被稱爲「模範省」。就連胡適遊歷後，也對其印象極佳。〔註 28〕治理廣西的經驗，在抗戰爆發、第五戰區成立後，讓李宗仁在處理安徽省政時，能夠得心應手，不至於手忙腳亂。

三、兩廣事變

1931 年 3 月立法院長胡漢民被蔣中正幽禁在湯山，引起粵省人士強烈的不滿，寧、粵決裂，衝突一觸即發；而廣東地區實力派將領陳濟棠爲了增強反抗中央的力量，派人前往廣西聯絡李宗仁；還展現誠意，將駐紮在桂東地區的粵軍撤回廣東。〔註 29〕李宗仁則利用這個機會，收復桂東地區，讓廣西從困境中擺脫出來。

九一八事變後，胡漢民被釋放，重返粵省，成立「西南政務委員會」和「西南執行部」領導廣東與廣西的軍政，並以此對外號召。〔註 30〕由於 1933

〔註 26〕朱浤源，《從變亂到軍省：廣西的初期現代化，1860～1937》，頁 258。

〔註 27〕朱浤源，《從變亂到軍省：廣西的初期現代化，1860～1937》，頁 259-260。

〔註 28〕胡適，《南遊雜憶》（臺北：博雅書屋，2013 年），頁 76。

〔註 29〕程思遠，《白崇禧傳》，頁 160-161。

〔註 30〕程思遠，《政海秘辛》，頁 69。

年閩變的緣故，原本廣東的領袖李濟深、陳銘樞等人紛紛下野，陳濟棠在廣東的地位大增。〔註31〕1936年5月間，胡漢民病逝，中央準備趁機將兩廣重新納入中央的旗幟下。軍事委員會委員長蔣中正派人前往弔喪，並向陳濟棠提出五個條件：

> （1）西南執行部和西南政務委員會取消；（2）改組廣東省政府，省主席林雲陔調京任職；（3）在西南執行部和政委會的負責人，願意到京工作者，中央將妥爲安排；願意出國者，將給予旅費；（4）陳濟棠的第一集團總司令改爲第四路總指揮，各軍師長由軍委會重新任命；（5）統一幣制。〔註32〕

陳濟棠看到上述的條件，認爲中央要把廣東的軍政各權都給收回，表示無法同意，李宗仁等人也感到極度不安。爲了對抗中央，兩廣決定喊出抗日的旗號，來爭取輿論的同情；並在6月1日由西南政務委員會和西南執行部決議呈請國民政府、中央黨部與通電全國，籲請國民政府領導抗日，〔註33〕至此兩廣事變正式爆發。以抗日爲名的兩廣軍隊，在6月5日迅速進軍湖南地區。

面對兩廣軍隊的行動，蔣中正在6月7日決定處理方針：「對粵、對桂，應分別進行，而對桂則以柔爲宜」，〔註34〕認爲陳濟棠的部隊沒有桂系團結，決定對陳部進行策反。果然不久後，陳濟棠的空軍將領帶領部分飛機歸附中央；部將李漢魂、余漢謀等人也都接連投靠南京，陳濟棠只能黯然下台。

於是事變的中心，隨即移到廣西。廣東和廣西互爲犄角關係，陳濟棠的迅速垮台，讓廣西有唇亡齒寒之感。此時，廣西能夠作戰的軍隊有十萬人之多，而且內部團結力高，不會像廣東的軍隊一樣，旦夕土崩瓦解；而中央這時正有事於華北和西北，對廣西必須速決，爭取餘力來應付華北宋哲元和西

〔註31〕李宗仁口述、唐德剛撰寫，《李宗仁回憶錄》，頁433。

〔註32〕程思遠，《政海秘辛》，頁87。

〔註33〕李宗仁口述、唐德剛撰寫，《李宗仁回憶錄》，頁437-438。其電文大意曰：連日報載，日人侵我愈亟，一面作大規模之走私，一面增兵平津，經濟侵略，武力侵略，同時邁進。瞻念前途，殷憂曷極。屬部屬會等，以爲今日已屆生死關頭，惟抵抗足以圖存，除全國一致奮起與敵作殊死戰外，則民族無出路。……切冀中樞毅然決然，從事抗戰，用以至誠，籲請鈞府鈞部，領導全國，矢抵抗之決心，爭最後之一著。

〔註34〕黃自進、潘光哲編，《蔣中正總統五記——困勉記（下）》（臺北：國史館，2011年），頁503。

北張學良不穩的問題。〔註35〕

中央決定趁陳濟棠勢力瓦解的時機，來徹底改造廣東省；但爲了讓事變盡快落幕，對廣西則同意保留現狀，所提出的《處理粵局方案》主要內容爲：（1）撤銷西南執行部與西南政務委員會兩機關；（2）軍事委員會下令免除陳濟棠本兼各職；（3）任余漢謀爲廣東綏靖主任，授權收拾粵局；（4）任李宗仁、白崇禧爲廣西省綏靖正副主任。〔註36〕

不久，中央又發佈新的人事命令，要白崇禧出國考察，而李宗仁則內調中央，擔任軍委會常務委員。〔註37〕這引起李宗仁的不滿，決定周旋到底。首先，邀請各抗日黨派、團體的代表及著名人士到南寧，來共同商討抗日及反蔣議題。其次，將桂省軍隊由 14 個團擴編至 44 個團；並將全省的民團調往南寧、柳州、桂林等處，加強防禦工事，藉此鞏固省防。〔註38〕蔣中正也發現李宗仁的態度轉硬，於是電令前線的廣州行營參謀長陳誠，要他注意桂系軍隊的動向：

> 李、白致張伯璇、陳劭先〈感〔27日〕電〉稱：此間同人意志甚堅決，萬望約沈鈞儒、章乃器來桂一行等語。可見其負隅之決心，此時應對西江須特別注意，恐其出我不意襲我之虛也。〔註39〕

但此時日本正步步進逼華北，大敵當前，如果爆發內戰，雙方在政治方面都無法交代。因此表面上，廣西邊境兩軍雲集，看似衝突一觸即發，但私下信使不斷穿梭其間。廣西先派前國民革命軍總司令部作戰參謀劉斐，到廣州和蔣中正商談；略有談和的共識後，中央則派前司法院院長居正、前參謀總長朱培德、參謀總長程潛等人赴廣西南寧，與李宗仁和白崇禧會談。〔註40〕最後，中央允許李宗仁和白崇禧繼續留任廣西主政，並補助其事變善後經費，但必須解散聚集在廣西的反中央人士；李宗仁和白崇禧則通電居正及程潛，表示願意服從中央、遣散反中央人士，並且著手復員所召集的軍隊：

> 廣州居〔正〕院長覺生先生、程〔潛〕總長頌雲先生、朱〔培德〕

〔註35〕施家順，《兩廣事變之研究》，頁71。

〔註36〕程思遠，《白崇禧傳》，頁188。

〔註37〕李宗仁口述、唐德剛撰寫，《李宗仁回憶錄》，頁439。

〔註38〕施家順，《兩廣事變之研究》，頁72-73。

〔註39〕〈一般資料——民國二十五年（五）〉，1936/07/29，《蔣中正總統文物》，典藏號：002-080200-00267-114。

〔註40〕吳振漢，《國民政府時期的地方派系意識》，頁153。

主任益之先生、陳〔誠〕主任辭修兄、黃〔紹竑〕主席季寬兄勳鑒，接劉〔斐〕爲章來電，藉悉弟等所陳各項意見，承諸兄鼎力斡旋，均蒙委座採納，至深感紉。現已召集各軍師長來邕〔南寧〕，宣達委座意旨，並著手復員。弟〔宗〕仁俟奉到新命後，即定期就職；弟〔崇〕禧在邕候辭修〔陳誠〕、季寬〔黃紹竑〕兩兄蒞臨，即偕同至粵謁委座請訓。〔註41〕

一場事變在雙方找到協調和合作的基準點後，順利的劃下句點。

兩廣事變的和平解決，打破中原大戰後西南半獨立的狀態，桂系重新加入中央的旗幟下，也結束雙方長達十年的對抗。李宗仁與中央所建立的妥協溝通模式，使抗戰爆發後，廣西能夠全力投入對日作戰。

第二節　李宗仁的戰略構想及投入抗戰

一、李宗仁的抗戰思想

1936年12月李宗仁提出〈焦土抗戰論〉一文，強調焦土抗戰的精神，即是面對侵略者，必須有寧以全國化爲焦土，亦不屈服之決心，這樣始有生存的可能。〔註42〕此文主要分爲三大部分，第一部分是提出中國爲何必須持久抗戰，李從軍事、經濟、政治和國際等四個方向來探討。軍事方面：李認爲日軍雖擁有現代優越的軍備，但中國有廣大的土地和眾多的軍民，且交通建設不佳；只要中國軍民合力，處處抵抗、節節抗戰，日軍將無法速結戰爭。一旦戰爭持久，日本內部必會崩潰毀滅。經濟方面：中國經濟雖落後，但民多務農，一旦戰爭爆發，廣大的農民仍可耕種勞作，力求自給自足；而日本是個資本主義國家，產業發達，但只要戰爭持久，日本的經濟將會被龐大的軍費和失去中國市場兩項因素給拖垮。政治方面：日本國內有法西斯、左傾思想和自由主義三種勢力，三者間互相衝突，平日政局已不安；中國若持久抗戰，其國內變化必愈激進，勢必爆發政治之亂，使戰爭不能持續。而中國是被侵略的一方，所以國內必定能一致團結，共同禦侮。國際方面：列強雖無發動對日戰爭之決心，但只要中國持久抗戰，必能取得列強的同情與援

〔註41〕〈革命文獻——兩廣事變〉，1936/09/10，《蔣中正總統文物》，典藏號：002-020200-00028-069。

〔註42〕李宗仁，《李宗仁將軍言論：焦土抗戰》（漢口：一星書店，1938年），頁57。

助；而日本也會因戰爭持久，造成實力衰弱，最後被列強趁虛而入，受人制服。〔註 43〕

第二部分爲反駁戰前不抵抗主義的觀點。李認爲會產生不抵抗主義，是基於以下幾點：第一，認爲國際條約正義公理，會對日本的行爲進行干涉。第二，日本無法併呑全中國，只要滿足其邊疆利益，中日關係即可調整。第三，認爲中國實力不足，尙無法與日本一戰。第四，認爲中國內部尙未統一、共匪尙未肅清，實不能與日本作戰。第五，認爲日本跟列強之間的衝突日益尖銳，第二次世界大戰即將爆發，故中國須等待國際機會的到來。李宗仁對上述這些觀點一一給予駁斥：從九一八事變起，國際條約根本無法束縛日本的行爲；而到熱河事變，看來日本的侵略慾望並無滿足的時候。中國國力固然不及日本，一切皆須準備，但雙方科技實力相差大，最後實力差距可能會更大。共匪的問題，純爲國民經濟破產之象徵；只要中國還在日本軍閥的鐵蹄下，國民經濟就無法健全發展，共匪問題也就無法解決。至於列強跟日本的衝突雖然日益尖銳，但對列強而言，歐陸的重要性高過遠東地區；中國坐等國際機會的到來，不知還要多久。〔註 44〕

最後一部分是提出如何進行焦土抗戰，主要有三個要義：（1）實行全面抗戰，即是要動員全國所有的力量，對日本展開全線的自衛戰爭。日本在策略上，會運用優勢的兵力，向中國進行局部的進攻，若局部應戰，必不免喪師失地；若能全面抗戰，用全力與日周旋，不使日本有步步充實其力量的餘暇，日本則會顧慮太多，難以全力向我國進行作戰。（2）實行攻擊戰，就是要克服敵人，易抵抗爲戰爭、以攻擊取代防禦。對日戰爭，若僅僅採取抵抗防禦的方式，彼戰則戰，彼停則停，則日本就完全掌握主動的地位，這在全部戰略上是項失算；須以攻擊精神代替防禦精神，將被動地位換成主動地位，這樣才能克服敵人。（3）實行持久戰，就是要不惜重大犧牲，對日作不斷的長期抗戰，不達到勝利之目的，將永不停止。日本雖然有軍事設備的優勢，但國力有限，所以用速戰速決的方式爲有利；而我們實行持久抗戰，使日本消耗過鉅、毫無收穫，那麼日本無論在國內政治經濟和國際環境上，必會產生危機，而陷於窘迫的情形，結果對華軍事，將會全面潰敗。〔註 45〕

〔註 43〕李宗仁，《李宗仁將軍言論：焦土抗戰》，頁 5-6。
〔註 44〕李宗仁，《李宗仁將軍言論：焦土抗戰》，頁 10-13。
〔註 45〕李宗仁，《李宗仁將軍言論：焦土抗戰》，頁 28-30。

二、桂軍出省作戰

1937 年 7 月 7 日，盧溝橋事變爆發，中國展開長達 8 年的對日作戰。爲了因應抗戰情勢，依照全面計畫，統合各方面戰線的戰鬥，軍事委員會於 8 月 20 日的國防會議中，預計將全國作戰區域劃分爲 5 個戰區，〔註 46〕以協調各作戰地域之作戰行動。第五戰區即爲最早設置的 5 個戰區之一，作戰範圍從長江以北到黃河以南的山東、江蘇及安徽 3 省，而以安徽爲主體。因此安徽省主席隨後即由第五戰區司令長官李宗仁兼任。

圖 2-1　1938 年第五戰區作戰地形圖

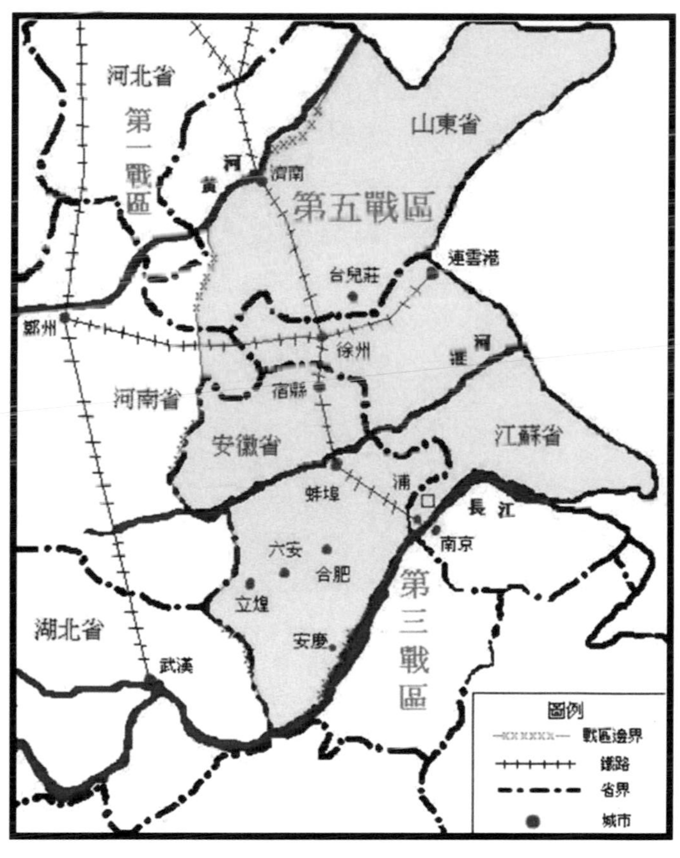

資料來源：根據蔣緯國編，《國民革命戰史第三部——抗日禦侮（五）》，附圖 20，筆者自繪。

〔註 46〕5 個戰區分別爲第一、第二、第三、第四和第五戰區。見中華民國建國一百年軍事史編纂小組編著，《中華民國一百年軍制史：1911—2011》（臺北：老戰友工作室，2012 年），頁 4-8。

戰區制度是抗戰時期的特殊產物，一方面爲適應國軍派系的複雜性，將軍系和戰區做某種程度的結合；另一方面也爲集中抗戰力量。〔註 47〕戰區內設司令長官一員，代表最高統帥行使對該戰區內所有部隊統一調度的權限，並負有戰區內一切軍事、政治、黨務責任。戰區之間的協同，則由軍委會統轄管理。〔註 48〕

抗戰爆發後，李宗仁所領導的桂軍立刻加入抗日戰線之中。李宗仁先派遣跟中央關係最密切、思想最接近的白崇禧赴京談判，等到取得合作共識後，再由李宗仁率軍出省。〔註 49〕雙方達成共識後，李宗仁同意出任第五戰區司令長官，條件是蔣不得干預李對部隊的調度指揮；換句話說，蔣不得對李的下屬下達「手諭」。事實上，蔣中正在整個抗戰期間都一直遵守這項承諾。〔註 50〕

於是桂軍旋即改編爲三個集團軍，分別是第十一、十六、二十一集團軍，總司令由李品仙、夏威、廖磊分別擔任。〔註 51〕李宗仁在 9 月 19 日被中央任命爲戰區司令長官，中央撥發的軍裝也陸續到達；〔註 52〕待桂系各軍整備完成後，即率領第十一和二十一集團軍離省北上，開赴前線作戰。

桂軍中最早北上的，是隸屬於第二十一集團軍的第四十八軍韋雲淞部，先到達海州，後轉調至上海，參與淞滬會戰。10 月 17 日由黃港北侯宅、談家頭附近向蘊藻濱南岸的日軍反攻，戰況激烈，傷亡甚大。桂軍很多部隊都是初上戰場，作戰經驗不足，例如在沒有空中優勢下，仍將部隊置於開闊處，一旦遭到發現，隨即引來大批日機低空掃射，造成嚴重傷亡。後勤人員也常一聞機聲，即跑進防空洞中躲避，使得補給延宕。

其次，桂軍的各式支援武器數量不足，也不夠精良，例如第二十一集團軍配屬的山砲營，山砲射程不足，一直無法使用，成爲累贅，最後廖磊只好將大部分山砲運回廣西。能對日軍造成重創的，只有配屬的重砲，但數量不

〔註 47〕李君山，〈桂軍共赴國難（一九三六～一九三八）〉，《傳記文學》，100：6（臺北，2012 年），頁 45。

〔註 48〕中華民國建國一百年軍事史編纂小組編著，《中華民國一百年軍制史：1911—2011》，頁 4-7。

〔註 49〕吳振漢，《國民政府時期的地方派系意識》，頁 155。

〔註 50〕芮納・米德（Rana Mitter）、林添貴譯，《被遺忘的盟友》（臺北：遠見天下文化，2014 年），頁 235-236。

〔註 51〕李宗仁口述、唐德剛撰寫，《李宗仁回憶錄》，頁 452。

〔註 52〕徐啓明口述、陳存恭訪問紀錄，《徐啓明先生訪問記錄》（臺北：中央研究院近代史研究所，1983 年），頁 79。

足。而且桂軍缺乏防空武器防禦日機，只能在每日黃昏過後，才對敵射擊。〔註 53〕

10 月 21 日，會同陸續到達的桂軍 4 個師兵力，上海前線再度發起反擊，但因火力不能有效支援，反遭受重大損傷。桂軍旅長傷亡 4 人、團長傷亡 10 人，營長以下軍官及士兵傷亡過半，部隊被重創。〔註 54〕23 日日軍開始進攻吳興，以戰車 20 餘輛掩護步兵衝鋒，桂軍抵擋不住，入暮時退入吳興城內。隔日桂軍發起反攻，仍被擊退，在部隊損失過重的情況下，放棄吳興城，逐步退守至蘇州河南岸江橋鎮、小南翔之線。〔註 55〕

桂軍加入反攻，沒有得到預期效果，反而影響國軍的士氣，蔣中正在日記中表示：「桂軍加入戰線，爲持久之計，殊不料竟以此爲致敗之因。」〔註 56〕接著日軍展開追擊。11 月 9 日淞滬戰場國軍開始進行全面撤退。

淞滬會戰結束後，桂軍撤往錢塘江北岸杭州與天目山一帶，並留李本一團防守嘉興，後轉守德清。南京失守後，日軍沿滬杭、京杭兩路向杭州進攻，12 月 24 日，杭州、富陽失陷，第二十一集團軍當日由分水轉進至桐廬，浙江省主席黃紹竑下令佈防。而留置德清的李本一團，撤退時於 24 日在富陽與日軍遭遇，最後雖成功抵達錢塘江南岸，但戰死與淹死者眾，全團幾乎覆滅。淞滬會戰一役，對第二十一集團軍造成嚴重損失，所轄第七軍和第四十八軍都損失過半，戰鬥力難以維持。白崇禧趕緊加強對廣西軍隊幹部的訓練，以及抽調廣西壯丁到前線，補充第二十一集團軍部隊缺額。〔註 57〕1938 年元旦，第三戰區司令長官顧祝同召開軍事會議，決定將錢塘江南岸交由第十集團軍劉建緒部負責，北岸則由第二十一集團軍廖磊部防守。〔註 58〕

〔註 53〕藍香山，〈抗戰初期第二十一集團軍在滬浙皖戰場〉，《新桂系紀實（中）》（南寧：廣西壯族自治區新聞出版局，1990 年），頁 161-162。

〔註 54〕郭岱君主編，《重探抗戰史一：從抗日大戰略的形成到武漢會戰，1931～1938》（臺北：聯經，2015 年），頁 333。

〔註 55〕徐啓明口述、陳存恭訪問紀錄，《徐啓明先生訪問記錄》，頁 82-83。

〔註 56〕〈二十六年十月份事略稿本〉，1937/10/22，《蔣中正總統文物》，典藏號：002-060100-00263-022。

〔註 57〕藍香山，〈抗戰初期第二十一集團軍在滬浙皖戰場〉，《新桂系紀實（中）》，頁 164。

〔註 58〕黃旭初，《黃旭初回憶錄：李宗仁、白崇禧與蔣介石的離合》（臺北：獨立作家，2015 年），頁 211。

三、徐州會戰

1937 年 12 月日軍佔領南京後，準備打通津浦鐵路，截斷隴海鐵路，將第五戰區的主力在徐州地區包圍殲滅，因此採取南北夾擊的策略。而第五戰區則須以徐州爲軸心，阻止敵人將南北兩戰場連成一氣；並爭取時間，使國軍能鞏固武漢外圍的防禦。

第五戰區原本只轄有第三集團軍、第十一集團軍、第二十二集團軍、第二十四集團軍、第二十七集團軍。南京失守後，爲了阻擋日軍將南北兩戰場連成一氣，陸續增援第二集團軍、第二十一集團軍和第二十三軍團。〔註 59〕這樣，李宗仁所指揮的軍隊就包括川軍、西北軍、東北軍和中央軍。箇中，這些地方部隊大多數的裝備、訓練都較差，但因追隨多年，官兵彼此向心力極強。〔註 60〕

其中川軍是由鄧錫侯所率領的第二十二集團軍，原本被調往第二戰區（山西）境內作戰。但這支部隊的裝備太窳劣，又倉促上陣，一遭日軍的襲擊，當場潰退星散。潰兵沿途騷擾民間，搶奪其他山西部隊槍械，司令長官閻錫山電請中央，將這支部隊調離第二戰區。中央不得已，將之調赴河南，歸第一戰區收容整訓，但司令長官程潛也拒絕收容。最後向李宗仁徵求意見，擬撥歸第五戰區；此時的第五戰區兵力不足，李宗仁表示極端歡迎。〔註 61〕

鄧錫侯對於李宗仁願意接納相當感激；李宗仁還說：「讓我們各省軍人停止內戰，大家共同殺敵報國。……希望大家都把以往種種，譬如昨日死，從今以後，大家一致和敵人拼命。」〔註 62〕隨後解決川軍裝備不良的問題，提高川軍作戰士氣，使川軍在徐州會戰中能有良好的作戰表現。

防守徐州的方針，李宗仁遵從蔣中正對第五戰區所下的指示：

> 戰區決對津浦路南段之敵，拒止於淮河以南地區，由其側方連續予以打擊，漸次驅逐肅清之。同時鞏固魯南山地，對津浦路北段及隴海路東段，取側擊之勢，牽制敵之南下或西上，以拱衛徐州。

〔註 59〕劉斐，〈徐州會戰概述〉，《原國民黨將領抗日戰爭親歷記：徐州會戰》（北京：中國文史出版社，1985 年），頁 310。

〔註 60〕郭岱君主編，《重探抗戰史一：從抗日大戰略的形成到武漢會戰，1931～1938》，頁 410。

〔註 61〕黃旭初，《黃旭初回憶錄：李宗仁、白崇禧與蔣介石的離合》，頁 213-214。

〔註 62〕李宗仁口述、唐德剛撰寫，《李宗仁回憶錄》，頁 477。

〔註 63〕為了避免遭到兩面夾擊，在津浦線南段以桂軍為主力採取守勢，要求最後必須在臨淮關以西、淮河之線阻止敵軍；而津浦線北段則採取攻勢，集結優勢兵力，攻擊日軍主力，來消耗其兵力。〔註 64〕

日本陸軍從所謂「中國事變」初期，即抱著「速戰速決」的方針；直到攻占南京後，才開始認為須有打持久戰之準備，特別擔憂蘇聯方面的態度。1938 年 2 月，御前會議決定當前作戰方針：確保現有中國占有地，並完成對中蘇兩國的作戰準備；尤其蘇聯須多加戒備，在狀況允許前，不擴大作戰範圍。

因此日軍重新調整在華部署，1938 年 2 月 14 日解除華中方面軍、上海派遣軍與第十軍序列，重新編組華中派遣軍，下轄第三師團、第六師團、第九師團、第十三師團、第十八師團和第一〇一師團等 6 個師團，司令官由畑俊六大將出任。負責確保江北地區各要點的安定，並打擊各地國軍。〔註 65〕主攻徐州的部隊則由華北方面軍第二軍擔任，指揮官為西尾壽造中將，下轄第五師團和第十師團。〔註 66〕

（一）台兒莊保衛戰

津浦線南段部分，李宗仁除了把第十一集團軍佈署在合肥地區；還緊急將第四十八軍韋雲淞部，從浙江調往皖南，防守明光、定遠、合肥地區；並調第五十一軍于學忠部南下防守蚌埠，以加強津浦路南段的防禦兵力，阻止日軍渡江北上。〔註 67〕

日軍於 1938 年 1 月中旬開始北犯，遭遇國軍的節節抵抗，18 日明光失守；30 日池河鎮被突破，定遠、鳳陽、蚌埠相繼淪陷，雙方在淮河北岸西三十里鋪等處展開激戰。

眼見津浦線南段有被日軍突破的危險，李宗仁趕緊將廖磊的第二十一集

〔註 63〕蔣緯國編，《國民革命戰史第三部——抗日禦侮（三）》（臺北：黎明文化事業公司，1978 年），頁 106。

〔註 64〕三軍大學戰史編纂委員會，《國民革命軍戰役史第四部——抗日（二）初期戰役（下）》（臺北：國防部史政編譯局，1995 年），頁 95。

〔註 65〕呂芳上編，《中國抗日戰爭史新編 軍事作戰》（臺北：國史館，2015 年），頁 190。

〔註 66〕劉鳳翰，《抗日戰史論集》（臺北：東大圖書股份有限公司，1987 年），頁 242。

〔註 67〕黃旭初，《黃旭初回憶錄：李宗仁、白崇禧與蔣介石的離合》，頁 212。

團軍由浙江調來，該軍隨即在合肥東邊 20 里處展開布防，特別監視蕪湖對面的裕溪口，防止日軍從水路進入巢湖；另派一部沿淮河南岸駐紮，以保衛徐州的側背。〔註 68〕3 月 6 日以一部向定遠反攻。第七軍則對池河鎭和定遠積極反攻，並到處對日軍發動游擊戰，牽制日軍的行動。並以增援的第五十九軍張自忠部，接替于學忠軍，防守淮河北岸，日軍雖多次進出淮河北岸，仍不能往前推進。〔註 69〕

李宗仁擔任第五戰區司令長官，副司令由韓復榘出任，但韓復榘對於李宗仁的命令，幾乎都不遵守。李宗仁要求韓復榘防守濟南，並以沂蒙山區爲後方；萬一濟南無法防守時，將彈藥、物資運往山區，繼續對日軍進行游擊戰。但韓復榘不同意，認爲這會使他的軍隊被圍殲，雙方意見並無交集。李宗仁又數次要調回中央配屬給韓復榘的炮兵團，但都被韓拒絕。〔註 70〕

因此當徐州會戰爆發後，韓復榘向李宗仁請求濟南附近的于學忠部前來支援，但被李宗仁給拒絕。當李宗仁要求韓復榘節節抵抗時，韓復榘直接把軍隊撤守至曹縣，造成徐州以北的津浦線空虛；並且還將彈藥、傷病人員和官佐眷屬等等，直接送至豫西地區，事先未向第五戰區長官部呈報。〔註 71〕

李宗仁見其屢次抗命且未戰先走，感到相當憤怒，於是電告中央，請求嚴懲。〔註 72〕不久後，中央在開封召開軍事會議，召集第一戰區和第五戰區師長以上的軍官，事實上是爲了懲治韓復榘而召開的。韓復榘的部屬對此會議感到疑慮，但在李宗仁的鼓勵下，最後韓復榘決定親自前往。〔註 73〕會後隨即遭到逮捕槍決。

津浦路北段，李宗仁原先計畫在兗州與敵會戰；但由於韓復榘不戰而退，導致必須改在徐州附近進行。〔註 74〕李宗仁所運用的戰術爲：中路軍隊對敵

〔註 68〕藍香山，〈抗戰初期第二十一集團軍在滬浙皖戰場〉，《新桂系紀實（中）》，頁 165-166。

〔註 69〕何應欽，《日軍侵華八年抗戰史》（臺北：黎明文化，2012 年），頁 71。

〔註 70〕孫桐萱，〈韓復榘被扣的前因後果〉，《一代梟雄韓復榘》（北京：中國文史出版社，1988 年），頁 251。

〔註 71〕孫桐萱，〈韓復榘被扣的前因後果〉，《一代梟雄韓復榘》，頁 252。

〔註 72〕程思遠，《政海秘辛》（香港：南粵出版社，1988 年），頁 127。

〔註 73〕劉熙眾，〈韓復榘被殺前因〉，《一代梟雄韓復榘》（北京：中國文史出版社，1988 年），頁 270。

〔註 74〕三軍大學戰史編纂委員會，《國民革命軍戰役史第四部——抗日（二）初期戰

節節抵抗，並誘敵深入；而左右兩路則與敵糾纏，不讓其與深入部隊會合。待敵軍深入到達預計決戰點時，將預備部隊投入，對敵包圍殲滅。

日軍要進佔徐州，就需要攻下台兒莊，而保衛台兒莊北邊的滕縣和臨沂，就成爲日軍攻勢的重要目標。由於韓復榘的緣故，造成日軍能夠輕鬆的南下，李宗仁要堵住這個缺口，正好鄧錫侯的第二十二集團軍到達，整補完畢後，李宗仁就將其部署到滕縣地區，抵禦日軍的進攻。日軍第十師團從 3 月 14 日拂曉展開攻勢，在飛機、裝甲車、重砲的支援下，向滕縣外圍陣地的第四十五軍猛攻；但第四十五軍堅守陣地，屹立不搖。得知滕縣遭遇攻擊的第二十二集團軍代理總司令孫震，趕緊從臨城坐火車趕赴滕縣，要求部隊抱必死決心，與日軍決戰。〔註 75〕

日軍眼見正面攻不下，15 日下午組織部分兵力，迂迴南下切斷臨城與滕縣的聯繫。滕縣被圍，李宗仁趕緊下令湯恩伯派第五十二軍增援，但卻在外圍被日軍擋下。在日軍飛機和重砲的轟炸下，滕縣城牆多處破損，川軍趕緊拿麻袋填補。但到 16 日城牆開始倒塌，守城的第一二二師銘章師長率部前往堵住缺口。激戰至 17 日，王銘章陣亡，雙方在城內進行巷戰。〔註 76〕18 日，滕縣失守，只有少部分官兵成功突圍。滕縣保衛戰爲國軍成功爭取到時間，使第二集團軍能趕到台兒莊。

臨沂方面，龐炳勛的第三軍團從 3 月 5 日至 12 日，死守臨沂外圍村莊，在缺乏重武器的支援下，只能依賴步槍、手槍、輕重機槍和大刀打防禦戰。9 日開始，日軍第五師團搭配飛機、火砲和戰車猛攻，龐炳勛雖然奮勇抵抗，但外圍陣地仍不斷丟失，只能邊打邊退，逐步退至臨沂城內。〔註 77〕

當龐炳勳部在臨沂被圍時，能夠前往救援的，只剩第五十九軍張自忠部，龐炳勳和張自忠雖同樣是西北軍系，但因當年中原大戰期間，龐炳勳曾經陣前倒戈投靠中央，並且突襲張自忠的部隊，使其差點被殲滅，所以張自忠不願與他在同一個戰場上。因此李宗仁勸他放下過去的私仇。〔註 78〕張自忠也

役（下）》，頁 95。

〔註 75〕郭岱君主編，《重探抗戰史一：從抗日大戰略的形成到武漢會戰，1931～1938》，頁 417。

〔註 76〕〈鄧錫侯等致蔣介石密電〉，1938/03/18，中國第二歷史檔案館編，《抗日戰爭正面戰場（上）》（南京：鳳凰出版社，2005 年），頁 641。

〔註 77〕郭岱君主編，《重探抗戰史一：從抗日大戰略的形成到武漢會戰，1931～1938》，頁 419。

〔註 78〕李宗仁口述、唐德剛撰寫，《李宗仁回憶錄》，頁 475。

接受聽勸，願意服從命令，前往救援，解救龐炳勳。〔註 79〕第五十九軍以急行軍趕往火線，12 日晚即到達臨沂地區。跟隨第五十九軍前往的第五戰區參謀長徐祖詒與兩軍長商妥後，決議兩軍聯手作戰，沿沂河兩岸北上夾擊第五師團。〔註 80〕

18 日，成功擊退第五師團後，徐祖詒回報說殲敵大部，這使李宗仁認爲日軍無力再戰，遂下令龐炳勛部追擊：「全部本晚經費縣、泗水向曲阜猛進，以形成三面之極有利之圍攻，擬將敵俱殲於鄒、滕、臨地區」；〔註 81〕張自忠部則奉命救援滕縣的川軍。但日軍第五師團重整後，見張自忠第五十九軍轉移，遂重新猛攻臨沂，龐部根本抵擋不住，只能趕緊向李宗仁求援。鑒於臨沂戰況不利，蔣中正 23 日直接下令張自忠部回防，但該軍如此來回作戰，增加該部疲憊，造成戰鬥力下降，被日軍擋在臨沂城西郊。李宗仁趕緊下令第三三三旅王肇治部和第二十軍團騎兵團前往救援，29 日趕到臨沂。此時，台兒莊地區的日軍第十師團遭到圍攻，第五師團奉令暫停攻佔臨沂，前往救援，臨沂保衛戰暫告一段落。〔註 82〕

日軍第十師團攻下滕縣後，撥出第六十三聯隊組成台兒莊派遣支隊；第十聯隊則組成沂州支隊，前往救援第五師團，卻在郭家集地區遭遇湯恩伯部的主力，被包圍陷入激戰。台兒莊派遣隊則於 24 日開始進攻台兒莊，與孫連仲的第二集團軍展開激戰。〔註 83〕孫連仲將第三十一師池峯城部置於台兒莊，第二十七師守陶溝橋，第一一〇師守金家莊。

待 3 月 24 日日軍包圍台兒莊後，第二十軍團、第二集團軍和第七十五軍對日軍展開反包圍。〔註 84〕從 24 至 4 月 3 日，日軍台兒莊派遣支隊以野砲 67 門、重砲 10 餘門、戰車 30 餘輛，四面圍攻；李宗仁則趕緊將裝甲列車駛進台兒莊城內，支援城內守軍。面對日軍使用戰車部隊衝鋒，第三十一師只能使用少數的戰防砲部隊，四處支援士兵擊退日軍戰車。27 日日軍衝入台兒莊

〔註 79〕張鶴舫，〈與張自忠將軍在第五戰區的幾次接觸〉，《抗日名將張自忠》（北京：中國文史出版社，1987 年），頁 143。

〔註 80〕〈李宗仁致蔣介石密電〉，1938/03/13，《抗日戰爭正面戰場（上）》，頁 633。

〔註 81〕〈李宗仁致蔣介石密電〉，1938/03/18，《抗日戰爭正面戰場（上）》，頁 641。

〔註 82〕王曉華、戚厚杰主編，《抗日戰爭正面戰場檔案全紀錄（上）》（北京：團結出版社，2011 年），頁 282-285。

〔註 83〕郭岱君主編，《重探抗戰史一：從抗日大戰略的形成到武漢會戰，1931～1938》，頁 421-422。

〔註 84〕劉鳳翰，《抗日戰史論集》，頁 243。

城內，與國軍進行巷戰。第三十一師利用斷垣殘壁構築街道防禦陣地，並在陣地內豎立數個支撐點，每個支撐點由連、排級幹部負責；此外，還組織小型預備隊，趁夜間時偷襲日軍陣地。在第三十一師的支撐下，外圍的國軍完成對日軍的反包圍，第二十軍團隨即展開反攻。

日軍腹背受敵，趕緊下令第五師團停止攻擊臨沂，轉移反擊第二十軍團，解救圍困於台兒莊的日軍。雙方血戰至 4 月 7 日，日軍不支，其殘部突圍，最後撤至嶧縣附近，損失慘重，大約傷亡 17,700 人左右。〔註 85〕台兒莊的勝利，除了打破日軍難以擊敗的印象，李宗仁還證明非中央軍系的部隊，是有能力與日軍作戰。〔註 86〕

（二）徐州撤守

日軍在台兒莊失敗後，決定重新集結重兵，一舉消滅第五戰區的野戰部隊。鑒於不斷遭受湯恩伯部隊的打擊，有必要給予蔣中正嫡系部隊重創，藉以挫敗其抗戰意識，對於徐州會戰的方針，決定：華北方面軍第五、第十、第十六、第一一四師團和關東軍獨立混成第三和第十三旅團由北向南，華中派遣軍第六、第九、第十三和第一〇一師團由南往北，同時進軍包圍徐州。同時，第一軍第十四師團奪取隴海鐵路上的歸德，截斷國軍西撤道路。〔註 87〕

而獲得台兒莊的勝利後，軍委會陸續將軍隊調進第五戰區，不到 1 個月，支援徐州的部隊高達 20 萬人，加上第五戰區原先部隊，總計有 60 萬人。〔註 88〕李宗仁對於形勢估計，初期過於樂觀，想乘勝追擊，曾表示：「乘日軍趾高氣昂，暴露輕敵的弱點時，予以打擊，稍挫其鋒」。〔註 89〕但國軍的進攻並不順利，日軍雖遭到重挫，可實力仍在，使得追擊的孫連仲和湯恩伯各部陷入苦戰。

〔註 85〕劉鳳翰，《抗戰期間國軍擴展與作戰》（臺北：史政編譯室，2004 年），頁 194。呂芳上編，《中國抗日戰爭史新編　軍事作戰》，頁 194。胡劍峰，〈台兒莊戰場回憶〉，《河北文史資料》第 20 輯（石家莊：河北人民出版社，1987 年），頁 183-184。

〔註 86〕Diana Lary, *Warlord Soldiers: Chinese Common Soldies, 1911～1937.* Cambridge Cambridgeshire : Cambridge University Press, 1985, p110.

〔註 87〕郭岱君主編，《重探抗戰史一：從抗日大戰略的形成到武漢會戰，1931～1938》，頁 427-428。

〔註 88〕李宗仁口述、唐德剛撰寫，《李宗仁回憶錄》，頁 486。

〔註 89〕黃旭初，《黃旭初回憶錄：李宗仁、白崇禧與蔣介石的離合》，頁 218。

對此，蔣中正採納軍委會作戰廳長劉斐的建議，以機動防禦及運動戰殲滅日軍。惟在具體兵力部署上，仍不放棄任何地點，要第一線作持久防禦部署，〔註 90〕遂對第五戰區下達作戰方針：

> 以確保徐州之目的，應對沿津浦鐵道及沂河南下之敵切實阻止；並以有力部隊威脅敵之側背，俟迂迴部隊達到臨沂、費縣、滕縣線上，並集結相當兵力於徐州附近後，然後以主力由南面轉取攻勢，殲滅敵軍。〔註 91〕

4 月 18 日華北方面軍重新展開攻勢，位於臨沂地區的張自忠部和龐炳勛部因久戰未經整補，抵擋不住日軍攻勢，隔日遂告失守。但台兒莊仍有第二集團軍和第二十軍團，加上新增援的第六十軍盧漢和第四十六軍樊崧甫，雙方呈現拉鋸戰。〔註 92〕

5 月上旬，津浦線南段的日軍，運用大量的火炮，向桂軍防禦陣地猛轟；加上飛機和坦克的協助下，突破第二十一集團軍的防線。日軍第十三師團從懷遠、荊山出發，攻向防守淮北地區外圍的第七軍，由於淮北地區是廣闊的平原，利於日軍機械化部隊的行動，第七軍的防線很快就遭到突破，並退守至蒙城。廖磊趕緊加派第四十八軍，強化蒙城地區的防禦。

當時蒙城的防禦工事只有原先的城牆，且大部是土牆，容易遭到火砲轟塌。剛趕到的第四十八軍第一七三師第一〇三三團團長凌雲上，只能加緊搶修防禦工事。日軍 8 日襲向蒙城，在優勢火力支援下，桂軍難以抵擋，配置的 4 門步兵砲，彈藥很快就消耗殆盡。激戰至隔日，桂軍已無力防守，遂由團長凌雲上率領殘部突圍，蒙城淪陷。其餘淮北地區的桂軍則戰至 19 日，始轉移陣地。〔註 93〕

面對戰局不斷惡化，蔣中正於 5 月 12 日下令李宗仁轉爲守勢：「國軍決先擊滅淮北及魯西之敵，……，魯南方面即決心取守勢，於必要時可依運河逐次抵抗，至不得已時則固守徐州國防工事線」。〔註 94〕日軍於 14 日攻下合

〔註 90〕蘇聖雄，《蔣中正與統帥部的組建及運作－以徐州會戰爲中心》（臺北：國立臺灣大學文學院歷史學系博士論文，2016），頁 157。

〔註 91〕〈徐州會戰作戰指導方針〉，1938/04，《抗日戰爭正面戰場（上）》，頁 623。

〔註 92〕黃旭初，《黃旭初回憶錄：李宗仁、白崇禧與蔣介石的離合》，頁 219。

〔註 93〕凌雲上，〈蒙城血戰〉，《原國民黨將領抗日戰爭親歷記：徐州會戰》，頁 310-311。王曉華、戚厚杰主編，《抗日戰爭正面戰場檔案全紀錄（上）》，頁 359-363。

〔註 94〕〈蔣介石致李宗仁密電稿〉，1938/05/12，《抗日戰爭正面戰場（上）》，頁 703。

肥，同日津浦路北段的國軍不敵日軍的進攻，隴海路徐州、鄭州間被截斷，造成補給困難。眼見第五戰區數十萬大軍逐漸陷入日軍包圍網中，16 日，李宗仁決定放棄徐州，將各軍向豫、皖間山區轉進，為避免日機的轟炸，多數部隊均晝息夜行。日軍由於地形不熟，不敢夜間追擊；加上地勢開闊，兵力不足，使得國軍未脫離包圍圈的部隊，亦得從日軍縫隙間通過。〔註 95〕19 日，殿後的第二十七師和第三十師向西南突圍，徐州失陷，至此徐州會戰結束。〔註 96〕

徐州會戰結束後，徐永昌檢討失敗的原因：

> （一）大本營料敵錯誤，戰區指揮失當；（二）劉汝明軍不應調離濟寧一帶。其孫〔連仲〕、曹〔福林〕部派離防線外者幾達一半，亦係得不償失；（三）魯西當增兵而未增；（四）第七、第四十八軍約四師以上兵力，不能拒數千敵於蒙城東南，指揮者偏重游擊部隊亦少戰鬥力（亦徐州失敗重要因素）；（五）對敵增四、五師於津浦，我所增之兵悉被戰區強調於徐州以東，則尤爲失敗之大關鍵（如敵在魯南調右翼兵用於左翼，新增兵用之魯西戰區，竟忽視之）。〔註 97〕

認爲李宗仁過於忽視魯西地區的防禦，把劉汝明的軍隊調離，造成魯西地區兵力不足，抵擋不住日軍攻勢。而桂軍在淮北地區的戰力不足，只能進行游擊戰，無法正面對抗日軍。另一份作戰檢討，則認爲此役初期利用優勢的兵力，主動以攻爲守的戰法，締造台兒莊的勝利；而在戰役後期，李宗仁利用暗夜和廣漠的麥田，以分途突圍的方式，成功讓國軍得以保全戰力。但此役中，國軍雖然表現勇猛，可戰法過於死板，只知一意的猛攻，造成部隊的傷亡慘重。〔註 98〕

徐州會戰最終以國軍失利而告終，但會戰中表現出了英勇與頑強。日方光是參與徐州會戰的華北方面軍，在 2 月至 5 月間，傷亡即達 35,086 人；華中派遣軍損失雖不清楚，但根據各聯隊的損失，累計也有 5,000 人以上。總計徐州會戰間日軍就損失 4 萬人以上，〔註 99〕而且最後並未消滅國軍有生力量，

〔註 95〕呂芳上編，《中國抗日戰爭史新編　軍事作戰》，頁 196。

〔註 96〕劉鳳翰，《抗日戰史論集》，頁 249。

〔註 97〕《徐永昌日記》，1938/05/26。

〔註 98〕三軍大學戰史編纂委員會，《國民革命軍戰役史第四部——抗日（二）初期戰役（下）》，頁 98-100。

〔註 99〕郭岱君主編，《重探抗戰史一：從抗日大戰略的形成到武漢會戰，1931～1938》，頁 450。

逐漸掉入中國統帥部「以空間換取時間」的戰略構想中。

圖 2-2　徐州會戰經過要圖

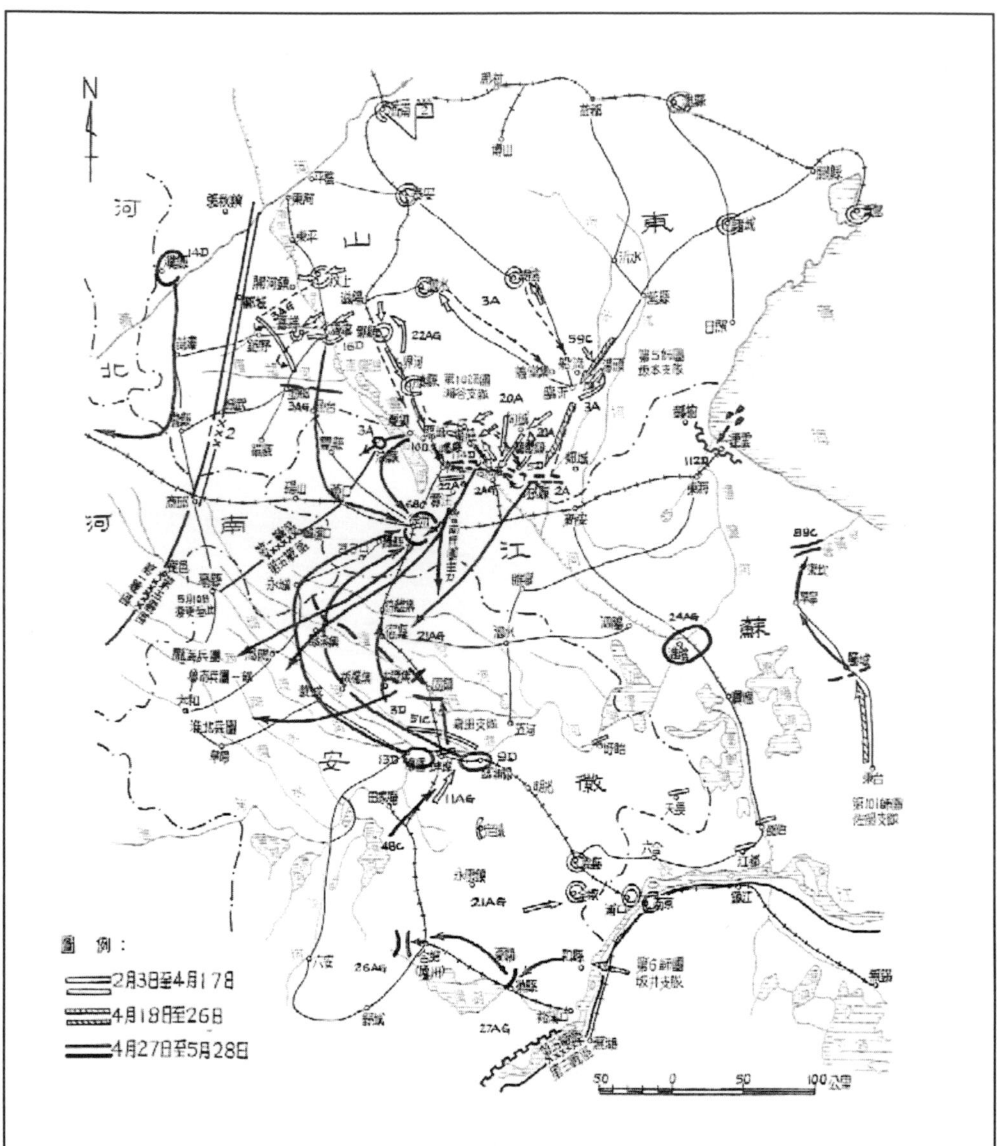

資料來源：三軍大學戰史編纂委員會，《國民革命軍戰役史第四部——抗日（二）初期戰役（下）》，第二篇第三章插圖二十五。

四、武漢會戰

徐州會戰結束後，第五戰區的部隊往安徽省方向撤退；日軍乘勝追擊，直到黃河口決堤才被擋下來。日軍雖然被大水擋住，但並未擋住其野心，發動武漢會戰，準備迫使國民政府屈服。爲了對付日軍進攻武漢的企圖，第五戰區的作戰範圍改爲長江以北、淮河以南的皖豫鄂三省地區。

當時戰區部隊擁有：第三兵團孫連仲、第四兵團李品仙、第五集團軍于學忠、第二十一集團軍廖磊、第二十四集團軍韓德勤、第二十六集團軍徐源泉、第二十七集團軍楊森、第三十三集團軍張自忠、第十七軍團胡宗南、第十九軍團馮治安、第二十六軍團萬福麟、第四十五軍陳鼎勳，總共 50 個步兵師和騎步兵旅各一。

1938 年上旬，軍委會判斷日軍打通津浦線後，將會進襲武漢，如何確保武漢，其分析：

> 武漢三鎮之不易守，而武漢近郊尤以江北方面之無險可守，盡人而知。更以中隔大江、外雜湖沼，尤非可久戰之地。故欲確保武漢，則應東守宿松、太湖，北扼雙門關、大勝關、武勝關諸險，依大別山脈以拒敵軍，並以平漢北段之積極行動相呼應。若敵懸軍深入，則可臨機予以各個擊破；或在大別山預爲隱伏待其深入，出奇兵以腰擊之。〔註 100〕

當徐州會戰結束後，1938 年 6 月 3 日，軍委會在武漢召開高級軍事會議，一致決定保衛武漢、誘敵深入、長期抗戰的原則。陳誠、白崇禧、李宗仁等將領也建議，戰略上以空間換取時間，不進行主力正面決戰，不爭一城一地的死守，只打外圍消耗戰。戰術上則是側面伏擊、後退包圍等方式，消耗日軍的有生力量。蔣中正接納此議，遂在武漢周遭山地湖泊安置重兵，並保持機動。〔註 101〕

日軍在中國戰場不斷獲得勝利，但卻無法結束作戰。日本御前會議在 6 月 15 日決定攻打武漢，摧毀國民政府的統治中樞，結束戰爭。此時日本的指導方針，爲集中國力，直接解決對華戰爭，希望本年度內達成戰爭之目的。〔註

〔註 100〕〈對武漢附近作戰之意見〉，1938，《抗日戰爭正面戰場（上）》，頁 713。

〔註 101〕郭岱君主編，《重探抗戰史一：從抗日大戰略的形成到武漢會戰，1931～1938》，頁 457。

〔註 102〕王曉華、戚厚杰主編，《抗日戰爭正面戰場檔案全紀錄（上）》，頁 388-389。

102〕7月4日重組華中派遣軍，下轄第二軍東久邇宮稔彥王部和第十一軍岡村寧次部及直屬師團，總司令爲畑俊六大將，總兵力約41萬人，欲以此龐大兵力，一舉消滅國軍在武漢地區的有生力量。〔註103〕

軍委會認爲日軍將沿大別山和長江地區來攻略武漢，乃將長江北岸防務交由第五戰區負責；而長江南岸和江北的武穴、田家鎮要塞及武漢警備司令部，歸第九戰區指揮。並指示第五戰區，須確保大別山陣地：

> 第五戰區應以現態勢，確保大別山之主陣地，積極擊破沿江及豫南進犯之敵；沿江方面，以持久戰要領，遲滯敵之西進。另應指定八個師以上兵力，在大別山設立游擊根據地，向皖北、豫東方面挺進游擊，尤須積極襲擊沿江西進之敵。〔註104〕

李宗仁遂將第二十一集團軍廖磊部派往大別山東側防守，並將李品仙的第四兵團佈署在大別山南部地帶。〔註105〕日軍於6月11日發動攻勢，接連攻下安徽省的安慶、潛山、太湖等地區。7月6日，李宗仁因牙疾到武漢療養，第五戰區司令長官由白崇禧暫代。白崇禧接任後，重新下達作戰方針：「戰區應置重點於右，以積極之行動，確保豫鄂皖邊區山地及長江沿岸各要點，擊破或阻止侵入之敵，以屏障武漢之側翼。」〔註106〕在白崇禧的策劃下，由廖磊和李品仙各部對太湖和潛山進行反攻；但日軍同時從合肥向六安前進，雙方在六安、霍山、太湖、潛山、黃梅、廣濟地區反覆爭奪。

24日，日軍第六師團從潛山出發，26日攻佔太湖，但隨後遭到第三十一軍韋雲淞部猛烈的反攻。由於桂軍擅長於山地戰，日軍遭遇苦戰，最後因日軍派遣海軍陸戰隊一個大隊登陸，切斷第三十一軍的後路，韋雲淞遂撤守宿松。8月2日，第六師團佔領宿松，隔日晚再攻下黃梅。白崇禧得知黃梅失守後，下令「廿一集團〔軍〕南移，加強太〔湖〕、宿〔松〕方面兵力」。26日，第七軍成功收復太湖，隔日第四十八軍也拿回宿松。白崇禧集結更多兵力，前後投入7個師反攻黃梅，直至9月7日仍未能收復黃梅。〔註107〕

〔註103〕劉鳳翰，《抗日戰史論集》，頁334-342。

〔註104〕蔣緯國編，《國民革命戰史第三部——抗日禦侮（三）》，頁106。

〔註105〕三軍大學戰史編纂委員會，《國民革命軍戰役史第四部——抗日（二）初期戰役（下）》，頁125-127。

〔註106〕〈第五戰區作戰命令〉，1938/07，《抗日戰爭正面戰場（上）》，頁716。

〔註107〕郭岱君主編，《重探抗戰史一：從抗日大戰略的形成到武漢會戰，1931～1938》，頁 469。〈白崇禧致蔣介石密電〉，1938/08/08，《抗日戰爭正面戰場（上）》，頁763。

與此同時，日軍第十師團於 8 月 28 日攻佔六安，隔日第十三師團佔領潛山。面對日軍的猛攻，白崇禧命第三兵團加強防禦由六安方向前來的日軍，並確保安徽戰時省會立煌。〔註 108〕9 月 1 日，日軍第十和第十三師團開始西進，圍攻富金山。此時防禦富金山是第七十一軍宋希濂部，其依靠富金山完善防禦工事，重創第十三師團，使其平均每步兵中隊僅剩 40 人。第十師團則是在樟柏嶺被第三十軍擋下。

但隨著日軍第十六師團的增援，加上以裝甲部隊為前導，和毒氣的使用，12 日富金山失守，5 天後日軍進佔商城。〔註 109〕佔領商城後，日軍下令第十三和第十六師團進攻麻城，第十師團則是攻佔信陽。第五戰區為了防守信陽，10 月 5 日將羅卓英第十九集團軍擴編為第五兵團，下轄第十七和第十五軍團，負責平漢鐵路和新陽方面的作戰。而從商城出發的第十師團沿途遭遇第二十七集團軍的阻擊，損傷慘重。至 9 月底，日軍不得不加派第三師團，增援第十師團，合攻信陽。雙方激戰至 12 日，信陽易手，第五戰區奉命逐次抵抗。隨著武漢放棄，第五戰區也開始轉移兵力；在麻城抵擋日軍的第三十軍，也往西撤出。〔註 110〕

而在國軍反攻黃梅時，9 月 1 日，日軍攻陷廣濟，國軍也隨即展開反攻，雙方爭奪廣濟，一度將其收復；後日軍增兵反攻，廣濟再度失陷。〔註 111〕桂軍陣地在白天被日軍奪走，入夜隨即強襲奪回，同個陣地失而復得達六次之多。〔註 112〕9 日，第三十一軍協同第八十四和第六十七軍，向廣濟地區的日軍進攻，但仍無法克復。隨著日本兵艦行駛至田家鎮下游江面，與武穴地區的日軍合攻田家鎮要塞。李品仙部逐漸不支，雙方激戰至 29 日，田家鎮要塞淪陷。〔註 113〕

10 月 15 日，日軍攻入黃陂，威脅到武漢側背；北翼河南信陽失守，日軍能夠驅兵南下，合攻武漢；加上廣州的失守，10 月 25 日軍委會決定放棄武漢。

〔註 108〕〈白崇禧致蔣介石密電〉，1938/08/31，《抗日戰爭正面戰場（上）》，頁 775。

〔註 109〕劉鳳翰，《抗日戰史論集》，頁 364-365。

〔註 110〕郭岱君主編，《重探抗戰史一：從抗日大戰略的形成到武漢會戰，1931～1938》，頁 477-479。

〔註 111〕程思遠，《政海秘辛》，頁 138-141。

〔註 112〕王長勳，〈黃廣會戰〉，《原國民黨將領抗日戰爭親歷記：武漢會戰》（北京：中國文史出版社，1989 年），頁 186。

〔註 113〕萬式炯，〈第一〇三師保衛田家鎮要塞簡記〉，《原國民黨將領抗日戰爭親歷記：武漢會戰》，頁 176-177。

23 日，白崇禧將戰區司令長官的職位交還給李宗仁，第五戰區繼續由李宗仁指揮。

圖 2-3　武漢會戰經過要圖

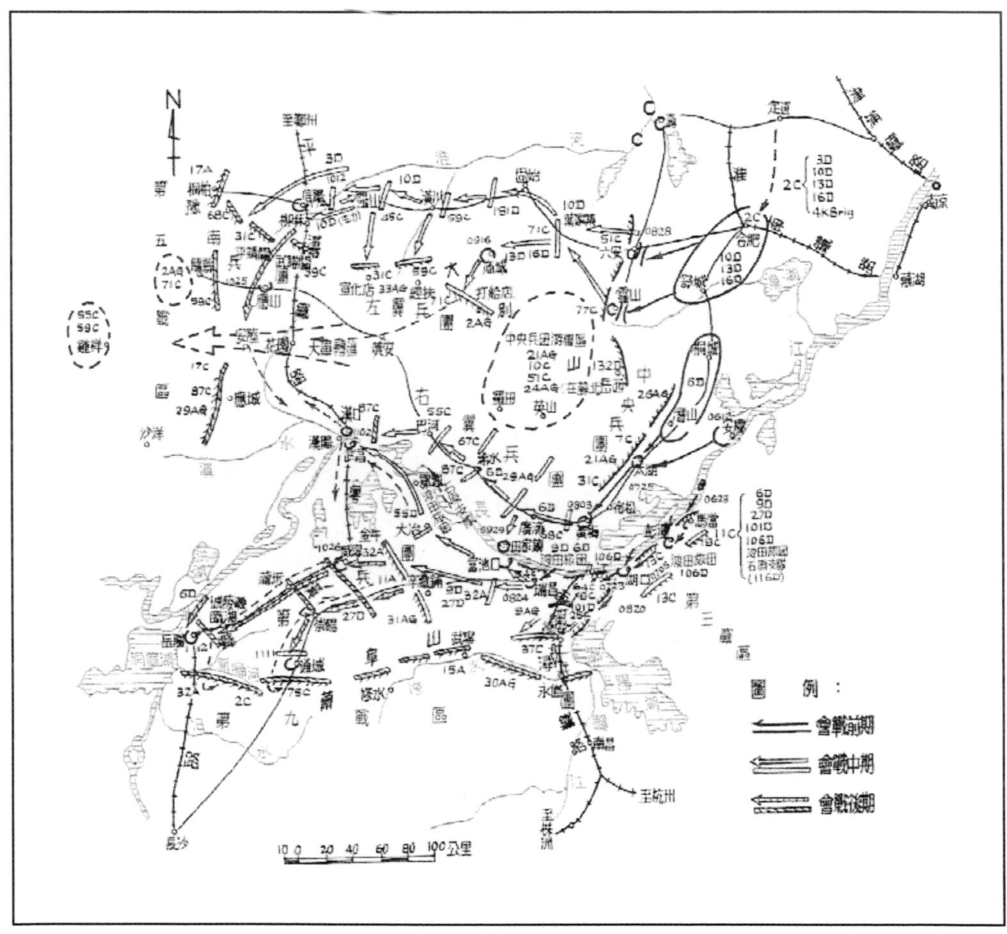

資料來源：三軍大學戰史編纂委員會，《國民革命軍戰役史第四部——抗日（二）初期戰役（下）》，第二篇第四章插圖六。

武漢放棄後，第五戰區開始轉移作戰，各軍轉移途中，遭遇日軍陸、空兩方面的追擊，損失頗重。李宗仁下令第二十九集團軍沿著天門、潛江、洛陽店一線部署，抵抗日軍追擊；長官部奉命遷移至隨縣。〔註 114〕直到 11 月 11 日，日軍才停止追擊，至此武漢會戰結束。

〔註 114〕劉鳳翰，《抗日戰史論集》，頁 377。

此役結束後，日軍戰略出現轉折，從「速戰速決」改為「以戰養戰」，陷入中國戰略空間的泥沼。而國民政府則退至西南大後方，完成持久抗戰的佈局。〔註 115〕經過此役後，國軍逐漸摸索出對抗日軍的戰法，也就是逐次後退，再反包圍深入日軍。薛岳已在武漢會戰中開始實踐，而李宗仁則是等到棗宜會戰中，才開始運用。

第三節　敵我相持下的第五戰區

一、隨棗會戰

武漢會戰後，軍委會重新畫分戰區，並且配置必要之兵力。第五戰區司令長官不變，仍由李宗仁擔任；作戰區域為安徽西部、湖北北部和河南南部。戰區的兩大任務為守衛重慶的門戶，及待機反攻武漢。

此時戰區下轄部隊為：第十一集團軍李品仙、第二十一集團軍廖磊、第二十二集團軍孫震、第二十九集團軍王纘緒、第三十一集團軍湯恩伯、第三十三集團軍張自忠、長江上游江防司令郭懺、第十三軍張軫和第八十五軍王仲廉，總兵力為 42 個步兵師、騎兵師和騎兵旅各 1。〔註 116〕

但由於部隊的派系和作戰損失，造成各部隊素質及作戰能力參差不齊；6 個集團軍中，僅第十一、第二十一、第三十一集團軍較為完整，其他如第二十二、第二十九、第三十三集團軍因作戰損失、整補不足或訓練狀況差，大都實力空虛。而戰區直轄砲兵，更在武漢會戰中，幾乎損失殆盡。因此戰區整體戰力，較武漢會戰前來得低落。〔註 117〕

李宗仁除對實力較空虛的 3 個集團軍進行整補外，也對武漢會戰中損失較重的桂系第十一集團軍執行整編，將第八十四軍下轄的 2 個師合併，成為第一八九師；並從第二十一集團軍中，把第三十一軍的第一七三師和第一七四師劃入第八十四軍。李還將每個師改為兩旅四團制，每團兵員從 1,500 增至

〔註 115〕郭岱君主編，《重探抗戰史一：從抗日大戰略的形成到武漢會戰，1931～1938》，493 頁。

〔註 116〕中華民國建國一百年軍事史編纂小組編著，《中華民國一百年軍制史：1911-2011》，頁 4-27。

〔註 117〕尚奇翔，〈隨棗會戰概述〉，《原國民黨將領抗日戰爭親歷記：武漢會戰》，頁 284。

2,000 人。〔註 118〕

戰區戰力雖較之前低落，但在 1939 年 3 月南昌會戰爆發之際，軍委會下令準備發動四月攻勢，以牽制日軍的行動。李宗仁於 3 月 11 日即表示完成部署，準備「以有力部隊，由兩翼向武勝關、廣水市及平林市、馬坪間反攻。」〔註 119〕四月攻勢發動後，第五戰區由東西南面向平漢鐵路南段進攻；並將第三十一集團軍調往棗陽地區，加強攻勢兵力。日軍則從各方面抽調 3 個師團和 1 騎兵旅團，以鞏固武漢地區的防禦。〔註 120〕

日軍佔領武漢後，因感武漢備受國軍威脅，必須突破現狀；加上 1939 年 4 月間，第五戰區趁南昌會戰之際，發動四月攻勢，加深日軍的危機感。遂決定抽調湘、鄂、贛部分兵力，集結於鄂北，目標爲瓦解國軍於襄陽一帶的陣勢和打擊第三十一集團軍。日軍以第三、第十三、第十六師團及第四騎兵旅團爲主力，向第五戰區發動攻勢。〔註 121〕李宗仁得知日軍準備進攻襄陽一帶，決定以第五戰區的主力，進行攻勢防禦，粉碎敵軍企圖，來保持漢水東岸地區；並派部分兵力，渡河攻擊敵軍，牽制敵之兵力，使主力能作戰容易，待日軍消耗後，或乘其發生錯誤時，予以反擊。〔註 122〕

當 5 月 1 日日軍發動攻勢後，李宗仁派遣江防軍，渡過漢水，襲擊日軍後方據點；並趁隙破壞漢宜、京鍾兩公路，妨礙日軍的運補。由李品仙的左集團軍和張自忠的右集團軍，正面阻擋日軍的進攻；湯恩伯的第三十一集團軍也開赴前線，參與作戰。由於襄花公路沿線都是平原，日軍能夠充分發揮機械化部隊的威力。國軍缺乏反裝甲武器，根本抵擋不住日軍戰車部隊，只能依靠高昂的士氣，據壕死守，並以肉身之軀與戰車搏鬥。在雙方武器的差距下，國軍戰壕常遭輾平，守壕士兵不是被擊斃，就是慘遭活埋。日軍在戰車、火砲、飛機和毒氣的運用下，使得國軍抵擋不住日軍的攻勢。〔註 123〕

〔註 118〕凌壓西，〈隨棗會戰親歷記〉，《湖北文史資料》第 11 輯（武漢：湖北人民出版社，1987 年），頁 19。

〔註 119〕〈革命文獻——第二期第一階段作戰經過〉，1939/03/11，《蔣中正總統文物》，典藏號：002-020300-00012-034。

〔註 120〕何應欽，《日軍侵華八年抗戰史》，頁 125。

〔註 121〕〈支那事變に於ける主要作戰の梗概　昭和 13 年 12 月 25 日～昭和 15 年 1 月 14 日〉，1940/01/14《陸軍一般史料》，レファレンスコード：C11110442300。

〔註 122〕〈李宗仁呈送第五戰區作戰命令電〉，1939/04/30，中國第二歷史檔案館編，《抗日戰爭正面戰場（中）》（南京：鳳凰出版社，2005 年），頁 884。

〔註 123〕尚奇翔，〈隨棗會戰概述〉，《原國民黨將領抗日戰爭親歷記：武漢會戰》，頁

會戰初期，李品仙的左集團軍在塔兒灣附近，與日軍展開血戰，陣地失而復得六、七次，最後在日軍使用毒氣猛攻下，4 日塔兒灣失守。而李品仙發現日軍疑似以一部將左集團軍主力吸引至天河口市附近，另以一部由高城以南地區採取中央突破，包圍左集團軍。

張自忠的右集團軍則在鍾祥以北地區，以第三十七師吉星文部和第十八師劉振山部，對日軍展開強烈抵抗。但在日軍不斷的增援下，7 日豐樂河及長壽店兩側地區遭到突破，日軍留置一部持續牽制，主力持續往北前進。張自忠見戰況惡化，除下令第一三二師渡河，對日軍展開反攻；張也親率第三十八師渡河，攻擊流水溝日軍後方。李宗仁鑒於整體戰況不利，遂下令左集團軍變換正面，以桐柏山爲左翼，對隨棗公路成側面陣地，牽制西進及阻止北近日軍；右集團軍仍極力夾擊北進日軍後方，但仍無法阻擋日軍的攻勢。

日軍見進展順利，遂決定包圍殲滅第三十一集團軍於棗陽東北山地，於是持續深入攻佔棗陽、唐河、桐柏等地，切斷左集團軍後方聯繫。李品仙趕緊將第十一集團軍調往唐河附近，阻擋日軍持續深入。湯恩伯部從 7 日起就遭到日軍的包圍，戰至 11 日，鑒於傷亡過重，加上無其他部隊策應，決定向北突圍，遂留下張軫率領兩師的兵力，到桐柏山內展開游擊，並掩護主力撤退。第三十一集團軍在向北突圍過程中，遭到日軍的襲擊，導致部隊分成數段；於 12 日始抵泌陽以北地區，14 日才收容完畢。〔註 124〕

面對第三十一集團軍遭到重創，中央重新制定新的指導方針，要求第五戰區：

> 以消耗敵人戰力之目的，對鍾祥向北突進之敵，先予以嚴重打擊，務求保持漢水以東地區。如情況萬不得已時，則以一部留置大洪、桐柏兩山脈，牽制敵人；主力轉進南陽及襄、樊西北迄南漳、保康一帶地區，阻敵深入，屏障西安、漢中，並掩護江防軍之左翼。〔註 125〕

但日軍已成了強弩之末，加上第一戰區增援第二集團軍，李宗仁馬上將預備部隊會同反攻，而日軍也趕緊將深入部隊撤出。到 5 月 22 日，國軍已先後收

286-287。呂芳上編，《中國抗日戰爭史新編 軍事作戰》（臺北：國史館，2015 年），頁 216。

〔註 124〕〈軍令部關於第五戰區隨棗會戰經過的總結報告〉，1939/05/，《抗日戰爭正面戰場（中）》，頁 906-910。

〔註 125〕〈軍令部擬定第五戰區作戰指導方案〉，1939/05/06，《抗日戰爭正面戰場（中）》，頁 884。

復唐河、棗陽，23 日收復隨縣。日軍紛紛退回原駐地，雙方回復到會戰前形勢。〔註 126〕

圖 2-4　隨棗會戰經過要圖

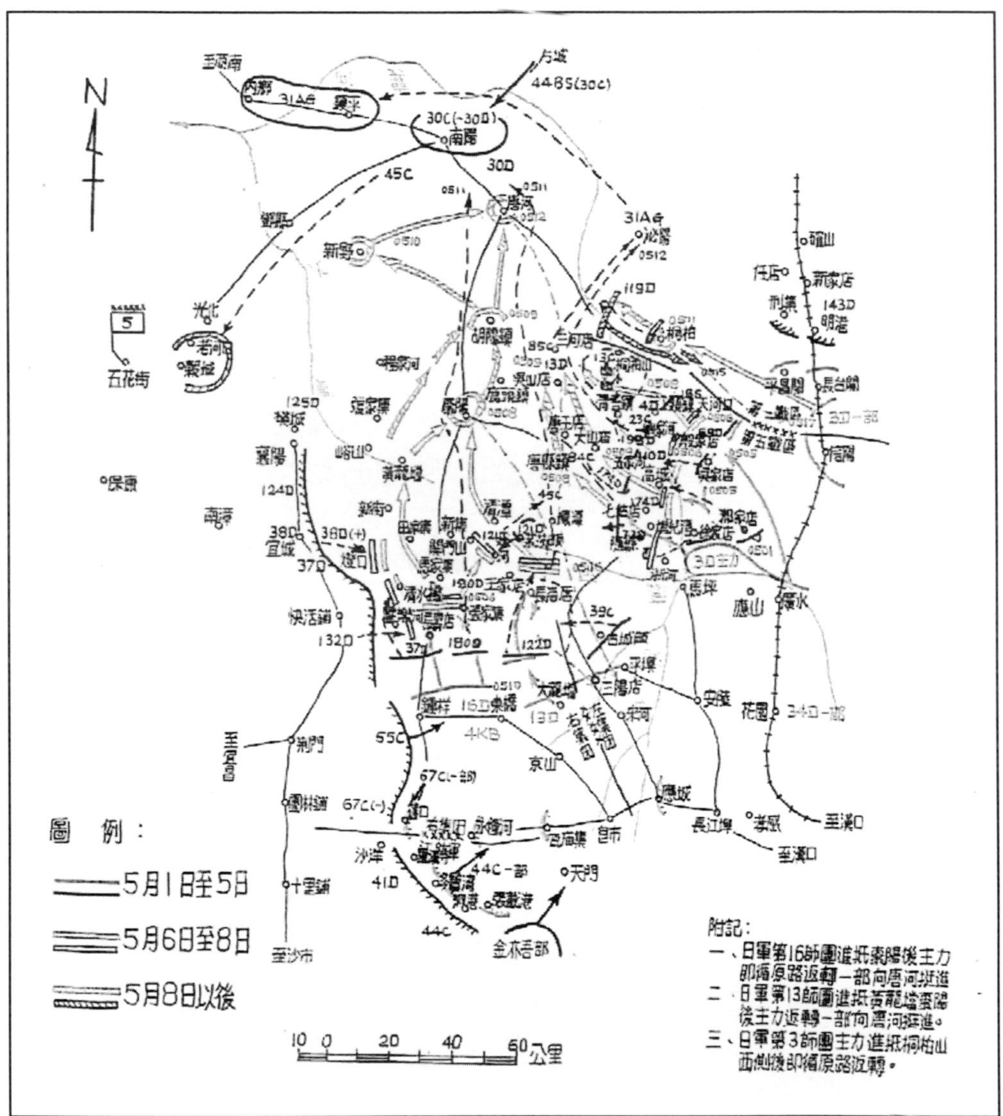

資料來源：三軍大學戰史編纂委員會，《國民革命軍戰役史第四部——抗日（三）中期戰役》，插圖五。

〔註 126〕蔣緯國編，《國民革命戰史第三部——抗日禦侮（六）》（臺北：黎明文化事業公司，1978 年），頁 1455-1460。

武漢會戰後，留置於大別山區的第二十一集團軍，主要任務是對日軍後方襲擾，及威脅武漢附近地區。隨棗會戰爆發時，李宗仁下令其側擊日軍，以策應戰區主力部隊的作戰。集團軍總司令廖磊派遣第七軍和鄂東游擊隊，分三路襲擊黃安、麻城和新洲方面之敵。日軍備感壓力，連日從漢口和長江下游地區調遣部隊增援。雙方戰至 13 日，廖磊以牽制日軍目的以達成，於是下令停止進攻，結束這次作戰。〔註 127〕

此役日軍重創國軍第三十一集團軍，使之總傷亡高達 2 萬 8 千多人，僅湯恩伯部就傷亡 1 萬 6 千餘人；而日軍傷亡僅 2,450 人，並成功解除第五戰區對武漢地區的威脅。〔註 128〕國軍對於此役的檢討，認爲第五戰區的戰略構想是正確的，先採取守勢，待日軍消耗後，或乘其發生錯誤後，予以反擊。但也發現第五戰區的兵力部署確無法支持此戰略構想，由於第五戰區警戒日軍可能企圖對沙洋、宜昌發動攻擊，因此在這兩座城市周圍部署過多的兵力，造成其他戰線出現兵力不足的狀況，防線不斷被日軍突破。〔註 129〕

二、冬季攻勢

日本爲統一全中國的政略與戰略，並促進汪兆銘政權的建立，以展開對國民政府的和平工作，藉此早日結束中日戰爭，乃在 1939 年 9 月 23 日廢止華中派遣軍司令部，改爲中國派遣軍總司令部。其下設華北方面軍、第十一軍、第十三軍、第二十一軍，總司令官由西尾壽造出任，總參謀長爲板垣征四郎。〔註 130〕

1939 年 9 月 1 日，德軍入侵波蘭，第二次世界大戰正式爆發，國際局勢丕變；而此時國軍的第二期整訓部隊也已完成，戰力有所增強；加上第一次長沙會戰獲得勝利，軍委會於 10 月 29 日在南嶽召開第二次黨政軍聯席會議，決定發動冬季攻勢，將第二期整訓部隊加入第二、第三、第五、第九戰區，作爲主要攻勢地區，目標爲截斷長江和進取武漢。其餘各戰區實施牽制性攻勢，使主要發動攻勢戰區作戰容易。〔註 131〕李宗仁遂在戰前策畫對日軍第一

〔註 127〕蔣緯國編，《國民革命戰史第三部——抗日禦侮（六）》，頁 1493-1508。

〔註 128〕呂芳上編，《中國抗日戰爭史新編　軍事作戰》，頁 216。

〔註 129〕三軍大學戰史編纂委員會，《國民革命軍戰役史第四部——抗日（三）中期戰役》（臺北：國防部史政編譯局，1995 年），頁 215-216。

〔註 130〕呂芳上編，《中國抗日戰爭史新編　軍事作戰》，頁 222。

〔註 131〕王曉華、戚厚杰主編，《抗日戰爭正面戰場檔案全紀錄（中）》（北京：團結出版社，2011 年），頁 218-219。

線重要據點，如潛江、羅漢寺、鍾祥、隨縣、信陽，以包圍態勢，並用奇襲突擊方法，相機奪取或誘敵於據點外，加以殲滅。而對日軍第二線各據點，則設法阻其向第一線增兵。〔註 132〕爲達成戰略目標，將第五戰區內的軍隊編組爲江北兵團郭懺、右集團軍張自忠、左集團軍孫震、豫南兵團孫連仲、鄂北兵團湯恩伯，和豫鄂皖邊區游擊總指揮李品仙，各軍團於 11 月 30 日準備完成。〔註 133〕

冬季攻勢發動前，位於大別山區的第二十一集團軍和游擊隊，率先展開襲擊日軍後方交通補給線；並在開戰前，成功破壞平漢鐵路花園至孝感間鐵道。〔註 134〕1939 年 12 月 12 日，冬季攻勢正式發動，李宗仁採用外線包圍敵軍的戰術，目標爲殲滅位於漢宜路和京鍾路上的日軍第十三師團。豫南兵團由西、北、南三方向信陽地區日軍展開攻勢，雙方在廣水、花園一線激戰至 1940 年 1 月中旬。江北兵團以沙陽、新城一帶發起攻勢，渡過襄河後，策應右集團軍作戰，進佔多寶灣、永隆河等據點。

但 12 月 28 日，日軍增援反攻後，江北兵團傷亡慘重，重新撤回沙陽、新城一帶，伺機而動。左集團軍則從隨縣向東攻擊日軍第三師團，一度進展至昌水以東，但旋遭日軍反擊，乃向後轉移；1 月 18 日再興攻勢，最後與日軍在徐家店、浴陽店一帶對峙。右集團軍渡過襄河後，攻擊鍾祥以南日軍第十三師團，先後占領據點多處；但協同夾擊第十三師團的江北兵團與右集團軍，一同被第十三師團牽制住。28 日日軍增援反攻，右集團軍被擊退。〔註 135〕

翌年 1 月 3 日，李宗仁重整攻勢，陸續收復花山、小林店等地，但信陽、鍾祥等目標城市皆未能攻克，且無法殲滅日軍第十三師團。15 日，日軍第三師團在空軍及戰車部隊的協助下，向國軍反攻，激戰至 28 日才結束戰鬥，最後雙方恢復到會戰前的態勢。〔註 136〕

〔註 132〕國防部史政編譯局，《抗日戰史——二十八年冬季攻勢（二）》（臺北：國防部史政編譯局，1980 年），頁 56。

〔註 133〕國防部總政治作戰部編，《抗日戰史紀要》（臺北：國防部總政治作戰部，1996 年），頁 190～192。

〔註 134〕國防部史政編譯局，《抗日戰史——二十八年冬季攻勢（二）》，頁 59。

〔註 135〕蔣緯國編，《國民革命戰史第三部——抗日禦侮（六）》，頁 1382-1383。

〔註 136〕三軍大學戰史編纂委員會，《國民革命軍戰役史第四部——抗日（三）中期戰役》，頁 98。

圖 2-5　冬季攻勢第五戰區作戰經過要圖

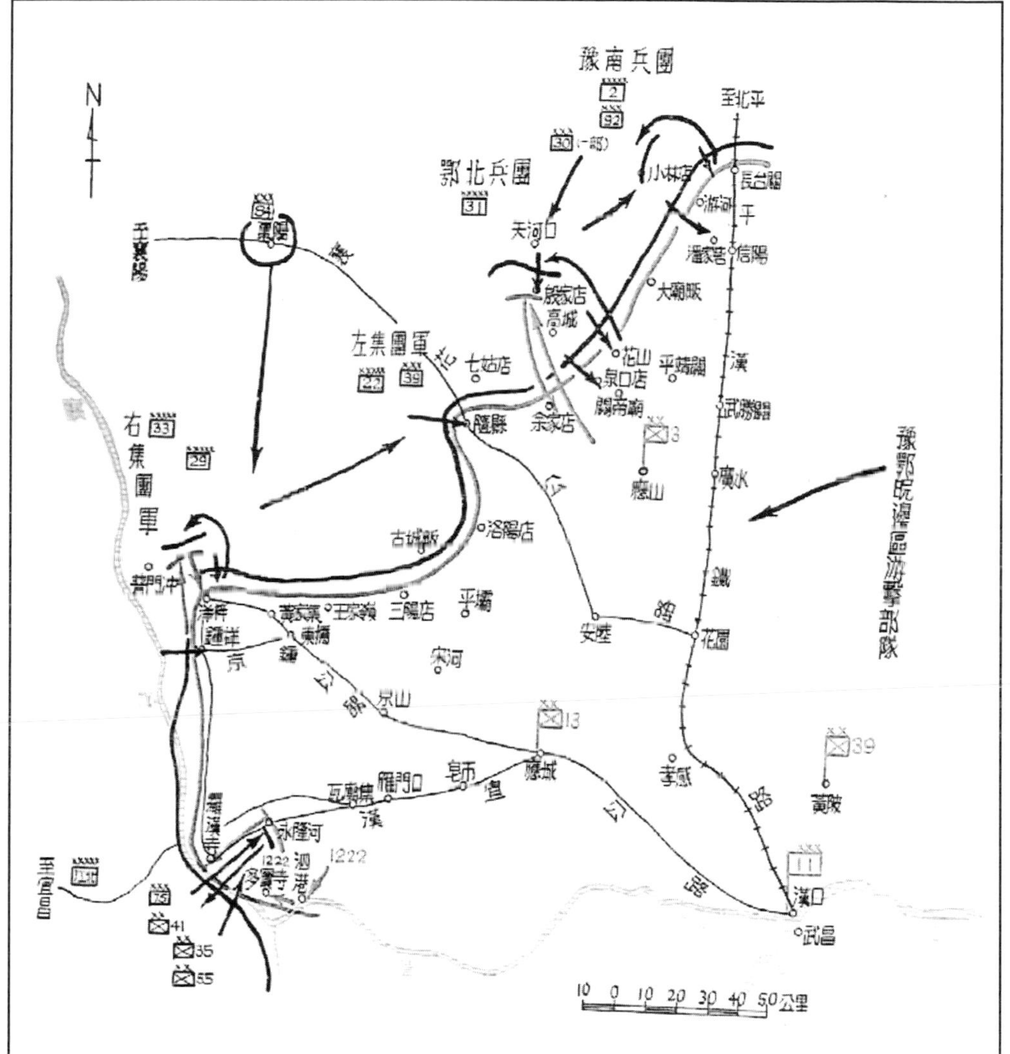

資料來源：三軍大學戰史編纂委員會，《國民革命軍戰役史第四部——抗日（三）中期戰役》，插圖十七。

此次冬季攻勢中，第五戰區雖成功包圍日軍第十三師團，但江北兵團郭懺部署錯誤，運用兵力不當，以致無法將其殲滅；而軍委會所訂定收復的目標城鎮也無法達成，攻勢最後以失敗收場。冬季攻勢雖然失敗，但國軍發動的規模與戰鬥意志，遠超出日軍所料，尤其第三、第五和第九戰區，讓日軍頗感壓力，這也讓日軍重新評估國軍作戰能力。〔註 137〕結果冬季攻勢除了損失一批剛訓練完成的國軍之外，更促使日軍決定要再次對第五戰區發動攻勢。

三、棗宜會戰

日軍鑒於 1939 年國軍所發動的冬季攻勢，愈感武漢外圍大洪山、桐柏山一帶之威脅，不能安枕，而且江漢平原亦無法利用，於是在 1940 年 4 月中旬調整態勢，主動放棄鄂東之麻城，贛北之奉新、靖安等據點，並抽調湘北第六師團主力，及第四十師團之一部，集結於鄂中，連同原駐鄂省之第三、第十三和第三十九師團，分別集結於鍾祥、隨縣與信陽各地區，使兵力達到局部優勢，並以分進合擊之態勢，來包圍殲滅位於棗陽、宜昌地區的國軍。〔註 138〕

李宗仁對於日軍攻向棗陽、宜昌地區的意圖，決定以第五戰區一部分兵力挺進敵軍後方，積極擾襲；並誘導敵軍於棗陽以東，或荊門、當陽以南地區進行決戰。〔註 139〕鑒於第五戰區的部隊剛經歷冬季攻勢，戰力較之前消耗甚多，無法有效運用陣地戰配合運動戰的戰法，李宗仁改用全面運動戰的方式，不計較一城一地的失陷，來誘導日軍深入，並將其反包圍。〔註 140〕

於是李宗仁將第五戰區所轄的七個集團軍，分別編組爲：右集團軍以第三十三集團軍張自忠部防守襄河地區；中央集團軍以第十一集團軍黃琪翔部防禦洛陽店、隨縣以西及隨縣以北、高城以西地帶；左集團軍以第二集團軍孫連仲部任桐柏以東、平昌關以北及明港一帶之守備。另外將第二十二集團軍孫震部編爲預備兵團，第三十一集團軍湯恩伯爲機動兵團，李品仙的第二十一集團軍與各游擊隊，則活動於豫鄂皖邊區。〔註 141〕

5 月 1 日，日軍兵分五路，向第五戰區進攻，防守襄花公路一線的第十一集團軍第八十四軍首當其衝。日軍運用優勢火力和坦克衝鋒，試圖衝破防線；而第八十四軍官兵也英勇的衝出戰壕，爬上坦克，對車內投擲手榴彈；多數陣地也都與日軍打到白刃戰，戰至最後一刻。〔註 142〕第八十四軍借鑑過去的

〔註 137〕呂芳上編，《中國抗日戰爭史新編 軍事作戰》，頁 229。

〔註 138〕國防部總政治作戰部編，《抗日戰史紀要》，頁 215。

〔註 139〕〈李宗仁致蔣介石密電〉，1940/04/18，《抗日戰爭正面戰場（中）》，頁 988。

〔註 140〕李宗仁口述、唐德剛撰寫，《李宗仁回憶錄》，頁 516。

〔註 141〕呂芳上編，《中國抗日戰爭史新編 軍事作戰》，頁 235。

〔註 142〕莫樹杰，〈棗宜會戰紀實〉，《原國民黨將領抗日戰爭親歷記：武漢會戰》，頁 338-339。

作戰經驗，在構築防禦工事時，於壕溝前方推積小土堆作僞裝，以吸引日軍的砲火；並四處挖掘散兵坑和構築掩蔽處，以躲避日軍的轟炸。〔註 143〕但在日軍的猛攻下，防線逐漸遭到突破，5 日，第八十四軍實行總撤退，撤至棗陽城郊佈防。

面對日軍進逼棗陽城區，李宗仁改變作戰部署，抽調右集團軍第二十九集團軍，改由戰區直接指揮，前往截擊京鍾、襄花兩路進犯之日軍。中央集團軍以第八十四、第四十一、第四十五軍，阻擋日軍西進；但不得已時，則改以確保襄樊爲目的，於棗陽東面之線逐次抵抗；爾後將主力轉移至唐白河西岸一線，以一部留置襄河東岸棗陽以北地區。〔註 144〕

撤至棗陽地區佈防的第八十四軍，7 日遭遇日軍利用飛機和火砲轟炸棗陽城，壓制城內國軍，並將主力集中攻擊城外郊區的國軍陣地，以截斷城內國軍的退路。第八十四軍則利用地形優勢，佔據山頭，阻擋日軍於半山腰處。〔註 145〕但隨著日軍不斷增援，戰況越趨不利，爲了避免第八十四軍遭日軍包圍，李宗仁下令其向新野和鄧縣後撤，棗陽淪陷。

第八十四軍遭遇日軍一路追擊，乃將第一七二師鍾毅部用以掩護主力撤退。第一七三師在棗陽地區阻擋日軍的進犯，沿途邊戰邊退，最後在唐白河東岸被圍，師長鍾毅陣亡，只有一團成功突圍，其餘潰散官兵，陸續由留置敵後的國軍收容。而追至老河口前的日軍，則被第三十九軍給抵擋下來。〔註 146〕

當日軍包圍殲滅第八十四軍失敗時，國軍的外圍部隊也完成對日軍的反包圍。10 日，蔣中正對李宗仁下令：「鄂北之敵經我多日圍攻，糧彈殆盡，必將向原陣地退卻。第五戰區應乘敵態不利，退卻困難之好機，以全力圍攻捕捉殲滅之於戰場附近。」〔註 147〕李宗仁也認爲決戰點已到，乃將位於日軍包圍圈外的國軍投入反攻，與日軍決戰。國軍展開反包圍作戰，第二、第三十一集團軍和第九十二軍自北而南，第三十九軍則從西向東，第三十三和第二十九集團軍由南往北，將日軍左右兩翼向中央地區壓迫，包圍日軍大部兵力於襄東平原，陸續收復塘河、沁陽，並將日軍包圍於棗陽地區。雙方激戰至

〔註 143〕王曉華、戚厚杰主編，《抗日戰爭正面戰場檔案全紀錄（中）》，頁 153。
〔註 144〕〈李宗仁致蔣介石密電〉，1940/05/06，《抗日戰爭正面戰場（中）》，頁 997。
〔註 145〕凌壓西，〈八十四軍參加棗宜會戰經過〉，《湖北文史資料》第 11 輯，頁 110。
〔註 146〕王曉華、戚厚杰主編，《抗日戰爭正面戰場檔案全紀錄（中）》，頁 155-161。
〔註 147〕〈蔣介石致李宗仁孫連仲郭懺密電稿〉，1940/05/10，《抗日戰爭正面戰場（中）》，頁 999。

16 日下午，國軍克復棗陽。

在日軍於襄東被圍前，得知第三十三集團軍張自忠部渡過漢水挺進東岸，於是下令日軍第十三和第三十九師團圍攻，並加以殲滅。〔註 148〕當第五戰區完成包圍棗陽地區的部署後，李宗仁對張自忠下令組織一支部隊，截擊襄河東岸的日軍。於是張立即率領總部直屬部隊和第七十四師向方家集、南瓜店一帶推進。張在出發前，曾留書給馮治安，表示：「因戰區全面戰爭關係及本身之責任，均須過河與敵一拼，如不能與各師取得聯絡，即抱著最終之目的，往北邁進。……現在起，或暫別或永離，不得而知。」〔註 149〕

張自忠渡過襄河後，與日軍激戰於南瓜店一帶，但由於張部兵力不足，16 日時遂被日軍包圍。張自忠親率特務營苦撐，直至所部均傷亡殆盡，張自忠本身也重傷倒地，爲國捐軀。此爲抗戰爆發後，國軍陣亡軍階最高的將領。李宗仁得知消息後，深感震驚，下令必將張的遺體奪回，最後由第三十八師黃維綱部成功從日軍手中奪回。

擊破第三十三集團軍後，日軍於 19 日發動反攻，重新奪回棗陽，並將國軍壓迫於唐白河北岸地區。但日軍第三十九師團第二三三聯隊在橫渡唐白河追擊國軍時，暴露自身位置，遭到國軍反擊，最後全殲於沙洲上，聯隊長神崎哲次郎大佐以下 3 百多名官兵陣亡。21 日，日軍鑒於國軍已脫離捕捉網，加上補給線過長，下令停止追擊，各部回撤。〔註 150〕

5 月下旬，棗陽地區戰鬥結束，日軍重新集結，兵分三路強渡漢水，向防禦空虛的宜昌進攻。軍委會對於李宗仁在棗陽地區的指揮不甚滿意，且老河口距離宜昌太遠，爲避免傳令延遲，遂於 6 月 1 日決議，將第五戰區分爲左兵團和右兵團，左兵團轄孫連仲、孫震、湯恩伯、劉汝明各部，兵團司令由李宗仁兼任；右兵團則有馮治安、王纘緒及江防軍等部，兵團司令派陳誠兼任。

但日軍進軍速度太快，同日已攻陷襄陽，繼以第三和第三十九師團，分別沿襄陽、南漳、遂安道及宜城、荊門、當陽道，進攻宜昌。而原先防守宜

〔註 148〕呂芳上編，《中國抗日戰爭史新編 軍事作戰》，頁 235。黃旭初，《黃旭初回憶錄：李宗仁、白崇禧與蔣介石的離合》，頁 244。

〔註 149〕〈革命文獻——第二期第二階段作戰經過〉，1940/05/19，《蔣中正總統文物》，典藏號：002-020300-00013-027。

〔註 150〕〈軍委會綜合張自忠殉國經過報告稿〉，1940/05，《抗日戰爭正面戰場（中）》，頁 1003-1004。三軍大學戰史編纂委員會，《國民革命軍戰役史第四部——抗日（三）中期戰役》，頁 111-112。呂芳上編，《中國抗日戰爭史新編 軍事作戰》，頁 236。

昌地區有 3 個軍，由於日軍發動襄河攻勢之初，聲稱沒有進犯宜昌之意，這使李宗仁誤信其說，將 3 個軍調往鄂北作戰，造成日軍進攻宜昌時，江防軍實力不足以抵擋。至 10 日，達安、荊門、當陽、沙市相繼落陷。中央面對宜昌方面戰局的惡化，4 日起即趕緊將第十八軍調往前線，交由陳誠指揮，希望能挽救局勢，防禦宜昌。〔註 151〕

圖 2-6　棗宜會戰經過要圖（1940 年 5 月 1 日至 30 日）

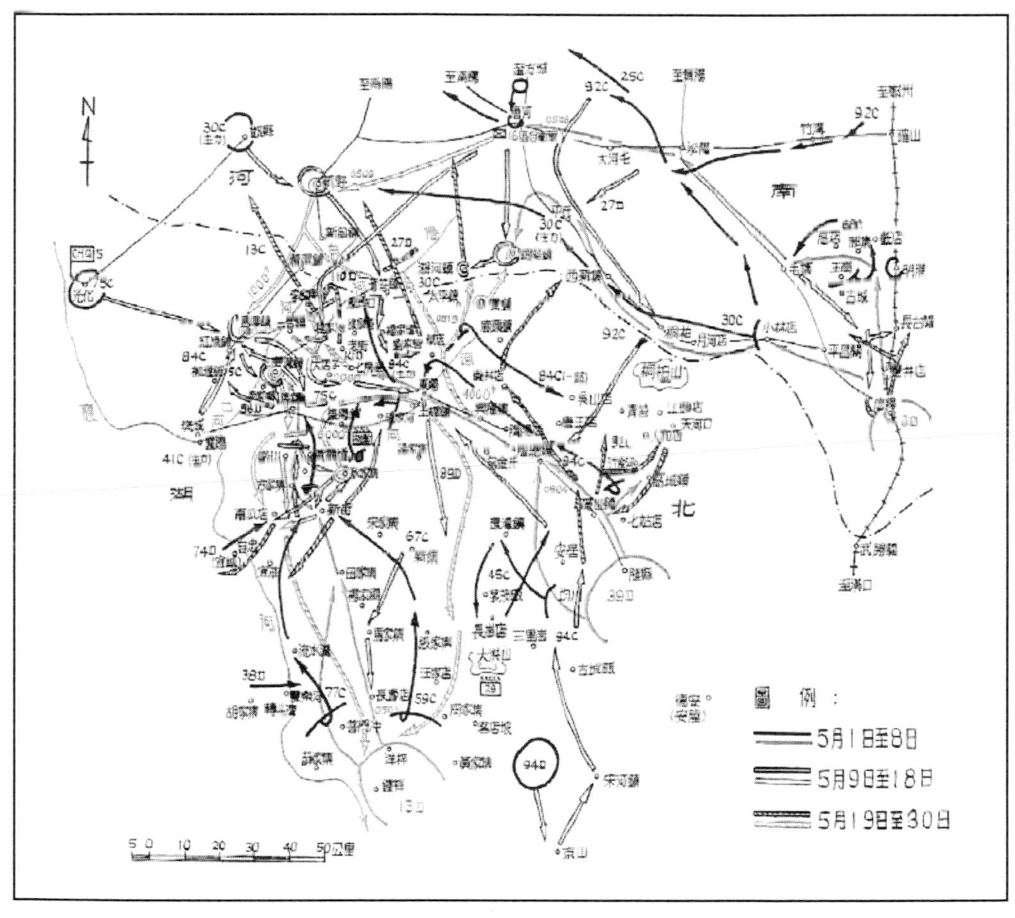

資料來源：三軍大學戰史編纂委員會，《國民革命軍戰役史第四部——抗日（三）中期戰役》，插圖十九。

〔註 151〕何應欽，《日軍侵華八年抗戰史》，頁 140。蔣緯國編，《國民革命戰史第三部——抗日禦侮（六）》，頁 1387。〈軍事委員會關於兵力調配及作戰部署會議記錄〉，1940/06/01，《抗日戰爭正面戰場（中）》，頁 1006。呂芳上編，《中國抗日戰爭史新編 軍事作戰》，頁 237。

圖 2-7　棗宜會戰經過要圖（1940 年 6 月 1 日至 7 月 4 日）

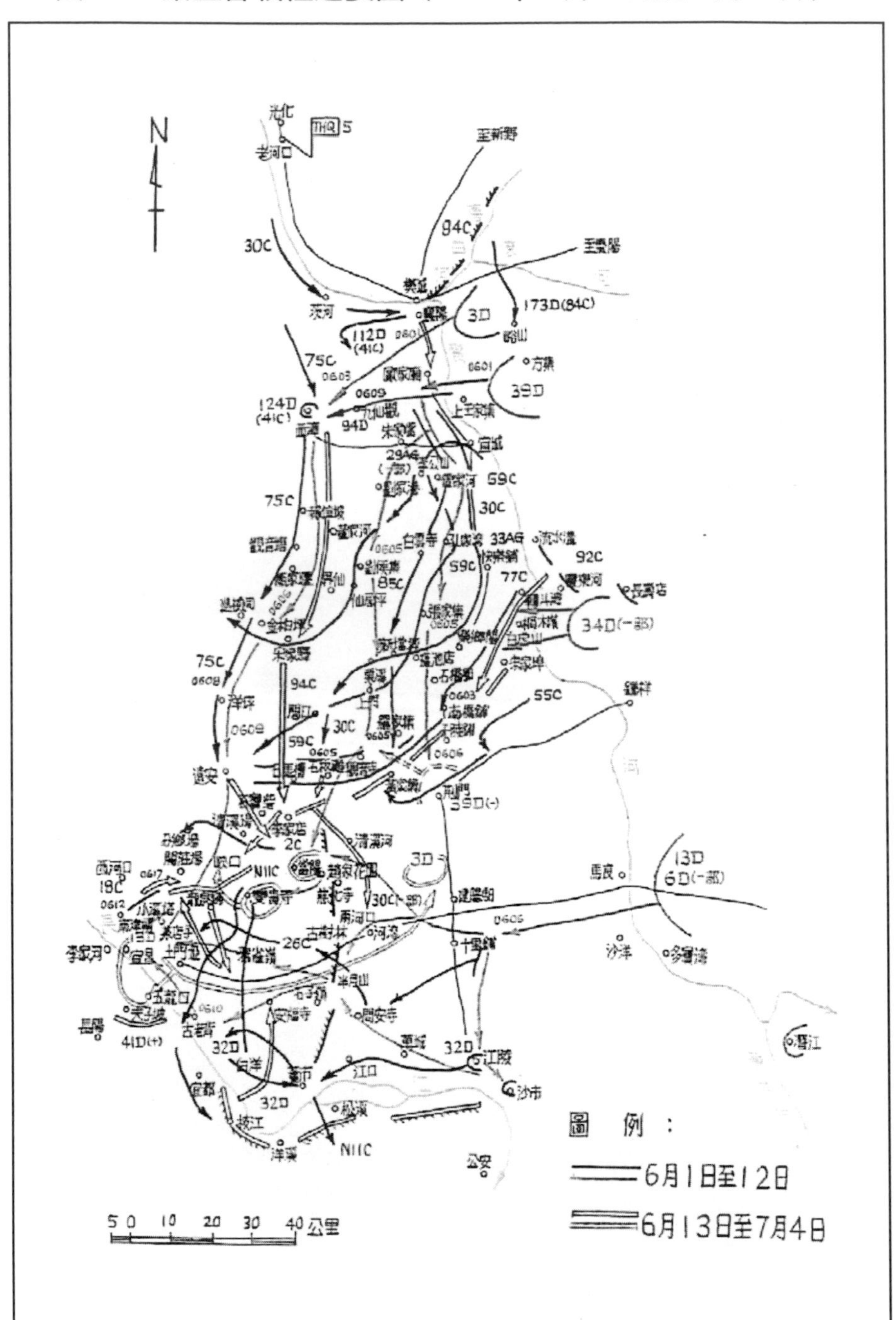

資料來源：三軍大學戰史編纂委員會，《國民革命軍戰役史第四部——抗日（三）中期戰役》，插圖二十。

隨著日軍將主力往襄西地方移動，位於棗陽地區的第四十師團也往南撤退，準備與大洪山地區的國軍作戰，牽制其往襄西地區調動。但該師團行蹤被李宗仁得知，遂調動第十三、第八十四軍和第二十九集團軍，欲將其合圍殲滅於大洪山地區。延至 13 日，成功將其包圍於六房嘴地區，激戰 6 日後，第四十師團不支，師團長天谷直次郎率部成功突圍。大洪山地區的日軍雖被擊潰，但也達成牽制國軍的任務。

宜昌方面，第十八軍與日軍激戰數日後，日軍在強大火力支援下，6 月 12 日攻佔宜昌，第十八軍傷亡慘重，日軍擄獲大量從中國沿海地區西遷時，未及入川留置的軍用物資。

蔣中正對於宜昌的丟失，除感到自責，也對李宗仁有所不滿：「對於江防部隊，無論如何不得抽動之宗旨，不能堅定，而乃聽從李宗仁之要求，以軍隊爲應酬之具之所以致也。」但蔣中正的幕僚張治中和陳布雷仍持樂觀態度，認爲：「六日間冒進一百二十餘公里，已成強弩之末，即使宜昌陷落，亦不過點線之失，我軍守雙蓮寺以南陣地者，計約七師，仍可望殲滅該敵。」果眞日軍以作戰目的達到，於 17 日撤出宜昌，國軍重新收復。

但不久後，日軍中央顧慮到政略影響，加上有意以宜昌做爲航空隊向重慶轟炸的中繼站，乃改變決定，重新攻打宜昌。李宗仁對於日軍捲土重來，急調第二、第三十一集團軍及第七十五軍南下追擊，企圖將日軍反包圍於長江、襄河之間。但宜昌旋又告失守，加上國軍各部久戰力疲，未能及時到達決戰地點，最後沿江陵、宜昌、當陽、荊門、鍾祥、隨縣、信陽之線與日軍陷入膠著。至 6 月 24 日，軍委會下令全線停止反攻，至此棗宜會戰結束。〔註 152〕

此次會戰導致宜昌陷入敵手的原因，蘇聯顧問提出五點：(1) 情況判斷不正確，誤信日軍不佔宜昌之說。(2) 對於部隊作戰，缺乏堅定與連續一貫的領導，尤其是軍委會。(3) 極端遲緩，一切處置照例未能制敵先機。(4) 缺乏監督及貫徹目的之嚴厲要求。(5) 第三、第五和第九戰區之間完全沒有協同。〔註 153〕但此次會戰，李宗仁活用退避及反包圍戰法，除殺傷大量日軍，

〔註 152〕王曉華、戚厚杰主編，《抗日戰爭正面戰場檔案全紀錄（中）》，頁 209-210。呂芳上編，《中國抗日戰爭史新編　軍事作戰》，頁 237。黃自進、潘光哲編，《蔣中正總統五記——省克記》，1940/06/13，頁 599。〈事略稿本——民國二十九年六月〉，1940/06/13，《蔣中正總統文物》，典藏號：002-060100-00141-013。

〔註 153〕〈蘇聯總顧問福爾根致蔣介石報告〉，1940/07/10，《抗日戰爭正面戰場（中）》，頁 1021。

也使得日軍無法消滅平漢鐵路以西的第五戰區主力部隊；而會戰結束後，日軍檢討認爲第五戰區的新戰法是必須注意。〔註 154〕

日軍佔領宜昌後，遮斷第五戰區通往重慶地區的水路，導致第五戰區只得翻山越嶺，改走巴東一線，也使得戰時首都重慶大感威脅。爲了拱衛安全，統帥部在漢水以西地區成立第六戰區，藉此來強化防禦力量。〔註 155〕

圖 2-8　1940 年 9 月第五戰區作戰地形圖

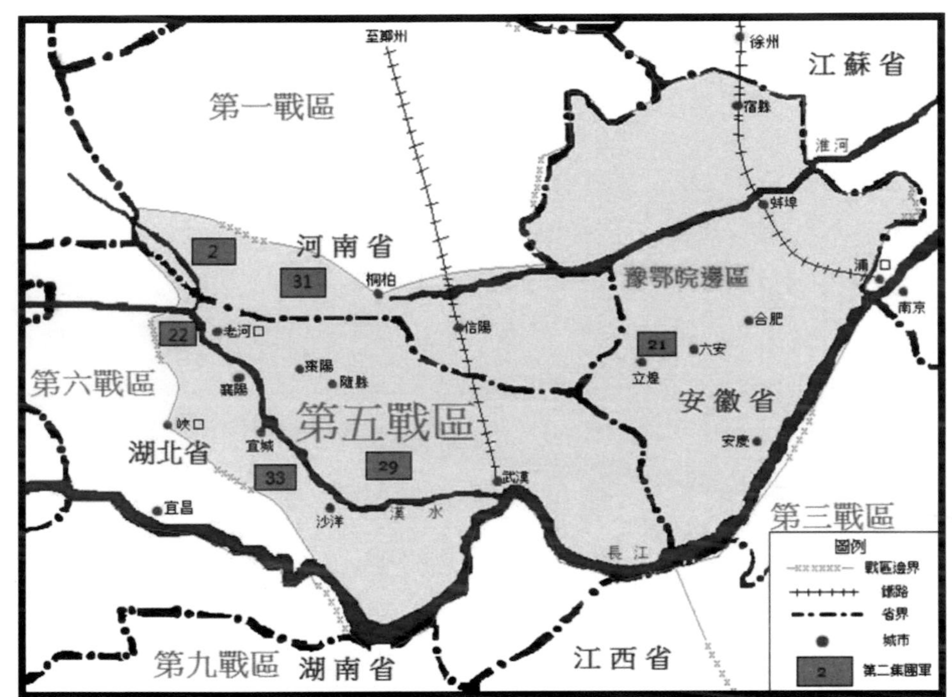

資料來源：根據蔣緯國編，《國民革命戰史第三部——抗日禦侮（六）》，附圖 6-1、7、13，筆者自繪。

四、豫南會戰

棗宜會戰後，日軍佔領宜昌，第五戰區部隊退守漢水東西兩側，伺機反攻收復宜昌。日軍爲防止第五戰區的反攻，決定再次打擊第五戰區的生力軍，

〔註 154〕〈昭和 15 年 「陸支密大日記 第 32 號 2／2」〉，1940/07/31，《陸軍一般史料》，レファレンスコード：C04122431500。

〔註 155〕方靖、楊伯濤，〈宜昌戰役經過〉，《原國民黨將領抗日戰爭親歷記：武漢會戰》，頁 421。李宗仁口述、唐德剛撰寫，《李宗仁回憶錄》，頁 517。

於是發動漢水作戰，我方稱爲鄂中戰鬥。〔註 156〕

此次作戰，日軍從 1940 年 11 月上旬開始，加緊修築公路、橋樑、工事及飛機場，並將運輸鐵舟和橡皮舟集結於鍾祥附近，各方抽集兵力也運抵鍾祥周遭，會同原在襄河東西地區的日軍，總計 4 個師團以上；另外在隨縣地區亦增加達 1 個師團以上的兵力，並增加砲兵與戰車的數量。〔註 157〕

日軍集結第三師團、第四師團、第十七師團、第三十九師團及第十八混成旅，並以第三飛行團協同，〔註 158〕於 11 月 24 日展開攻勢。當時李宗仁認爲日軍「似有掃蕩大洪山及河西山地我軍之企圖」，遵照軍委會的原則，指示戰區部隊「以韌性作戰擊破流竄之敵，但避免與敵決戰」。〔註 159〕在第五戰區採取退避戰法的情況下，日軍很快就攻抵預定目標線，遂反轉退回，第五戰區也展開追擊，至 30 日雙方回到戰前狀態。對於日軍迅速的撤退，國軍認爲是其遭到反攻而潰退，因此認爲此役意義重大：（1）使攻佔宜、沙之日軍，依然遭受國軍側面的威脅。（2）日軍原望 12 月 1 日承認汪兆銘政府之際，能獲得一次較大勝利，以振奮軍心，但結果適得其反。〔註 160〕

鄂中戰鬥後，日軍將目光轉向豫南地區的第三十一集團軍。豫南地區是一塊戰略要地，在國軍的控制下，對日軍而言，除了影響平漢鐵路的通行，也威脅到武漢的安全。日軍鑒於隨棗地區難以攻取，決定改從豫南方面進攻，遂於 1941 年 1 月，以第十一軍下轄的第三、第十七、第四十師團編成主力，由園部和一郎中將指揮，並以第三飛行團協同作戰。〔註 161〕日軍戰略是以大兵團向國軍主力迂迴包圍，加以殲滅。

軍委會綜合各項情報，判斷豫南地區的日軍，將集中主力沿平漢路北進，與國軍主力決戰，而皖北、豫東地區的日軍，將會西進以掩護主力。〔註 162〕乃電令李宗仁：「第五戰區應以一部在正面持久抵抗，牽制敵之主力；一

〔註 156〕呂芳上編，《中國抗日戰爭史新編 軍事作戰》，頁 242。

〔註 157〕何應欽，《日軍侵華八年抗戰史》，頁 141。

〔註 158〕〈支那事變に於ける主要作戰の梗概　昭和 15 年〉，1942/10/20，《陸軍一般史料》，レファレンスコード：C11110444200。

〔註 159〕〈全面抗戰（六）〉，1940/11/24，《蔣中正總統文物》，典藏號：002-080103-00039-010。

〔註 160〕何應欽，《日軍侵華八年抗戰史》，頁 142。

〔註 161〕〈支那事變に於ける主要作戰の梗概　昭和 16 年〉，1942/10/20，《陸軍一般史料》，レファレンスコード：C11110446300。

〔註 162〕呂芳上編，《中國抗日戰爭史新編 軍事作戰》，頁 243。

部向敵後截斷其交通；主力由外翼側擊而殲滅敵軍。」〔註 163〕李宗仁遵從指示，在平漢路正面，配置一師於西平附近；將主力伏於預期日軍進攻路線兩側，並保持機動，準備於日軍向汝南北進時，由日軍兩側及背後側擊而殲滅之。〔註 164〕並規劃以第二和第三十一集團軍爲主力，第二十二、第二十九和第三十三集團軍則對隨棗地區的日軍展開牽制，第二十一集團軍對日軍側翼施加壓力。蔣中正也下令湯恩伯：「避免與敵正面決戰，而以少數兵力在正面節節抵抗，引其深入，以主力在敵各進路之兩翼，作主動之側擊。」〔註 165〕

湯恩伯遵照指導將第十三軍部署在舞陽以南，使其能向東或向西側擊；第八十五軍控制上蔡、汝南間，準備側擊沿平漢鐵路北上的日軍；第二十九軍則在桐柏附近，跟蹤襲擊北上的日軍。〔註 166〕

1941 年 1 月 25 日，日軍由信陽地區分三路向第二集團軍發動進攻，國軍依照預定計畫，實施逐步抵抗以牽制日軍。李宗仁爲了加強正面的抵抗能力，還將直屬戰區司令部的砲兵第九團，配置於第二集團軍參與作戰。〔註 167〕28 日，日軍順利攻到駐馬店、沙河店、春水一線，見國軍未積極抵抗，便持續往前進軍。遂於 29 日在汝南、接官廳、南陽、向河關等處，遭到國軍的抵擋。

日軍右翼攻抵汝南後，遭到第八十五軍的側擊，左翼則被第十三軍猛攻於舞陽南方，中央日軍因國軍北撤，未做交戰，但在左右兩翼遭到國軍的重創下，遂於 31 日變更軍隊部署。以六十七聯隊和第十七師團分別與右左翼日軍夾擊國軍，但第十三和第八十五軍趁日軍未完成包圍網前，即向北轉移。

〔註 163〕三軍大學戰史編纂委員會，《國民革命軍戰役史第四部——抗日（三）中期戰役》，頁 125。

〔註 164〕何應欽，《日軍侵華八年抗戰史》，頁 166-167。

〔註 165〕〈革命文獻——第二期第二階段作戰經過〉，1941/01/25，《蔣中正總統文物》，典藏號：002-020300-00013-047。

〔註 166〕〈革命文獻——第二期第二階段作戰經過〉，1941/01/26，《蔣中正總統文物》，典藏號：002-020300-00013-049。

〔註 167〕宋聿修，〈回憶豫南會戰〉，《原國民黨將領抗日戰爭親歷記：中原抗戰》（北京：中國文史出版社，1995 年），頁 191。

圖 2-9　豫南會戰經過要圖

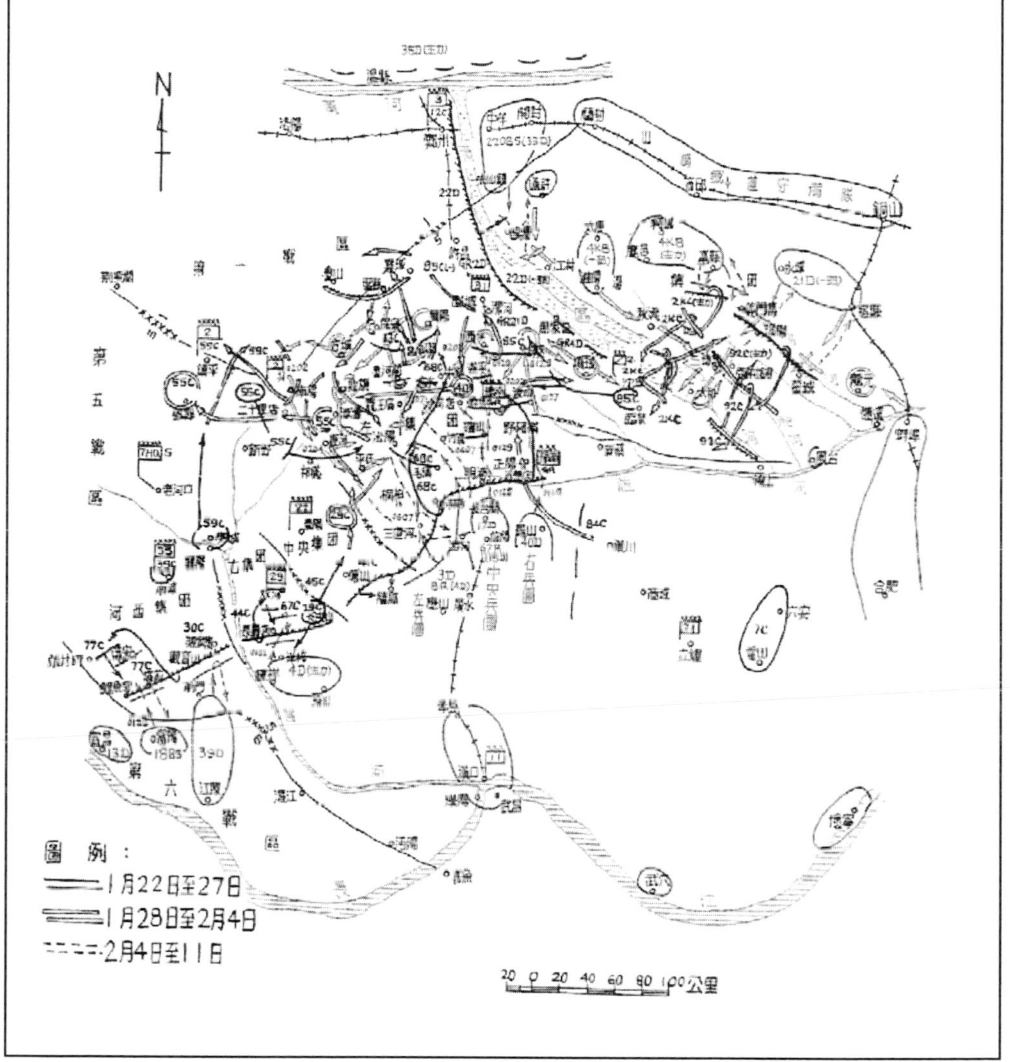

資料來源：三軍大學戰史編纂委員會，《國民革命軍戰役史第四部——抗日（三）中期戰役》，插圖二十二。

而位於大別山的第二十一集團軍第八十四軍，趁日軍後方空虛之際，收復正陽，並攻襲日軍補給線。日軍見情勢逐漸不利，2 月 2 日開始向南回撤，又於南陽附近遭到第三十一集團軍的圍擊。雙方於南陽地區形成僵持，等到第五十九軍趕到包圍網，於 5 日在副司令長官孫連仲指揮下夜襲南陽，日軍疏於夜間警戒，被打得措手不及，隨即展開突圍，國軍於隔日收復南陽。突圍往桐柏地區南撤的日軍，沿途不斷遭到國軍部隊的追擊，而其他地區的日軍也先後放棄正陽、項城、上蔡等地。激戰至 9 日，日軍雖成功撤回信陽，但在國軍追擊下，損傷慘重，遺棄許多輜重、行李及車輛。〔註 168〕11 日，雙方恢復原態勢，豫南會戰結束。

此次會戰，李宗仁延續棗宜會戰的戰法，運用反包圍和退避戰法，不和日軍計較一城一地的得失，凡日軍包圍尚未合圍時，便主動轉移，並利用外圍向日軍反包圍，以此夾擊、化解日軍的進犯。〔註 169〕豫南會戰結束後，由於李宗仁的戰法靈活，令日軍始終無法擊潰第五戰區的主力，所以直到 1945 年，李宗仁調任漢中行營主任期間，日軍就不復在第五戰區進行大規模的會戰。直到改由劉峙接掌後，日軍才再度對第五戰區發動大規模的攻勢行動。

〔註 168〕三軍大學戰史編纂委員會，《國民革命軍戰役史第四部——抗日（三）中期戰役》，頁 126。黃旭初，《黃旭初回憶錄：李宗仁、白崇禧與蔣介石的離合》，頁 247。國防部總政治作戰部編，《抗日戰史紀要》，頁 228-247。王鴻韶，〈四大戰役總結〉，《老河口文史資料》第 22 輯（襄陽：老河口政協文史資料委員會，1990 年），頁 21-22。王鴻韶，〈豫南會戰經過〉，《原國民黨將領抗日戰爭親歷記：中原抗戰》，頁 190。

〔註 169〕李宗仁口述、唐德剛撰寫，《李宗仁回憶錄》，頁 517-518。

第三章　第五戰區的基層治理
——以安徽爲例

第一節　桂系的治理績效

第五戰區的作戰範圍，橫跨豫、鄂、皖三省；其中只有安徽省主席是第五戰區司令長官李宗仁能夠指定，因此對第五戰區而言，安徽省是最重要的省份。安徽省位於華中，地跨長江和淮河，與河南省、湖北省、江西省、浙江省、江蘇省相鄰。抗戰爆發後，安徽省被劃入第五戰區的作戰範圍內，成爲軍事要地，直到1945年初，才將其改隸屬於第十戰區。國民政府爲了貫徹軍政統一，任命第五戰區司令長官李宗仁兼任安徽省主席。武漢棄守後，安徽省成爲敵後，省主席也改由廖磊接任；廖磊病逝後，省主席由李品仙執掌。廖磊與李品仙皆爲桂系將領，因此從抗戰初期直到戰後，安徽省都在桂系的掌控下；也由於省主席都是桂系人馬接任，使其治省方針上皆有連續性和一致性。以下將分爲李宗仁、廖磊、李品仙三個時期，分別討論其治理安徽的政策。

一、李宗仁時期（1938/01～1938/09）

1930年代，國民政府眞正能夠控制的地區，只有長江中下游一帶，爲了強化其實力，積極推行各項建設，在歷經吳忠信與劉鎭華兩位省主席的建設後，安徽省在政治上，無論省、縣級政局均呈穩定之勢，地方上，經由保甲而加強社會秩序的保障；在經濟上，基層建設的推動，農業技術的改良，土地、田賦問題的著手整理、農業金融的調劑、鐵公路交通的明顯進步、經濟行政的管理與服務功能之落實；而社會上，教育發展也開始步入正軌。〔註1〕但1937年對

〔註1〕謝國興，《中國現代化的區域研究– 安徽省（1860–1937）》（臺北：中央研究院，1992年），頁596。

日抗戰爆發，安徽省也捲入戰火中，戰前所做的建設，至此幾乎付之一炬。

李宗仁在 1938 年 1 月，徐州會戰期間兼任省主席，必需先將處於混亂狀態下的安徽省，重新恢復秩序。爲了要動員民眾進行抗日，必需先澄清吏治、杜絕貪污，使人民能樂意爲國家效勞。因此李宗仁對全省各機關致電，要求三件事情：（1）不苟免。衛國保民，生死以之，須以吾儕守土死疆之精誠，使人民知執干衛國之榮譽。改逃難怯心，爲赴難勇氣。同人中能忠勇守土者，應一體崇敬；倘有畏難偷生，棄職潛逃者，亦唯有執法以繩。（2）不苟得。古有明訓，吏於土者民之役，非以役民而奉己；爾俸爾祿，民脂民膏，故須以吾儕儉以養廉之清節，使屬員凜於涓滴歸公之官箴。倘有臨財苟得，舞弊營私者，應破除情面，嚴懲不貸。（3）不苟安。鄉鄰有難，尚且被髮纓冠以救；現寇深閥危，吾儕方臥薪嘗膽，以圖抗戰復興之不暇，何心再謀求人之安樂，置國難於不顧。同人中能奮發救亡，劍及履及者，當從優獎勵；其有醉生夢死、酬酢貴緣、顢頇敷衍者，實再難稍予徇縱。〔註2〕

追求建立公正廉明的政府，來達成「發動安徽省民眾的力量來保護安徽」〔註3〕的目的。要落實這些改革，李宗仁朝向三方面來進行：（1）改組政府機構。（2）整頓治安。（3）整理財政，杜絕貪污浪費。〔註4〕

首先改組政府機關。李宗仁邀請章乃器來安徽擔任秘書長，負責日常工作，但由於這項人事命令得不到蔣中正的同意，章只能擔任安徽省政府常委兼代理秘書長。不久，安徽省財政廳長楊綿仲辭職，李宗仁獲得中央的同意請章乃器擔任財政廳長。〔註5〕此外，李宗仁也邀請安徽省當地重要人士光明甫〔註6〕、沈子修〔註7〕、常藩侯〔註8〕等人，請他們與省府各廳、處長一起

〔註 2〕李宗仁，〈主席致全省各機關勗以三事電〉，《安徽政治》，1：1（六安：1938 年），頁 5。

〔註 3〕李宗仁，〈主席告全省民眾書〉，《安徽政治》，1：1（六安：1938 年），頁 5。

〔註 4〕申曉雲，〈抗戰時期新桂系治皖〉，《慶祝抗戰勝利五十週年兩岸學術研討會論文集》（臺北：聯經出版社，1996 年），頁 1169-1171。

〔註 5〕章乃器，〈我在安徽的一段經歷〉，中國人民政治協商會議安徽省委員會文史資料研究彙編，《安徽文史集萃叢書》第 4 輯（合肥：安徽人民出版社，1987 年），頁 23-24。

〔註 6〕光明甫（1876～1963），名光升，安徽桐城人，國民黨左派人士。

〔註 7〕沈子修（1880～1955），名全懋，安徽霍山縣凡沖鄉人，戰前曾任國民黨安徽省黨務幹校校長。

〔註 8〕常藩侯（1882～1950），名恒芳，安徽省壽縣保義集人，國民黨左派人士。

開會，研商省政問題。〔註 9〕

對於下級機關人員，李宗仁到六安主政後，發現「縣長、聯保主任、保長之類，有些不但不能奉行省政府命令，盡其職責，而且多憑其地位，欺壓民眾。」〔註 10〕當時任民政廳長的張義純，也認為「推行法令以事各項建設，縣長實為一大關鍵，縣長之不得其人，則貽害甚大」。〔註 11〕許多不適任的，包括壽縣縣長、立煌商會會長等人，李宗仁都將他們撤職查辦，〔註 12〕由其他人來擔任縣長職務。

其次整頓治安。李宗仁認為要動員民眾參與抗戰，必須整頓好治安，達到政府與人民互相信任。要維護治安，治標方法為迅速清剿盜匪；治本則是動員民眾力量，來維持當地秩序。〔註 13〕但要動員民眾的力量，必須先整頓吏治，讓人民能夠信任政府，因此李宗仁認為要先剷除「營私舞弊的貪官汙吏、魚肉鄉民的土豪劣紳、不守紀律的武裝部隊、殺人劫舍的土匪強盜、敲詐善良的流氓地痞」五種惡勢力；並且禁止「虐待應徵壯丁；妄徵民間財務，不給補償；擅拉夫役，不給工錢；藉徵兵徵夫為名，斂錢肥己」的行為。〔註 14〕李宗仁藉由這些措施重新建立政府與民眾的互動，使其能有效動員民眾的力量。

最後為整理財務。安徽省的財政狀況本來不佳，加上日軍的進攻，相繼失去安慶、合肥等重要商業市鎮，使財務收入大幅減少，從戰前每月平均收入 120 餘萬元，銳減到 10 餘萬元。〔註 15〕支出也因抗戰需要，大幅提升。對此，李宗仁提出兩項方針：剷除貪污和節約花費。為了嚴格執行這兩項方針，時任財政廳長的章乃器命令將收支出全數公開，讓民眾了解政府的花費；同時，李宗仁通知省內的專員、縣長和保安團隊，只要證實有貪污、隨意浪費或扣留應上繳稅款的人員，一律按照軍法處分。〔註 16〕當時的安徽省教育廳

〔註 9〕申曉雲，〈抗戰時期新桂系治皖〉，頁 1169。

〔註 10〕李宗仁，〈後方治安問題與黨政軍工作人員新精神新生命之創造〉，《安徽政治》，1：1（六安：1938 年），頁 8。

〔註 11〕張義純，〈安徽行政之前瞻〉，《安徽政治》，1：6-7（六安：1938 年），頁 2。

〔註 12〕許漢三，〈章乃器和抗戰初期的安徽財政〉，《安徽文史資料》第 25 輯（合肥：安徽人民出版社，1986 年），頁 122。

〔註 13〕李宗仁，〈主席發表施政方針〉，《安徽政治》，1：1（六安：1938 年），頁 4。

〔註 14〕李宗仁，〈主席告全省民眾書〉，頁 6。

〔註 15〕徐承倫，《安徽近現代歷史與人物論集》（合肥：安徽大學出版社，2009 年），頁 348。

〔註 16〕章乃器，〈我在安徽的一段經歷〉，頁 24。

長楊廉，就被舉報有貪污嫌疑，證實無誤；楊廉畏罪逃到四川去躲藏，但最終仍被逮捕，執行槍斃。〔註 17〕

除了以上兩個方針，章乃器還認爲解決財政困難要仰賴公平原則。在收入方面，賦稅負擔要與納稅人的力量相稱，不可有畸重、畸輕之弊，尤不可使貪官汙吏乘機中飽。而支出方面，一切都根據實際的需要爲標準，不能有任何一點私人意見參與其中。〔註 18〕藉由貫徹上述方針，被各縣截留的賦稅款項都陸續上繳，解決收入不足的問題；各部門也都核實經費支出，讓吃空額和浮報開支的陋習消除，減少不必要的支出。〔註 19〕經過幾個月的努力，安徽省的財政月收入增加到 30 餘萬元，收支逐漸平衡。〔註 20〕

李宗仁認爲要獲得對日作戰的勝利，必須能有效動員民眾，他率先在第五戰區長官部所在地徐州成立「民眾動員委員會」，來執行動員民眾的任務；並且規定必須在戰區所轄的省、縣、區、鄉鎮成立分會。〔註 21〕李宗仁爲了讓桂系能在安徽省站穩腳步，邀請朱蘊山〔註 22〕來幫忙籌備安徽省動委會組織，排除地方上的 CC 派勢力。〔註 23〕省內於 1938 年 2 月 23 日成立「第五戰區民眾動員委員會安徽省分會」（以下簡稱省動委會）。

省動委會推舉張義純擔任主任委員，章乃器爲常務秘書，常務委員由常恆芳、〔註 24〕光明甫、沈子修、朱蘊山、丘國珍、〔註 25〕劉貽燕、〔註 26〕張

〔註 17〕許漢三，〈章乃器和抗戰初期的安徽財政〉，頁 122。

〔註 18〕章乃器，〈公平是解決財政困難的原則〉，《安徽政治》，1：3-4（六安：1938 年），頁 13。

〔註 19〕章乃器，〈我在安徽的一段經歷〉，頁 25。

〔註 20〕徐承倫，《安徽近現代歷史與人物論集》，頁 348。

〔註 21〕安徽省政府秘書處編，〈第五戰區民眾動員委員會組織條例〉，《安徽政治》，1：1（六安：1938 年），頁 27。

〔註 22〕朱蘊山（1887～1981），又名朱汶山，安徽六安人。1925 年加入了中國共產黨，但在八七會議後，因對中共內部激烈的路線鬥爭失望，脱離了中國共產黨；並於 1930 年，參與組建中國國民黨臨時行動委員會。

〔註 23〕徐承倫，《安徽近現代歷史與人物論集》，頁 55。

〔註 24〕常恆芳（1882～1950），字爾價，號蓄侯，安徽壽縣人。北伐期間任安徽宣慰使，後與柏文蔚部合組國民革命軍第三十三軍，任黨代表兼政治部主任。

〔註 25〕丘國珍（1894～1979），別號聘之，廣東海豐人。曾參與閩變，失敗後赴歐洲考察；1934 年底回到桂林，任第四集團軍總司令部參謀處參謀。

〔註 26〕劉貽燕（1884～1966），安徽懷寧縣人。1926 年前往北平擔任北平大學教授，隔年改任浙江省水利局局長，1932 年擔任安徽省建設廳廳長兼省公路局局長。

義純、〔註 27〕苗培成、〔註 28〕章乃器、邵華、〔註 29〕韋贄唐〔註 30〕等人擔任。〔註 31〕下設總務、組織、宣傳、後勤、情報等五個部門，分別由朱蘊山、沈子修、光明甫、常恆芳、丘國珍擔任部長，副部長分別由童漢璋、〔註 32〕周新民、〔註 33〕狄超白、〔註 34〕朱子帆、〔註 35〕黃賓一出任。〔註 36〕

省動委會有兩項主要工作，一是生產動員，另一是組織武裝力量。動員民眾進行生產，期望能增加安徽省的財富，使抗戰能夠持續；組織民眾的武裝力量，希望能穩定當地社會秩序和配合國軍作戰，讓軍民合作能達到最大的效果。〔註 37〕省動委會爲了有效動員民眾，來達成上述兩項工作，招收培訓一批流亡至安徽的青年，組建 34 個直屬工作團，派往立煌、六安、合肥、壽縣、阜陽等 26 個縣。由這些工作團來組織當地民眾，以配合各個地方政府工作，和幫助軍隊的後勤。〔註 38〕

除動員民眾參與抗日外，李宗仁還指示選拔青年人才，剛到任不久，就下令安徽省政府收容流亡至本省的失學學生和青年，並在六安舉辦鄉鎮人員訓練班，結業後分發到各鄉鎮工作，改善地方勢力的盤據。〔註 39〕

〔註 27〕張義純（1896～1982），字靖伯，安徽省廬州府合肥縣人。畢業於保定陸軍軍官學校，曾任段祺瑞的中華民國臨時政府軍務廳第 4 處科長兼代理處長，1926 年改投入桂系。1930 年代擔任廣西民團幹部學校副校長。

〔註 28〕苗培成（1893～1983），字部寶，山西晉城市城區苗匠村人。1922 年畢業於北平大學，後參與國民黨的黨務工作。

〔註 29〕邵華（1901～1973），安徽穎上人。曾任國民黨中央監察委員。

〔註 30〕韋贄唐（1909～1951），廣西容縣松山鎮人。1930 年畢業於上海復旦大學後，返回廣西擔任南寧軍校少校教官。

〔註 31〕安徽省地方志編纂委員會編，《安徽省志》「附錄」（北京：方志出版社，1998 年），頁 76。

〔註 32〕童漢璋（1897～1943），安徽合肥人。中國共產黨員，曾參與南昌暴動。

〔註 33〕周新民（1897～1979），原名周駿，中國法學家，安徽廬江大化人。先後在上海法科大學、中國公學大學部、復旦大學、雲南大學等任教。

〔註 34〕狄超白（1910～1978），江蘇溧陽人。中國共產黨員，曾任中共溧陽縣特別支部書記。

〔註 35〕朱子帆（1898～1967），原名朱國華，安徽無爲縣人。曾任國民政府鐵道部職工教育委員會委員。

〔註 36〕徐承倫，《安徽近現代歷史與人物論集》，頁 339。

〔註 37〕章乃器，〈安徽省民眾總動員初步綱要草案〉，《安徽政治》，1：2（六安：1938 年），頁 9-10。

〔註 38〕徐承倫，《安徽近現代歷史與人物論集》，頁 340。

〔註 39〕申曉雲，〈抗戰時期新桂系治皖〉，頁 1169。

歷經徐州會戰，第五戰區各部隊損失不少，中央提議將皖省保安團全數用以補充各師的缺額，李宗仁對此提出整編保安團可能會遇到的問題，希望能保留皖省保安團：

> （1）各團槍枝係由皖省各縣民搶徵來，爲保衛地方之用，若連槍撥補各師，難免地方民眾責難，且失政府威信；若僅撥兵，仍將武器發還地方，又有資敵之慮。（2）各團官兵均屬皖中子弟，撥補後，原有官長離部，失却原來統率，士兵易於逃散，甚至鋌而走險，被敵利用。（3）半年來，各團配合國軍參戰，不乏爲國犧牲之輩，不無微勞，一旦撥補，亦起怨望，若處理稍一不愼，恐致譁變。〔註 40〕

最後中央也做了讓步，同意安徽省保安團予以保留，但「應切實汰弱留強，嚴加整訓，照原編制補足名額，並不得募補新兵，如兵員不足，即行編併，減汰團數」〔註 41〕。在李宗仁的據理力爭，省保安團成功保留建制，至於其素質問題，李也請丘國珍提出改善方案，但隨著日軍進逼武漢，加上李宗仁因舊傷復發到後方醫治，整理省保安團的任務，則交由下任省主席廖磊來執行。

民生經濟方面，李宗仁主政皖省時也提出一些計劃，例如造林、救濟六安茶產銷等等。首先是造林計劃，由於森林在戰時有以下數項功效：（1）能遮蔽軍隊，使敵機無從轟炸。（2）能阻擋毒瓦斯散佈，減少傷亡。（3）能遮蔽風霜烈日，適合軍人露營和休息。（4）能提供木材來修築戰壕及交通道路。（5）可作爲臨時瞭望台、旗語台和槍架。（6）木質可提製木醋，以充火藥原料。（7）桐油塗於木製軍械，可防腐爛；柚油可代機械油、茶油可食；樹皮及木纖維可製火藥棉、人造絲等。〔註 42〕爲了執行造林計畫，省政府規定由縣政府會同所屬各機關團體及當地黨部，組織「造林運動委員會」，來辦理造林工作；造林所需的苗木，則由各縣的森林施業所供給。〔註 43〕但隨著戰火侵襲整個安徽地區，這項造林計畫最後無疾而終。

〔註 40〕〈一般資料——呈表彙集（七十）〉，1938/06/23，《蔣中正總統文物》，典藏號：002-080200-00497～192。

〔註 41〕〈一般資料——呈表彙集（七十二）〉，1938/07/07，《蔣中正總統文物》，典藏號：002-080200-00499-101。

〔註 42〕劉貽燕，〈非常時期林業建設工作〉，《安徽政治》，1：3-4（六安：1938 年），頁 10-11。

〔註 43〕安徽省政府秘書處編，〈安徽省非常時期造林運動宣傳週辦法〉，《安徽政治》，1：2（六安：1938 年），頁 13。

有關救濟六安茶產銷的計劃，六安茶的產地主要是六安、立煌、霍山、舒城等地，戰前主要都銷往北方市場。抗戰爆發後，隨著北方地區淪陷和民眾購買力降低，六安茶嚴重滯銷，堆積將近價值四百萬元的茶葉。省政府爲了安定民心，必須趕緊調整茶葉的產銷。首先，省政府限制茶的年度產量，以免產量過多；其次是組織合作社，統一茶的產銷；最後是尋找其他銷售出路，例如漢口、廣州、香港、四川各大都市等。〔註 44〕但不久，安徽省府即由六安遷往立煌，建設廳長劉貽燕也告去職，這項計劃就此沒有下文。

李宗仁擔任安徽省主席期間，是當地最混亂的時期，能從事的工作有限；加上他還是第五戰區司令長官，常在前線領軍作戰，以致對省內的建設並不多，只有幾個零星計劃與改革方案。但改造省政府和組織動委會，卻爲桂系打下統治安徽的基礎。

二、廖磊時期（1938/09～1939/10）

武漢棄守後，安徽省成爲敵後地區，李宗仁要繼續主政皖省，備感困難，因此他改派廖磊繼任安徽省主席。由於日軍的進攻，安徽省會由六安搬移到立煌，造成人心動盪不安，使得李宗仁的改革政策無法確實推行。廖磊上任後，必須先安撫民眾，他在對民眾的演講上表示：

> 無論在何種情況下，決心保衛安徽，決不離開省境。目前縣城被敵盤踞，或境內有敵踪的，祇不過十數縣；然除交通線外，其他廣大面積，仍在我行政權掌握之中。省府政令，絕對可以貫徹，毫無扞格。〔註 45〕

廖磊的施政，基本上是延續李宗仁的政策。他提出需切實進行的九項要務：（1）徵辟地方紳耆。（2）妥籌難民生計。（3）蠲免淪陷區域田賦。（4）推行農村合作貸款。（5）保障法幣流通。（6）撲滅漢奸及僞組織。（7）整編民眾武力。（8）剷除貪污。（9）肅清盜匪。同時他希望民眾能配合三件工作：（1）堅定必勝信念。（2）協助軍隊抗戰。（3）幫助政府鋤奸。〔註 46〕強調要讓民眾協助政府和軍隊，必須能取得民眾的信任。以下分就各項檢討：

〔註 44〕劉貽燕，〈二十七年六安茶產銷救濟辦法綱要〉，《安徽政治》，1：3-4（六安：1938 年），頁 15-16。

〔註 45〕廖磊，〈告本省民眾書〉，《安徽政治》，1：24（立煌：1938 年），頁 4。

〔註 46〕廖磊，〈告本省民眾書〉，頁 4-5。

（一）政治

廖磊主政安徽時，正是全省對日軍進行游擊作戰階段，抗戰前的行政組織已經不適用於戰時情形，因此作了一番調整。首先調整縣政府業務，其下仍設三科：第一科掌理民政、教育等事項，以符合政教合一的原則；第二科掌管財政、金融和生產事宜，使財政設施與經濟發展能兼容並進；第三科爲軍事行政、兵役、軍訓及交通事項，讓戰時的交通能符合於軍事原則。〔註 47〕整頓縣府組織後，廖磊接續往下整理基層行政。在李宗仁時期，已經改善基層行政首長素質，但仍常發生基層首長貪贓枉法之情事，〔註 48〕所以廖磊決定對基層行政進行改革。

戰前皖省縣以下設有區、聯保、保、甲四級。區專員公署原本爲輔助縣政府的單位，但戰前縣府與區專署工作分配不佳，縣府的工作幾乎都由區專署負責；而且區專署因組織簡單、人員不多，戰前運作即感困難。抗戰爆發後，辦理兵役、運輸及組織民眾各項要務，實際上是由聯保、保、甲來辦理，但卻需由區專署來承轉公文，延誤時機。〔註 49〕爲了加強行政效率，決定將區專署與區保安司令部合併，改稱「專員公署」，設行政、軍事兩科。區保安司令部原有參謀副官，均改任軍事科科員；所有署部人員，全都合署辦公，同時加強職權。改制後區署成爲專職監督鄉鎮保甲的工作，不再承轉公文。

戰前聯保主任都由各保推薦擔任，主要職責是聯繫各保之間的公事，並不是保長的上級監督指導機關。所以保長是否稱職，聯保主任也無權過問，長期下來各保長無人監督，地方基層徇私舞弊嚴重；聯保主任也和保長之間互相利用，常不遵守規定，隨意三、四保即成一聯保，聯保逐漸成爲地方仕紳維持勢力範圍之單位。〔註 50〕對此，廖磊將聯保改制成鄉（鎮），鄉鎮長由縣府派任，破除地方勢力盤據；鄉鎮成爲基層行政組織的主體，成爲聯繫縣與保甲的組織，還能監督保甲推行政策之績效，強化對皖省基層的控制。

〔註 47〕陳良佐，〈廖主席一年來治皖政績－民政方面〉，《安徽政治》，2：26（立煌，1939 年），頁 12-13。

〔註 48〕陳良佐，〈軍民合作的基本問題〉，《安徽政治》，1：25（立煌，1938 年），頁 12。

〔註 49〕陳良佐，〈廖主席與安徽基層行政之改造〉，《安徽政治》，2：26（立煌，1939 年），頁 38。

〔註 50〕廖磊，〈爲改編各縣區鄉（鎮）保甲告全省公務員書〉，《安徽政治》，1：29-30（立煌，1939 年），頁 1。

鄉鎮長職權也有所擴增，廖磊認爲「政治、教育、自衛三者，按其功用性能，本應互相爲用」，但「抗戰以來，困難叢生，一方面權力不能集中，收效甚微，一方面人才經濟不能通用，諸事無法普遍施行。」〔註 51〕因此決定根據廣西的治理經驗，也就是施行政教衛三位一體的制度。規定鄉鎮公所、學校機關、自衛預備隊合併一處辦公，鄉鎮保長兼任鄉鎮保小學校長及自衛預備隊隊長；鄉鎮保小學職員兼任鄉鎮保公務職員，以協助辦理公務。〔註 52〕安徽省政經過此次改組，行政效率確實較之前改善。

廖磊要推動改革，勢必要有新的幹部。接任省長後，創辦政治軍事幹部訓練班，對原本的縣、區、鄉、鎮各級工作人員，分期轉調訓練；並且藉此招收優秀青年，結業後派任縣以下各級行政工作，協助改革政策的推動。〔註 53〕廖磊希望這些幹訓班出身的幹部，「安徽的政治，須要你們去刷新；安徽民眾的疾苦，要靠你們去解救；保衛家鄉、復興國家的責任，須要你們去擔當。」〔註 54〕而幹訓班的訓練內容主要有三個部份：（1）政治訓練，著重精神訓話，主講人多是各廳、處長及班教育長等。（2）業務訓練，主要課程是根據各隸屬單位的業務情況設置。（3）軍事訓練，包括學科和術科；學科課程有游擊戰術、步兵操典、野外勤務、射擊教範和夜間教育等，術科則有基本教練和戰鬥教練。學員生活一律採軍事化管理。〔註 55〕

剛開始這些幹訓班的學員，受到安徽省地方上的抵制，認爲都是桂系的人；廖磊爲了讓幹訓班的學員能在地方上站穩腳步，對不用幹訓生的縣長、秘書一律免職。〔註 56〕由於廖磊培養與任用這些新幹部，使他們漸漸成爲地方上的骨幹，政府下達政策也較之前來得暢通。

除訓練基層幹部外，廖磊還在政治軍事幹部訓練班內增設財政會計組，學員招考資格限於高中畢業生，並施以兩個月短期訓練。〔註 57〕學員畢業後均分發至縣府稅務局及檢查處工作；第三期開始除招考新進人員外，還調訓

〔註 51〕陳良佐，〈廖主席與安徽基層行政之改造〉，頁 43。
〔註 52〕陳良佐，〈廖主席一年來治皖政績－民政方面〉，頁 14。
〔註 53〕陳良佐，〈廖主席一年來治皖政績－民政方面〉，頁 15。
〔註 54〕廖磊，〈幹訓班創立的意義和學員回鄉工作的要點〉，《安徽政治》，1：29-30（立煌：1939 年），頁 10。
〔註 55〕呂祖杰，〈新桂系舉辦的安徽省政治軍事幹部訓練班〉，《新桂系紀實（中）》（南寧：廣西壯族自治區新聞出版局，1990 年），頁 319。
〔註 56〕廖磊，〈訓練幹部與推行新政〉，《安徽政治》，2：3（立煌：1939 年），頁 4。
〔註 57〕許漢三，〈抗戰初期的安徽財政〉，《新桂系紀實（中）》，頁 335。

現有各財務單位人員。〔註 58〕廖磊藉此培育財稅基本人才，增進人員素質，以方便執行財稅改革。

廖磊擔任省主席期間，主要成就在兩方面：一方面是不斷訓練新幹部，一方面爲積極健全基層行政機構。其主政下，縣以下基層組織，均仿照廣西省的制度，「與桂省名異而實同」〔註 59〕，這也使桂系對安徽的統治能力達到基層，打下穩固的根基，這使「桂人治皖」能一直持續到戰後，直到解放軍攻入安徽才結束。

（二）軍事

廖磊剛到安徽時，看到省保安團和縣常備隊，幾乎跟土匪差不多，地方上深受其害，所到之處，人民都逃避一空。〔註 60〕對此，廖磊認爲省保安團腐敗的原因有：（1）官兵素質不良。由於士兵的組成，是來自各縣的團練或游民，知識淺薄且有惡習。（2）編制不適應用。保安團的單位眾多，且都由保安處來統一指揮，工作量龐大，使得保安團的管理和訓練均相當不佳。（3）裝備不全。保安團的武器是從地方收集而來，中央補助甚少，所擁有的槍枝數量極不一致，造成戰鬥能力低落。（4）薪資欠發。保安團的官兵待遇比國軍還差，且常積欠薪餉。〔註 61〕

面對這些問題，廖磊堅持要實現軍民合作，保安團和常備隊必須整頓，遂聽從丘國珍的建議，著手進行改革。首先將保安團的單位整併，原本的四個團併成兩支隊，每支隊各設一位司令，命隨部隊移動，使其能隨時監督和指揮部隊。其次是重新訓練官兵，對兩支隊開設短期幹部訓練班，輪訓連排長和特務長，爲期一個月。連長以上的優秀軍官，則送到第二十一集團軍總部幹訓班軍官大隊，分別訓練。所有新招募的人員，均由各團營抽派幹部，施以三個月的新兵訓練，完成後才分發入隊。之後是充實裝備，先將槍械型號統一，其餘型號一律銷毀；補充來源除了由中央補給外，還將國軍損毀的步槍重新整修，完善後就交由保安支隊使用。最後是提高待遇，將保安團的

〔註 58〕楊憶祖，〈廖主席一年來治皖政績－財政方面〉，《安徽政治》，2：26（立煌：1939 年），頁 18。

〔註 59〕白崇禧，《白崇禧先生訪問紀錄（上冊）》（臺北：中研院近史所，2015 年），頁 387。

〔註 60〕廖磊，〈目前省政應注意的幾點〉，《安徽政治》，1：23（立煌：1938 年），頁 1。

〔註 61〕丘國珍，〈團隊整理的途徑〉，《安徽政治》，1：23（立煌：1938 年），頁 5。

官兵薪餉提高到與國軍相同，並且各團每月薪餉照規定日期發給，以避免積欠薪資。〔註 62〕至於縣的常備隊，廖磊整治方法跟保安團的方式大致相同，都是整編部隊、調整編制、加強訓練和按時發餉；唯一不同之處，是縣常備隊的薪資沒有提升到與國軍相同。

除整治省保安團和縣常備隊外，皖省還有抗戰初期民眾地方武裝部隊所整編的自衛軍、模範大隊等，但這些部隊的組成份子複雜、糧餉不足、編制膨脹和指揮不一，造成風紀敗壞，演變至抗戰不足，擾民有餘。對此廖磊將這些部隊予以縮編，素質最劣者，均將其裁併，至 1939 年 2 月只剩自衛軍兩路，其餘均遭編併取消；4 月又因此種部隊不合要求，由第二十一集團軍派員協同整編爲 7 個游擊縱隊，前此龐大複雜擾民的地方部隊，逐漸步入正軌。〔註 63〕藉由上述的改革，保安團、常備隊和省內地方武裝部隊的戰力較之前強盛，官兵士氣也比之前高，對民眾的騷擾大幅降低，發揮原本肅清盜賊和維護地方秩序的功能。

（三）民生經濟

爲了能夠支付地方保安團的薪餉，廖磊必須繼續改善安徽省的財政。在李宗仁主政時，藉由打擊貪污和節約花費，已使皖省財務達到收支平衡。廖磊上任後，除了延續李宗仁的方針外，還積極進行開源政策，使安徽省財務能更加健全。首先發行銀行本票。當時省府從六安搬到立煌，第二十一集團軍總部也遷到立煌附近的古碑沖，大批的軍政人員聚集到立煌一帶，開銷大增，但銀行和社會上流通的鈔票卻十分缺乏。鑒於安徽省銀行無權印製法幣，財政廳長章乃器用省公債作抵押，在立煌發行銀行本票充作臨時貨幣，以應社會的急需，重新活絡市場。

其次是增設貨物檢查處來徵收通過稅。章乃器在財政廳內增設「貨物檢查局」，下設「戰時出口貨物檢查處」，在敵我雙方往來交通要道上，檢查進出貨物，徵收 2%至 50%的「貨物檢查稅」。最先在無爲、桐城、廬江等縣設立檢查處；之後在接近日軍占領區地帶，全省共設置檢查處 27 處、分處 120 餘處、分所 200 餘所、人員約 1,500 名，以全力防止敵貨輸入、禁止物資及法幣流出。〔註 64〕這項制度除了能增加省政府的收入外，還能避免敵人大量傾銷便宜的貨物，保護省

〔註 62〕賴剛，〈廖主席一年來治皖政績－保安方面〉，《安徽政治》，2：26（立煌：1939 年），頁 30-31。

〔註 63〕賴剛，〈廖主席一年來治皖政績－保安方面〉，頁 32。

〔註 64〕徐承倫，《安徽近現代歷史與人物論集》，頁 350。

內生產的商品。日軍對這項制度相當痛恨，由於檢查處缺乏武裝自衛，常遭到襲擊，導致檢查處被毀，人員慘遭殺害。〔註65〕

最後是舉辦農工茶貸款，推動物產運銷。在地方銀行成立「農工貸款處」，貸款給所需的工廠或農民，讓他們能夠持續作業。而所生產的產品，由省政府進行統購統銷，〔註 66〕藉此來避免物資流向敵區，確保民眾的生產活動能得到回饋，省政府也從中賺取利潤。

除了開源外，安徽省各縣財政紊亂、攤派風氣盛行，廖磊爲徹底整理縣府財政，由省府分別派員赴縣查核；並設立「公學款產保管委員會」，加強縣府的財政機構。至於攤派的風氣，廖磊除加強取締非法攤派外，由於各縣保甲經費是由各保自行籌備，造成流弊眾多；爲求治本，命將各縣保甲經費改由縣府統收統支，嚴禁各保自行籌備。此舉有效降低攤派之風氣，也增強縣財政的統一。〔註67〕縣財政清晰，省府才能有效編列總預算，廖磊還在設置省會計處和線會計室，以此建立審計制度，發揮監督各部門如實運用運算。〔註68〕

由於安徽全省淪爲戰亂區域，加上黃河決堤帶來的災害，造成難民人數眾多。廖磊爲了救濟難民、安定民心，推動兩項政策：（1）辦理急賑、工賑。下令各縣賑濟會，從事救濟業務，視各縣災情輕重和難民多寡，分別撥發急賑，並廣設收容所及難民工廠；至於水災部分，則從事工賑，以中央所撥工賑款，配撥各縣來修理堤防。（2）設置省營手工業工廠，收容有工作能力的難民，從事生產，以謀自給。〔註69〕

（四）基層建設

廖磊對於安徽省的基層建設，主要以安徽省戰時施政綱領中「適應抗戰及人民生活之迫切需要」爲其建設方向。〔註 70〕在交通方面，皖省位於戰時前線，主要公路幾乎全遭破壞，凡未遭破壞的支線幹道，則盡力維護保持通車；而被敵軍所控制的道路，即令飭地方政府會同游擊武裝，予以破壞。若

〔註65〕祝青儒，〈貨檢制度的檢討與展望〉，《安徽政治》，2：23（立煌：1939 年），頁 30。

〔註66〕楊憶祖，〈廖主席一年來治皖政績－財政方面〉，《安徽政治》，頁 18。

〔註67〕楊憶祖，〈廖主席一年來治皖政績－財政方面〉，頁 17。

〔註68〕章乃器，〈二年來本省財政實施概況〉，《安徽政治》，2：16-17（立煌：1939 年），頁 4。

〔註69〕陳良佐，〈廖主席一年來治皖政績－民政方面〉，頁 15。

〔註70〕蔡灝，〈關於本省戰時建設事業〉，《安徽政治》，2：1（立煌：1939 年），頁 12。

干處爲軍事及聯絡各設施之道路，則在沿途設置調查人員，於必要時能破壞此一道路。〔註 71〕

水利方面，由於長江於 1938 年沖潰堤防，造成沿江地區損失慘重，但戰時情形特殊，省府率先派人監修支流各堤，以保障農田生產，而主流部分暫時停止修築。除修築堤防外，廖磊還恢復各級水利委員會及堤工委員會等組織，來興辦農田水利事業。〔註 72〕

（五）文化教育

抗戰爆發後，安徽省淪爲前線，除皖西部分縣市能持續辦理外，省內大部分的教育機構都陷於停頓。廖磊治皖之初，除整頓省內各種亂象外，還必須安置失學的青年兒童，並繼續教育大眾。對此，廖磊從兩方面著手：（1）通飭各縣恢復各級教育機構。（2）組織流通施教團。〔註 73〕

恢復各級教育機構方面：廖磊認爲「小學教育不發達、不進步，中等教育便無法推進」，〔註 74〕於是優先恢復小學教育。戰前皖省原有普通小學 3,942 所，短期小學 3,800 所，戰爭爆發後，幾乎都呈現停擺，在其復原下，至 1939 年 8 月，已經恢復普通小學 2,295 所，短期小學 1,517 所。除恢復初等教育機構外，廖磊還增設 18 所臨時中學，讓失學青少年能返回校園學習。至於高等教育部分，省立安徽大學已於戰爭爆發初期停辦，省府經教育部獲准後，選送 80 名高中畢業學生，至後方大學就讀，並致贈旅費津貼。〔註 75〕

組織流通施教團方面：皖省沿江及津浦鐵路各縣，多被日軍佔領，使得其正常教育未能發揮功能。於是廖磊從皖省「政治軍事幹部訓練班」小學師資組結業學員，及湘西教師返皖服務團中，選拔幹員組織流動施教團，並劃分路線，沿途宣傳民族意識和訓練民眾抗敵技能，藉此增強抗戰力量。此外，廖磊還組織戰時電影教育巡迴工作隊，在皖省各縣巡迴播放，啓發民眾的抗戰意識。〔註 76〕

〔註 71〕蔡灝，〈廖主席一年來治皖政績－建設方面〉，《安徽政治》，2：26（立煌：1939 年），頁 26。

〔註 72〕蔡灝，〈二年來之安徽建設〉，《安徽政治》，2：16-17（立煌：1939 年），頁 8。

〔註 73〕方治，〈廖主席一年來治皖政績－教育方面〉，《安徽政治》，2：26（立煌：1939 年），頁 19。

〔註 74〕廖磊，〈抗戰中的小學教育工作〉，《安徽政治》，2：3（立煌：1939 年），頁 6。

〔註 75〕方治，〈廖主席一年來治皖政績－教育方面〉，頁 19-22。

〔註 76〕方治，〈廖主席一年來治皖政績－教育方面〉，頁 23。

廖磊鑒於日軍積極運用文化侵略以配合其軍事進攻，例如以廣播、報紙和小冊子向各地輸送宣傳，來混淆抗日民心；特別成立戰時文化事業委員會，推行文化工作，其目標有五個：（1）建立大別山根據地文化中心，促成皖省戰時施政綱領的實現。（2）推進並改善各地文化事業。（3）採集刊印抗敵史蹟。（4）號召知識分子到各部門參加實際工作或學習必要知識和技能。（5）編印戰時讀物和教材，供各方需要。〔註 77〕文委會成立後，省黨部和各機關部分人士又分別成立「戰時文化學會」及「中原出版社」，成爲皖省文化事業發展的動力。安徽省的文化事業在廖磊有限的時間主持下，雖成效不顯，但已經奠下文化事業發展之基礎。

廖磊治理安徽期間是桂系向下扎根的成長期，將廣西的政教衛三位一體制帶入安徽，還藉助新訓練的新人，向下深入基層行政組織；而皖省初期混亂的情形，逐漸轉變爲軍事上的穩定，軍民密切合作，財政困難也得到解決。廖磊藉由上述行政措施，穩固桂系治皖的根基。

三、李品仙時期（1939/11～1944/12）

廖磊於 1939 年 10 月因高血壓不治，病逝於立煌，安徽省主席暫由李品仙代理。翌年 1 月，李品仙正式接掌廖磊的第二十一集團軍總司令、豫鄂皖邊區總司令和安徽省主席職位。安徽省政在廖磊時期已經打下穩固的根基，李品仙上任後除了延續廖的政策，還提出幾點需要注意的事項：（1）爲確定人選標準，首先應實行甄審考績制度。（2）爲策進政治工作的效率，必須健全區保甲各級基層組織，乃能發動廣大民眾，而嚴密加以掌握控制。（3）爲加強抗戰力量，必須要加緊訓練。（4）爲整理財政，防止浮濫，必須建立超然主計制度，採取合理的分配，嚴懲貪污；並且防止敵人經濟侵略，打破「以戰養戰」的企圖。（5）爲適應戰時教育之迫切需要，必須推廣生產教育、普及國民教育，和加強學生、公務人員軍訓課程。（6）爲謀人民自給自足，必須增加農村生產，援助農村副業，扶植輕工業及手工業和統制運銷。（7）爲肅清盜匪，保障地方安寧，必須健全保安團隊。（8）爲保持國家元氣，培養社會生機，必須收容和撫慰難民。〔註 78〕

〔註 77〕張百川，〈廖主席與安徽文化事業〉，《安徽政治》，2：26（立煌：1939 年），頁 56。

〔註 78〕李品仙，〈李主席就職演詞〉，《安徽政治》，3：1（立煌：1940 年），頁 2-3。

李品仙認爲「要鞏固大別山爲敵後作戰之根據地，勢須先將安徽省加以整頓及建設，把政治、經濟、文化統統動員起來，支援軍事需要，使成爲敵後堅強的堡壘。」〔註 79〕對此，李品仙把黨政軍權力集於一身，實施「黨政軍一元化」，強調：

> 黨務與政治軍事脫節，黨的主義就不能貫徹實行，黨的精神也就不能發揮光大；政治與黨務分離，政治上一切設施就失掉意義，等於無目的而實踐；軍事離開黨務政治，軍事活動就失了靈魂，失了憑藉。〔註 80〕

爲了達成「黨政軍一元化」，李品仙首先對第二十一集團軍重新佈署，隨後即著手黨政方面的整理與重建工作。以黨的力量協助政治工作，再以政治措施配合軍事需要，而以軍事做掩護來發展黨的工作，全面推動皖省的各項工作。〔註 81〕以下分項探討李品仙的政策：

（一）政治

爲了符合戰時的需要，1939 年國民政府頒布〈縣各級組織綱要〉，對舊縣制進行改革，推動新縣制，期望能運用廣大農村的人力、物力、財力，成爲支持長期抗戰建國的主要源泉。〔註 82〕李品仙於 1941 年配合實施新縣制，首先是調整行政督察區域。安徽省原本設置 10 個行政督察區，1938 年已裁併改爲 8 個區。但由於日軍和土匪到處流竄，爲適應需要起見，1941 年起，將第四區所轄盱眙、嘉由、天長、來安及第五區所轄鳳陽等 5 縣，另行劃設爲第九行政區；並將第三區所轄宿縣劃入第四區。專署組織也有所變更，專署與區保安合併組織後，使得人事可以密切配合；但隨著戰爭與建設的推進，政府職責不斷加重，原有人員不敷使用；省政府爲此增設人員，並且增設督導室，加強督導工作。〔註 83〕

針對國民政府要求改革縣制，安徽省府在 1940 年 3 月通過〈安徽省縣政府組織規程〉，規定各縣按面積、人口、財賦、經濟、文化、交通等狀況分爲六等。〔註 84〕決定各縣等級後，再選定太湖、桐城、宿松、潛山、廬江、立

〔註 79〕李品仙，《李品仙回憶錄》（臺北：中外圖書出版社，1975 年），頁 174。
〔註 80〕李品仙，《李副司令長官兼主席言論集》（合肥：安徽省政府秘書處，1940 年），頁 12。
〔註 81〕李品仙，〈告安徽各界同胞書〉，《安徽政治》，3：1（立煌：1940 年），頁 5。
〔註 82〕韋永成，〈新縣制的認識〉，《安徽政治》，4：7（立煌：1941 年），頁 11。
〔註 83〕韋永成，〈一年來之安徽民政〉，《安徽政治》，5：1（立煌：1942 年），頁 21。
〔註 84〕〈安徽省縣政府組織規程〉，《安徽政治》，3：19-20（立煌：1940 年），頁 931。

煌、六安、合肥、舒城、霍山、霍邱、壽縣、岳西、阜陽、渦陽、潁上、鳳臺、臨泉、蒙城、太平、太和、涇縣、旌德、休寧、祁門、無為、歙縣、黟縣、績溪、宣城、郎溪、廣德、石埭、寧國、至德等 35 個縣，推動第一波新縣制。〔註 85〕這些縣都集中在皖西、皖南和皖北，主要是省府能直接控制，以及受日軍侵占較少的縣份，例如桐城縣沿江地區遭到日軍占領，但其餘鄉鎮仍能持續執行省府的命令；〔註 86〕合肥也是一例，縣城雖淪陷，但政令仍然能在全縣三分之二地區通行。〔註 87〕唯一例外是無為縣，由於日、共軍盤據，政令難以通行，後改列為游擊區。而懷寧等 9 縣，則先予以充實縣府組織，以為實施新縣制之準備。〔註 88〕

表 3-1　重新評定安徽省各縣縣等表

縣　等	一　等	二　等	三　等	四　等	五　等	六　等
縣名	桐城 六安 合肥 壽縣 阜陽 宿縣 宣城 蕪湖 望江 立煌 霍邱	懷寧 無為 亳縣 和縣 鳳陽 廣德 當塗 歙縣 舒城 臨泉 休寧	渦陽 蒙城 懷遠 鳳臺 盱眙 滁縣 太湖 廬江 涇縣 太和 潁上 寧國 岳西 霍山 潛山 宿松	靈壁 定遠 巢縣 南陵 貴池 至德 太平 郎溪	天長 全椒 含山 祁門 績溪 貴陽	來安 嘉山 五河 繁昌 黟縣 旌德 石埭 東流 泗縣 銅陵

參考資料：何振球，〈本省實施新縣制之概況〉，頁 21。

〔註 85〕何振球，〈本省實施新縣制之概況〉，《安徽政治》，4：7（立煌：1941 年），頁 22。

〔註 86〕劉文潮，〈桐城實施新縣制概述〉，《安徽政治》，5：4（立煌：1942 年），頁 61-62。

〔註 87〕陶松，〈合肥實施新縣制概況〉，《安徽政治》，5：4（立煌：1942 年），頁 63。

〔註 88〕李品仙，〈一年來安徽各部門工作及今後設施〉，《安徽政治》，5：2-3（立煌：1942 年），頁 9。

其次是充實各縣政府組織，規定縣府下設秘書室及民政、財政、教育、建設、軍事等五科；並將各縣設置的「糧食管理委員會」改爲「糧政科」，併入縣府管轄內。對於鄉鎮的劃分，以 10 保爲原則，不得少於 8 保，至多 15 保。重劃後，安徽省的鄉鎮總共爲 2,203 所。鄉鎮長必須兼任鄉鎮中心學校校長，與鄉鎮國民兵隊隊長的工作；鄉鎮公所內分設民政、警衛、經濟、文化等 4 股，來推動鄉鎮工作。〔註 89〕

最後爲加強游擊區各縣政權。皖省的滁縣、宿縣、嘉山、五河、盱眙、靈壁、天長、鳳陽、來安、懷遠、泗縣、蕪湖、銅陵、當塗、繁昌、含山、巢縣、無爲、定遠等 19 縣，因敵軍盤據，失陷地區甚廣，政令無法有效傳遞，故劃爲游擊區縣份，暫緩實施新縣制，另訂〈游擊區縣府組織暫行辦法〉，來調整游擊區縣政府組織，將其分爲甲、乙、丙三級：收入能夠自給自足的爲甲級，下設民政教育、財政建設、軍事三科；一部分經費需要省府補助的縣份爲乙級，全無收入則爲丙級，均設政務和軍事兩科。對於游擊區被割裂的縣份，規定須設置縣府辦公室，來代行縣長的職權，〔註 90〕使其能繼續受省府的控制。

戰時安徽省的縣級以下機構，常因一時需要，不斷增設或裁併，造成機構之間職權混亂；加上鄉鎮公所認爲多一個機關，多一筆預算，浮濫增設機構。李品仙鑒於此種情形，於 1944 年規定，凡業務暫時無法展開或非關重要者，將其併入縣府或相關機構。一年執行下來，大部分的縣府都能夠按照規定貫徹；但仍有執行不徹底者，利用借屍還魂的方式，將上個月被裁併的機構，下個月另借名目增設。李品仙曾加通令糾正，並要求各縣積極改進，和地方人士監督與檢舉。〔註 91〕

李品仙延續廖磊訓練縣地方幹部的方式，也遇上幾點問題：（1）訓練偏重工作實踐技術。（2）縣地方幹部訓練過於「地方性」。（3）重量不重質。面對這些問題，李品仙接受由安徽省秘書處職員殷澄性提出的幾項改善方案：（1）改變訓練縣地方幹部訓練內容，側重於業務訓練，使其分發後能徹底執行任務。（2）將縣地方幹部調往鄰近鄉鎮任職，逐漸打破「地方性」的特質。（3）加重考訓，不合標準的一概淘汰，重新招考當地優秀青年來代替，藉此

〔註 89〕韋永成，〈一年來之安徽民政〉，頁 21-22。
〔註 90〕韋永成，〈一年來之安徽民政〉，頁 23。
〔註 91〕韋永成，〈一年來之安徽民政〉，《安徽政治》，7：12（立煌：1944 年），頁 13。

逐漸強化縣地方幹部之質量。〔註 92〕實施後，縣地方幹部質量雖有所提升，但仍未臻佳境。〔註 93〕

（二）文化教育

安徽省的文化設施受戰火影響，學生失學現象嚴重，直到 1939 年，安徽戰局逐漸穩定，教育工作才陸續得到恢復與發展。〔註 94〕1941 年配合新縣制改革，廣設鄉鎮中心學校和各保國民學校，除蕪湖等 18 縣因敵僞盤據、地方財政困難而暫緩成立，其餘桐城等 44 縣，均陸續成立；中心學校當年度即成立 1,336 所，國民學校也設立 5,106 所。〔註 95〕直到安徽省被劃爲第十戰區管轄前，中心學校總共成立 1,574 所，國民學校也增設至 9,521 所，超過每鄉鎮 1 中心學校，每 3 保 2 國民學校的標準。李品仙任內，在安徽省所設立的學校數，已超越戰前的水準。〔註 96〕

由於廣設中心學校和國民學校，師資缺乏，從 1941 年開始加強師範教育，令飭各縣設立簡易師範學校，或於原有縣立中學附設簡易師範科，〔註 97〕以補足國民教育師資所需。同時開始推動「鄉鎮造產」計畫，爲了彌補人才不足的問題，陸續增設公私立職業學校，並擴增原有職校的班級，〔註 98〕以此填補人力資源之不足。

大學教育在戰時也獲得發展，戰前原在安慶設有一所省立安徽大學，抗戰軍興，即告停頓。等戰局較穩定後，1941 年春重新於戰時省會立煌設立臨時政治學院，設文法兩科，修業期間爲 1 年，總計招收 237 名學生。一年後，學生修業期滿，遂改設省立師範專科學校。1943 年再將省立師範專科學校改爲省立安徽學院，〔註 99〕至此戰時安徽也擁有一所高等學府。

〔註 92〕殷澄性，〈關於縣地方幹部訓練的諸問題〉，《安徽政治》，6：3（立煌：1943 年），頁 33-34。

〔註 93〕王鎮華，〈人事制度在安徽實施之檢討與前瞻〉，《安徽政治》，7：9（立煌：1944 年），頁 90。

〔註 94〕申曉雲，〈抗戰時期新桂系治皖〉，頁 1192。

〔註 95〕萬昌言，〈一年來之安徽教育〉，《安徽政治》，5：1（立煌：1942 年），頁 28-29。

〔註 96〕汪少倫，〈一年來之教育〉，《安徽政治》，7：12（立煌：1944 年），頁 21。

〔註 97〕萬昌言，〈一年來之安徽教育〉，頁 29-30。

〔註 98〕汪少倫，〈一年來之教育〉，頁 22。

〔註 99〕中國國民黨黨史委會編，《革命文獻》第 60 輯「抗戰時期之高等教育」（臺北：中央文物供應社，1972 年），頁 297-301。

（三）民生經濟

隨著新縣制的實施，李品仙鑒於安徽省因戰爭的破壞，地方上的經濟實力不足，於 1941 年提出「鄉鎮造產」計畫，積極推廣合作事業，將經濟與基層政治相互配合，按其地理環境來舉辦生產與運銷合作事業。除了因環境險惡，無法組織的地區外，其餘安全縣份都積極設立合作社，供給油、鹽、糧食、布等物品，及推銷棉花、鍋鐵等物，藉此強化官民之間的合作。〔註 100〕李品仙期望藉由這項計劃的實施，能開闢鄉鎮自治財政之源，吸引民眾參與地方事業的興趣，灌輸民眾關於普通企業的常識，和訓練民眾集體合作的精神；並訂定因地制宜的經濟政策，來獲得當地民眾的支持，使其能事半功倍。〔註 101〕

除積極設立合作社外，另外還推展工業合作計劃。鑒於安徽省因戰爭造成交通破壞，因此需選擇能就地取材的生產原料，生產完畢後，又能在當地直接出售之工業產品。由於安徽省生產大量棉花，1941 年的產量高達 624,390 石；而且當地市場上對布疋也有需求，紡織工業遂被選擇作爲合作計劃之主要選項。〔註 102〕

但這些計畫實施 3 年後，並無顯著的效果，因此李品仙將 1944 年訂爲「造產年」，集合所有民、財、建、教、軍等各部門機關，來配合「鄉鎮造產」計畫。李品仙希望這項計畫成功後，能夠解決下列三項問題：（1）建立自治財政基礎，解決鄉鎮經費問題。（2）減輕人民負擔，解決戰後農村復興問題。（3）發展國民經濟，解決民生問題。〔註 103〕

1944 年開始大力推動的「造產年」計畫，馬上面臨經費、人力不足的問題。由於安徽省位於戰爭前線，省內駐紮軍隊眾多，各項軍事開銷龐大，使得省府執行「鄉鎮造產」計畫，相當費力。〔註 104〕一整年下來，只有達成宣傳上的效果，讓社會大眾都知道「鄉鎮造產」的名稱、意義與用途；至於各

〔註 100〕儲應時，〈一年來之安徽建設〉，《安徽政治》，5：1（立煌：1942 年），頁 35。

〔註 101〕汪棣閣，〈鄉鎮造產在安徽的地理基礎〉，《安徽政治》，5：8-9（立煌：1942 年），頁 39-40。

〔註 102〕陳劍虹，〈發展本省紡織工業合作問題〉，《安徽合作》，2：19（立煌：1941 年），頁 6。

〔註 103〕韋永成，〈鄉鎮造產的剖視與展望〉，《安徽政治》，6：11-12（立煌：1943 年），頁 5。

〔註 104〕韋永成，〈鄉鎮造產在安徽〉，《安徽政治》，7：4（立煌：1944 年），頁 8。

項建設，則只有零星的成果，〔註 105〕與李品仙所期望的目標，還有一段距離。

李品仙除努力執行「鄉鎮造產」計劃外，還要抑制物價持續上漲的問題。造成安徽省物價不斷上升，省府列出主要四個因素：（1）供需失調。（2）運輸困難。（3）奸商投機操縱。（4）敵人劫奪擾亂。〔註 106〕對此，李品仙推行供銷合作計畫，希望能夠平抑物價。但從下表的物價指數能夠得知，供銷合作幾乎沒有達成其所希望之成效。1943 年初立煌事變發生，加上物價的飛漲，省府重新制定管制物價政策，此將於後文敘述。

表 3-2　安徽省各重要城市零售物價總指數表

年　份	立　煌	桐　城	太　和	霍　邱	太　湖
1937 年	100	100	100	100	100
1938 年	124	125	114	187	125
1939 年	300	153	149	279	131
1940 年	444	264	432	491	291
1941 年	1219	645	976	1008	685
1942 年	4599	2329	3775	3681	2290

參考來源：安徽省地方志編纂委員會編，《安徽省志》49「價格志」（合肥：方志出版社，1997 年），頁 33。

安徽省財政經過廖磊時期的整頓與開源，已有所成效，李品仙繼任後，延續改善皖省財政的政策。原先皖省徵收賦稅的稅務局，並未能普遍設立，李品仙使其能普遍設置；並規定無法設置稅務局的縣，亦需設置直轄稽徵所，來統徵省稅。原本所設置的產銷稅稽徵機構，因內部工作不能協調，弊病叢生，遂將其裁撤，由省府財政廳直接管理。

而「經濟游擊隊」原不屬於財政廳管轄，不受其指揮；但該隊執行經濟封鎖能力低落，於是李品仙將其改編為「稅務查緝隊」，分配駐防區，由財政廳來指揮執行查緝工作。〔註 107〕皖省財政組織經過不斷的調整，其制度漸趨完整，財政收入也逐年增加，可見下表：

〔註 105〕韋永成，〈一年來之安徽民政〉，《安徽政治》，7：12（立煌：1944 年），頁 14。
〔註 106〕丁寗，〈供銷合作與平抑物價〉，《安徽合作》，2：8-9（立煌：1941 年），頁 10。
〔註 107〕桂競秋，〈一年來之安徽財政〉，《安徽政治》，5：1（立煌：1942 年），頁 26。

表 3-3　5 年來省庫收入表（單位：法幣）

年度	1937 年	1938 年	1939 年	1940 年	1941 年
省庫收入	13,404,412	2,384,630	15,474,223	17,556,054	62,311,174

注：1941 年因中央補助款及債款收入大增，使得省庫收入較前幾年來得多。參考來源：安徽省地方志編纂委員會編，《安徽省志》「附錄」（北京：方志出版社，1998 年），頁 93。

財政收入增加，省府也有餘力從事多項經濟建設。1940 年各縣陸續成立「森林施業所」，對全省各地進行造林，總共種植 2,809,100 株；還成立「農業推廣所」，資助農民開墾荒地，增加耕種面積。對於皖省剩餘的 95 座工廠，省府視其業務情形隨時督飭改進外，並鼓勵商人集股與官方合作，共同投資增設工廠。省府還提倡小型手工業，盡量製造草綠色土布和皮鞘子彈盒等項，以供軍需。〔註 108〕

（四）基層建設

戰前安徽省所建設的公路，因受到戰爭的影響，幾乎破壞殆盡，僅存皖南蕪屯路之屯積段、屯淳路之歙威段及屯坑段、省屯路之岩太段，總計約 324 公里堪用。李品仙上任後，重新重點修築政府機關與軍事要地之間公路；並在淮南路上設立交通聯絡站，以加強溝通皖東和皖西交通聯絡。省際交通方面，於立煌城內設立交通總站，藉此與第五戰區經委會南洋交通站保持密切聯繫；並辦理聯合運輸，以疏通皖省與川陝湘鄂各省運輸。〔註 109〕

除修築公路外，皖省沿淮河縣市還因 1938 年黃河炸堤，使黃河改道侵入淮河，造成嚴重水災。省府爲了維持人民生計，成立水利工程測量大隊、防黃工程處；各縣也成立水利工程委員會、圩堤委員會，藉此組織民力修築堰壩和堤防。〔註 110〕1941 年淮域各縣已施工完成土工 2,300 餘萬公方。〔註 111〕經過數年努力，截至 1943 年，總計完成土工 122,960,219 公方，受益田地共有 16,145,085 畝。除修築堰壩和堤防，省府還認爲需加強分流工程以分洩黃氾、減輕堤防負擔和建築涵閘來調節水量，以免河水溢出成災。〔註 112〕但陸

〔註 108〕儲應時，〈一年來之安徽建設〉，頁 35。
〔註 109〕儲應時，〈一年來之安徽建設〉，頁 34。
〔註 110〕申曉雲，〈抗戰時期新桂系治皖〉，頁 1190。
〔註 111〕儲應時，〈一年來之安徽建設〉，頁 36。
〔註 112〕〈建設〉，安徽省政府編，《安徽概覽》（立煌：安徽省政府，1944 年），頁 234。

續在淮域所建築的涵閘工程，因材料未統一規範及施工品質的問題，導致水流無法宣洩，反因而成災。對此，省府曾決定另組織涵閘工程隊，來負責統籌淮域施工各縣應建涵閘之各項材料及召僱技術工人，建築各縣涵閘。〔註 113〕

（五）軍事

省保安團在經歷廖磊的整頓後，已較之前有所改善，但由於其陋習太深，無法一蹴可幾。李品仙爲了改善省保安團人員素質，重新制定考核方法，分爲間接考核與直接考核。間接考核由各團長辦理，每年兩次並轉報保安處調查；直接考核則由主任校閱官辦理。其不及格者，如屬尚可則予以調訓，否則將其淘汰。〔註 114〕經過一年的整頓後，保安團之素質已逐漸步上軌道。〔註 115〕

省保安團在原有的組織下，由兩個機關所管轄，分別是保安司令部和保安處。保安司令部負責指揮作戰；而直轄於省府的保安處，則擔任處理業務之責。1943 年行政院下令重新調整機構，統一事權；4 月 1 日李品仙將保安處及防空司令部全數併入省保安司令部；並於省保安司令部增設參謀、副官、軍需、軍法等四處及防空科。1944 年 6 月再行調整，司令部內設司令辦公室、保安處、防空處、總務科、軍法科、經理科及會計室，改善原行政組織紊亂之情形。〔註 116〕

省保安司令部於改組後，也陸續強化各縣警衛設施。除淪陷區外，建築 1,193 座哨戒所，並完成 1,105 座碉堡，以此強化各縣的防禦，抵擋日、僞、共軍之偷襲和猛攻。鑒於共軍進入山東後，搶奪當地民槍的前車之鑒，省保安司令部下令編組民槍，以此切實掌握運用；又感於地方武器數量之缺乏，令飭各區縣自製罐子炮，以補助步槍之不足。省保安司令部改組後，還需負責防空業務，除持續強化直屬之防護團，並在各縣設立輔助監視哨所和建築防空壕、防空洞及防空坑，但受限於財力，成果有限。〔註 117〕

李品仙對安徽的治理方式，主要是延續桂系一貫的方針，運用建設廣西的經驗，如動員民眾、幹部訓練、民團組織、基層建設等，因地制宜地制定

〔註 113〕儲應時，〈一年來之經濟建設〉，《安徽政治》，7：12（立煌：1944 年），頁 29。

〔註 114〕陳維沂，〈本省保安團隊之改進〉，《安徽政治》，4：1（立煌：1941 年），頁 31。

〔註 115〕陳維沂，〈一年來之安徽保安〉，《安徽政治》，5：1（立煌：1942 年），頁 38。

〔註 116〕〈保安〉，安徽省政府編，《安徽概覽》（立煌：安徽省政府，1944 年），頁 3。

〔註 117〕陳維沂，〈一年來之保安〉，《安徽政治》，7：12（立煌：1944 年），頁 45-46。

政策，使桂系能更加穩固對安徽省的統治。然而李品仙把黨政軍權力集於一身的作法，難免造成許多衝突，將在後文中續作探討。

圖 3-1　1944 年安徽省保安司令部組織系統圖

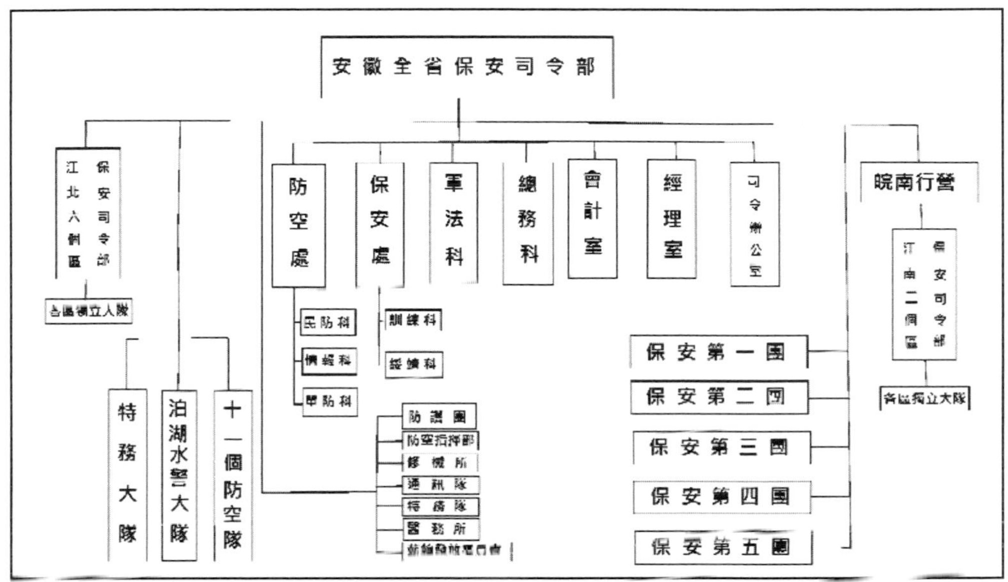

資料來源：〈保安〉，安徽省政府編，《安徽概覽》（立煌：安徽省政府，1944 年），附圖。

第二節　戰區糧政措施的推行

抗戰時期，糧食是重要的戰略物資，也是穩定社會和持久抗戰的基礎。國民政府頒布一系列有關糧食管理的法規，並且根據當時變化持續調整糧食政策，以確保糧食供應的穩定。安徽省雖然在桂系的統治下，但糧食政策則是根據國民政府的方針來實施。

一、糧食管理機構的設置與調整

國民政府爲了加強糧食的管理與監督，在 1938 年先後頒布《戰區糧食管理辦法大綱》和《非常時期糧食調節辦法》，以此來規定戰區設置「糧食管理處」，辦理採購、加工、儲藏、配銷等。根據上述法規，第五戰區原設有糧食管理處，管理所屬範圍內的縣份。1940 年，各地糧價暴漲，民眾生活受到威脅，政府必須加強糧食管理，來穩定社會秩序，於是中央在 1940 年 10 月成立「全國糧食管理局」，作爲糧食管理的最高機構，並且設置各級的糧食專管機構。安徽省糧食管理局遂在同年 12 月成立。

然而安徽省由於日軍的進攻，省境遭到分割，省府也搬遷至立煌。第五戰區爲了處理該省混亂的狀況，乃分區處理：

1.在立煌設置「皖西糧食調節處」，收購皖中及皖西各縣餘糧，調劑大別山軍糈民食。皖西糧食調節處結束後，糧食行政及業務先後併歸省糧食管理處辦理。

2.皖南方面，則由隸屬於第三戰區司令長官部的糧食管理處來負責；但其功能只能供應軍糈，沒有收購糧食的權力。1941 年 3 月，安徽省糧食管理局以皖南糧政由第三戰區設處辦理，造成系統分歧和不便統籌管理爲由，將「皖南糧食管理處」裁撤，改設皖南分局。

3.皖東方面，於 1941 年 3 月，在全椒縣屬古河鎮設置「皖東辦事處」，辦理皖東各縣軍糈供應和糧食管理事務。〔註 118〕

1941 年 6 月，「田賦徵實」開始實行，全國糧食管理局改爲糧食部，隸屬於行政院，統籌全國軍糧民食。〔註 119〕各省糧食管理局因「組織散漫、權責不專，糧政推行未能盡利」，〔註 120〕而改組爲糧政局。同年 10 月，「安徽省糧政局」改組成立，附設「儲運處」，辦理糧食儲運業務，並於各縣政府內增設「糧政科」。關於田賦實物徵收業務，由糧政局在徵實各縣，設立「縣實物徵收所」及分所。1942 年徵、收合併，經收業務劃入徵收機關。1943 年，田、糧兩機構合併，「田糧處」成立，接辦「田賦處」及糧政局全部業務。各縣處亦於同年改組成立，接收縣糧政科、縣田賦處經辦之業務，徵收分處則改爲鄉鎮辦事處。〔註 121〕

爲了加強徵購和搶購糧食，安徽省糧食管理局於 1941 增設第一、二、三區購糧辦事處，及各縣購糧督購員。第一區下轄桐城、太湖、潛山、懷寧、

〔註 118〕秦孝儀編，《革命文獻》第 112 輯「抗戰建國史料——糧政方面（三）」（臺北：中國國民黨中央委員會黨史委員會，1988 年），頁 155-156。

〔註 119〕秦孝儀編，《革命文獻》第 112 輯「抗戰建國史料——糧政方面（三）」，頁 156。

〔註 120〕中國第二歷史檔案館編，〈國民政府糧食部對國民參政會第二屆第二次大會的報告〉，《中華民國史檔案資料匯編 第五輯 第二編 財政經濟（九）》（南京：鳳凰出版社，2010 年），頁 341。

〔註 121〕安徽省地方志編纂委員會編，《安徽省志》11「人大政府政協志」（北京：方志出版社，1999 年），頁 196。

宿松、望江等 6 縣，第二區的範圍有六安、舒城、合肥、盧江、霍邱等 5 縣，第三區有阜陽等 6 縣。1942 年第一、二區督購辦事處因任務完成，均行裁撤；而第三區購糧辦事處，則以正在辦理皖北民食調節事宜，仍予保留。〔註 122〕

隨著田賦徵實的實施，抗戰時期的安徽省糧食管理機構逐漸趨於完善。從一開始的糧食管理處演變到最後的田糧處，政府將原本四散的糧食管理機構不斷的合併，除了能免除機關之間容易產生衝突的問題，有效統一事權外；還能減少行政人員，降低政府的支出。糧食管理機構在抗戰時所進行的設置和調整，除了能適應抗戰時的需求外，也爲加強糧食管理和保障糧食供應提供了保證。

二、戰時的糧食政策

糧食是穩定全國軍民士氣的重要戰略物資，如何管理糧食的供給，以確保軍食民糧，成爲國民政府所需執行的重要政策之一。安徽省政府也配合中央政府的方針來實行一系列糧食管理政策，藉此穩定糧食的供給。

安徽省抗戰前即爲重要的產糧地區，抗戰爆發後淪爲戰爭前線，駐紮軍隊大增，糧食需求高漲；且隨著戰事的推進，許多產糧區落入日軍手中。省政府面臨糧食需求增加，但糧食產量卻下降的困境，爲了能夠持續供應本省軍民食糧，糧食如何增產成爲當務之急。省府首先制定〈安徽省戰時春耕辦法綱要〉，將全省各縣分成三部分：（1）位於前線的縣份，所有冬作農田，一律停止施肥，待農作成熟，從速收穫並運存安全地區，如因戰略轉移時，能免與資敵；夏作農耕，以早稻爲主，輔以當地短期早熟作物，需提前播種。（2）接近前線的各縣，則冬作應盡早收穫，必要時由縣政府集中保管；夏作農耕一樣以早稻爲主，並以當地短期早熟作物爲輔。（3）後方縣份，冬季作物需增加用肥，以期增加產量；督促農民進行春耕，規定種植種類，凡非糧食之作物，一律暫緩種植；並且鼓勵農民開墾荒地、荒灘沼澤，種植農作物。〔註 123〕

之後，省政府再提出兩大方針，分別爲「生產保安」和「生產增進」。執行生產保安的辦法有：（1）清鄉安閭，嚴禁拉夫，以安耕種。（2）動員沿河濱湖農民，防護守望，以免堤潰成災。（3）禁止農田施放軍畜及其他有損農

〔註 122〕秦孝儀編，《革命文獻》第 112 輯「抗戰建國史料——糧政方面（三）」，頁 157。

〔註 123〕建設廳，〈安徽省戰時春耕辦法綱要〉，《安徽政治》，1：6-7（六安：1938 年），頁 9-10

作物之行為。（4）嚴禁機具及耕畜之強徵。（5）建築房屋或開闢道路，非必要者，輕勿妄舉，致減少耕種面積。〔註 124〕

有關生產增進的辦法：（1）增加耕地面積：（a）強制耕種休閒地和開墾荒棄地。（b）減耕奢侈及次要作物之耕種面積。（c）獎勵墳地庭園及田埂之種植。（d）利用高地種植旱作物及果樹。（e）獎勵耕作多熟制及間作制。（f）凡原地主逃亡或人工不敷耕種之田地，得由附近人民或難民，呈准酌認佃租，代為耕種。（2）改進耕種技術：（a）集中農業人才，從事農業改善和推進事宜。（b）統制栽培優良品種或當地固有之良好品種。（c）指導農家選種及肥料配合施用等技術，並提倡施用綠肥。（d）指導農民改進耕作方式。（e）督導農民防除病蟲害。〔註 125〕

除了提出糧食增產的政策外，省政府還著手調查糧食生產和消費的相關數據，以便制定糧食政策時，能有相關資料參考。抗戰爆發後，自 1937 年到 1940 年，省政府制定各縣各年糧食生產消費數量統計表，令飭各縣依式查報。當時除了皖南因交通不便，及皖東北各縣淪陷，無法調查外，其餘壽縣、阜陽、桐城、蒙城、太和、臨泉、霍山、霍邱、鳳陽、懷遠、渦陽、巢縣、鳳臺、穎上、盧江、岳西、望江、立煌、潛山、六安、合肥、舒城、績溪、青陽等縣，均已查報。〔註 126〕有關安徽省政府的統計，可見下表：

表 3-4　安徽省糧食生產消費數量統計表

年　份	1937	1938	1939	1940
生產數量	42,268,292	51,327,139	45,131,756	42,783,244
消費數量	39,373,302	49,763,275	43,876,415	49,897,756

（單位：市石）

參考資料：《革命文獻》第 112 輯「抗戰建國史料——糧政方面（三）」，頁 158。

從上列的生產消費數值中，可以發現 1940 年之前，糧食消費數量都低於生產數量，表示尚可自給自足。經過這些調查後，安徽省糧政局能夠確切掌握糧食生產和消費情形，為糧食管理立下基礎。

〔註 124〕靳懷禮，〈本省當前農業應有之措施〉，《安徽政治》，1：25（立煌：1938 年），頁 15-16。
〔註 125〕靳懷禮，〈本省當前農業應有之措施〉，頁 16。
〔註 126〕秦孝儀編，《革命文獻》第 112 輯「抗戰建國史料——糧政方面（三）」，頁 158。

安徽省的糧價在 1939 年以前較爲穩定，1940 年由於各地旱災相當嚴重，糧價開始大幅上漲。從下表米價的統計表中可以發現，由於 1940 年的旱災一直持續到 1941 年仍不見好轉，造成米價大幅上升。

表 3-5　安徽省各主要糧食市場米價指數統計表

0	立　煌	霍　邱	阜　陽	合　肥	桐　城	屯　溪	宜　城
1937 年	98.7	106.4	101.3	88.6	87.0	84.1	98.6
1938 年	93.3	131.9	124.7	84.1	87.0	96.8	83.6
1939 年	136.0	187.2	145.4	109.1	104.4	125.4	105.5
1940 年	316.0	334.0	305.2	295.5	196.7	361.8	180.6
1941 年	840.0	1,063.8	838.7	1,272.7	695.7	1,127.0	946.2

注：以 1937 年上半年平均價格爲基準，參考資料：安徽省地方志編纂委員會編，《安徽省志叢書》49「價格志」（合肥：方志出版社，1997 年），頁 32。

糧價的上漲，除了會影響軍隊的作戰，也會對人民的生活造成衝擊。爲了控制住糧價，安徽省政府提出一些禁令，希望能穩定市場，例如禁止以主要糧穀釀酒；〔註 127〕並認爲糧價的上漲，往往是從大城市和主要市場，及其周遭的次要市場開始，〔註 128〕因而選定立煌、屯溪等 14 處重要糧食市場和舒城、涇縣等 15 處次要糧食市場，將當地米麥價格及市況列表，每隔 5 日呈報各種糧價一次。〔註 129〕藉由這項通報系統，來及時掌握糧價的波動。

除了建立糧價通報系統來監控外，省政府也規定需要限價的糧食種類。由於安徽省橫跨長江和淮河，因此當地消費習慣爲「淮南食米，淮北食麵」，故限價種類以白米、小麥、麵粉爲主。〔註 130〕至於其他糧食種類，看各縣之需要，再列入實施。

省政府爲了強化對糧價的管制，規定糧戶存糧，除自用糧食外，囤積超過 50 市石以上餘糧者，將被視爲大戶，必須登記來加以管理。各縣所配購軍糧，及各機關學校團體公糧，必須由大戶糧數內配購；當大戶自行出售餘糧

〔註 127〕侯坤宏編，《糧政史料》（三）（臺北：國史館，1989 年），頁 390。

〔註 128〕賈宏宇，〈安徽近年糧價變動軌跡與今後限價要務〉，《安徽政治》，6：4-5（立煌：1943 年）頁 22。

〔註 129〕秦孝儀編，《革命文獻》第 112 輯「抗戰建國史料——糧政方面（三）」，頁 165。

〔註 130〕賈宏宇，〈安徽近年糧價變動軌跡與今後限價要務〉，頁 22。

時，亦須報由該管鄉鎮公所登記。對於糧食市場，安徽省也規定凡經營糧食業的商店，必須向該管縣府請領許可證，才可以在指定市場內營業；並且需要依照評定糧價售糧，其每天的收售及剩餘糧食數量，要填表報告當地糧食管理機關。〔註 131〕透過這些管制措施，來緩和糧價大幅上升的趨勢。

由於日軍常會針對佔領區及附近進行徵糧，省政府爲了避免糧食資敵，規定凡距離敵僞奸匪佔領地區 50 里以內地帶，由糧政局劃定封鎖線，禁止糧食外運，獎勵內售；並設置收購機購，派員深入封鎖線外搶購糧食。〔註 132〕1941 年省府即在皖北搶購米 20 萬市石，皖南搶購米約 22 萬餘市石。〔註 133〕希望藉此，來打破日軍以戰養戰的目的。

三、實施田賦徵實

1941 年 4 月，中央政府舉行五屆八中全會，通過「改訂國地財政收支系統案」，將省級財政劃入國家財政系統內，並決定田賦改徵實物。〔註 134〕首先擬定「經收田賦實物暫行辦法」，規定設立相關機構，驗收倉囤，撥運經徵、經收聯繫稽核，及經收人員服務守則等各項，使各地執行時有所依據。其次關於各縣收糧種類，經糧政局會同省田賦管理處，依據各縣生產情形，呈報財政部和糧食部，確定皖中、皖南各縣徵收秈稻，淮河流域各縣徵收小麥。其賦糧折徵比率，按照 1941 年正附稅總額，每元折徵秈稻 2 市斗，小麥徵收 1 市斗 4 升，高粱 3 市斗。〔註 135〕

安徽省總共有 62 個縣，當時完全落入日軍手中的，有滁縣、宿縣、嘉山、五河、盱眙、靈壁、天長、鳳陽、來安、定遠、泗縣、蕪湖等 12 個；僅存少數鄉鎮在國軍控制下的，有無爲、懷遠、當塗等 3 縣。因此決定除了上述 12 個縣暫緩徵收；無爲、懷遠、當塗等 3 縣，按照實際情形，原額徵收法幣，

〔註 131〕秦孝儀編，《革命文獻》第 112 輯「抗戰建國史料——糧政方面（三）」，頁 159。

〔註 132〕蘇民，〈安徽糧政之回顧與前瞻〉，《安徽政治》，5：7（立煌：1942 年），頁 61。

〔註 133〕中國第二歷史檔案館編，〈國民政府糧食部對國民參政會第二屆第二次大會的報告〉，《中華民國史檔案資料匯編 第五輯 第二編 財政經濟（九）》，頁 337。

〔註 134〕秦孝儀編，《革命文獻》第 114 輯「抗戰建國史料——田賦徵實（一）」（臺北：中國國民黨中央委員會黨史委員會，1988 年），頁 3。

〔註 135〕秦孝儀編，《革命文獻》第 112 輯「抗戰建國史料——糧政方面（三）」，頁 162。

或按市價折徵暨減徵法幣；其餘 47 縣，全部實行徵實政策；但如果縣內有部分淪陷或是游擊區域，則照徵幣辦法辦理。〔註 136〕

至於田賦徵實的經徵方法，是由縣「田賦管理處」會同縣經收所，按照原有徵糧賦區，分設「經徵分處」及「徵收分所」；並由省糧局督飭各縣經收所，按鄉鎮單位，建設臨時倉庫；再於安全適中交通地點，建築固定倉庫，以便集中儲存。每日的糧食收納，由經收分所編列日報表，檢同票據送由同級經徵分處，查冊銷號。〔註 137〕

由於中央一再電令田賦徵實爲省府年度重要中心工作，省府爲了提高徵糧率，制定督導與催徵方式：（1）分層負責督導，除主管全省經收機關專任督導人員，並訂定各區行政督察專員公署及縣政府徵糧督導工作準則，以隨時考察各縣執行人員工作情形。（2）發動鄉鎮保甲人員催徵，憑保甲戶籍尋出需納糧人戶，催促依限納糧；如遇地主不住本處，則由佃戶代爲繳納。〔註 138〕省府希望藉由上述方式，提高徵糧之確實。

省政府實行田賦徵實後，遇到幾項困難：（1）環境上，安徽省戰時位居於敵後且距離重慶遙遠，每一個電令到省，約需一個月以上，造成措施實施倉促，且成效不彰。皖省淪陷區域較大，國軍保有的縣份，大多是皖南、皖西山區地帶，人民納糧時，運輸相當費時。且因位於前線，常受日軍的侵擾，被迫停徵；或因軍事行動，使道路封鎖，皆阻礙糧徵。（2）制度上，田賦徵實是按中央經徵、經收劃分原則，由糧政局設所，處理經徵，及配置倉庫，辦理經收。但經收人員不足，且倉庫也不敷使用，造成人民納糧費時，影響繳納意願。加上徵、收兩方管理不能統一，步調不一致，甚至互相推諉，影響徵收工作。（3）其他如田賦徵實是以重量計算，需把石、斗折算成斤、兩，此舉造成民眾計算不易；加上繳納糧食通知單未能普遍發放，人民對於繳納糧食種類之間的換算和折徵標準，皆不清楚，造成人民有所觀望。〔註 139〕

〔註 136〕秦孝儀編，《革命文獻》第 116 輯「抗戰建國史料——田賦徵實（三）」（臺北：中國國民黨中央委員會黨史委員會，1989 年），頁 379。

〔註 137〕秦孝儀編，《革命文獻》第 116 輯「抗戰建國史料——田賦徵實（三）」，頁 381。

〔註 138〕夏際寬，〈安徽整理田賦與改征實務的工作動向〉，《安徽政治》，4：8（立煌，1941 年），頁 37。

〔註 139〕許餞儂，〈本省田賦徵實之檢討及展望〉，《安徽政治》，5：7（立煌，1942 年），頁 88-89。

面對以上困難，安徽省政府實施幾項改善措施，分別有：（1）充實各級機關組織。將徵、收兩機關合併；並且增加所需人員，以因應業務的繁雜。（2）提前籌辦新賦開徵。1941 年開始實行田賦徵實時已經入秋，造成皖省準備不及。於是將 1942 年的新賦提前籌備，每年的徵收時間，定在本年的 10 月 1 日起，到隔年的 1 月 1 日止，以期爭取時效。（3）增設分處，便利人民繳納。開徵之初，糧政局在皖省設置分處僅 162 處，平均一個縣不到 4 處，造成分處轄區廣闊，人民納糧不便。1942 年初乃增設到 192 處，到年中更高達 235 處，平均每個縣至少有 5 處，讓人民減少運糧距離，降低不便。（4）廣發通知單。將通知單交給保長，由保長交給糧戶，以確保每個糧戶都能收到。（5）增設倉庫。開徵之初，由於倉庫不足，經收人員必須不斷尋找臨時儲放地點。1942 年初，省政府爲了能順利收囤田賦實物，在各地經收分所所在地，利用公私倉庫、廟宇、祠堂，或租用民房，裝修成臨時倉庫。〔註 140〕到了 1942 年 3 月止，全省已經修建完成臨時倉庫 162 座，其總容量爲 790,290 市擔。基本上，除了皖南少數縣份倉庫數量不足外，其餘各縣都能滿足需求。〔註 141〕

省政府爲了落實田賦徵實政策，重新制定催徵方法：（1）發動宣傳。開徵之初，印製納糧須知給民眾；並且聯合黨政軍各機關，舉行「糧政宣傳週」，召集各鄉鎮保甲長，舉行座談會；還舉辦公演話劇和街頭劇等，來對民眾宣導。（2）保甲催徵。將各保糧戶納糧時間分別規定，由保甲長逐一通知；屆期由保長率領，赴所完納。如果人民沒有完成繳納，保長再對該戶進行催繳。這種方法，可以避免徵收時，造成人民浪費大量的時間等候；而且保甲人員也可以免除一再催繳之苦。（3）厲行督導。省政府將徵實縣份分爲 8 區，每一區派督導員一名，負責巡迴各縣，進行督導。〔註 142〕

安徽省剛開始因田賦徵實政策施行倉促而造成許多問題；但隨著不斷提出改善措施，讓政策漸漸步上軌道，也使皖省都能達成中央所規定的目標，可見下表。

〔註 140〕許餞儂，〈本省田賦徵實之檢討及展望〉，頁 89-90。

〔註 141〕秦孝儀編，《革命文獻》第 112 輯「抗戰建國史料——糧政方面（三）」，頁 169。

〔註 142〕秦孝儀編，《革命文獻》第 116 輯「抗戰建國史料——田賦徵實（三）」，頁 381-382。

表 3-6　抗戰時期安徽省田賦徵實統計表

年　度	配徵數（市石）	徵起數（市石）	徵起成數（%）
1941 年度（1941/10/01～1942/09/30）	903,184	957,650	106.04
1942 年度（1942/10/01～1943/09/30）	2,700,000	2,858,704	105.88
1943 年度（1943/10/01～1944/09/30）	2,550,000	3,078,690	120
1944 年度（1944/10/01～1945/09/30）	2,615,000	2,429,571	90
合計	8,768,184	9,324,615	106.35

參考來源：秦孝儀編，《革命文獻》第 115 輯「抗戰建國史料——田賦徵實（二）」（臺北：中國國民黨中央委員會黨史委員會，1988 年），頁 309-427。

從表中可以看到，除了 1944 年度，因日軍的「一號作戰」造成徵收數下降外，其他 3 年都能超越中央所規定的配徵數。省政府通過田賦徵實來確實掌握糧食，確保了皖省的軍糧民食的供應；也對穩定後方社會秩序，和支撐安徽戰場，起了重大作用。

四、徵購軍公糧

糧食是支持軍隊持續作戰的重要物資，抗戰爆發後，政府爲了改善軍隊經理和士兵生活，實施糧餉劃分、主食供給制度。〔註 143〕隨著田賦徵實的實施，軍糧的來源也變成定量配給和徵購。因此當軍糧不足時，徵購軍糧成爲糧食業務中，最重要的工作之一。安徽省爲此訂定徵購辦法，規定：（1）民戶餘糧 20 市石以上者，始配購軍糧；餘糧愈多者，累進配購。（2）各縣徵購糧，須將大戶姓名、餘糧數量，冊報查核。（3）經登記餘糧大戶，承擔配定軍糧數後，仍有餘糧，則可以依法自由移運銷售，不得任意封存。（4）甲縣戶主田地座落乙縣，由乙縣縣府負責配購軍糧；但需將配購數額通知甲縣，以免重複配購。（5）各縣集中軍糧，應由縣府派員，分赴集中地點，辦理驗收事宜；不得假手鄉鎮保甲長，以杜流弊。〔註 144〕

〔註 143〕秦孝儀編，《革命文獻》第 114 輯「抗戰建國史料——田賦徵實（一）」，頁 34。

〔註 144〕蘇民，〈安徽糧政之回顧與前瞻〉，頁 61。

對大戶所剩餘的糧食進行徵購，在理論上是可行的；但事實上，由於省政府對於大戶餘糧調查不易，最後仍流於攤派。〔註 145〕省政府面對這項流弊，也提出兩項辦法來改善：（1）定期截止每年度的軍糧繳納。（2）電請中央，在各軍中組織糧食監察機構，來嚴禁攤派；並規定行動部隊，出具即領辦法，以便臨時撥糧轉帳。〔註 146〕

在省政府實施徵購軍糧的政策下，以 1941 年爲例，總共徵得 956,700 大包（每大包 200 市斤）。這些軍糧自隔年 1 月起，陸續分縣集中，除本省駐軍就地劃撥外，尚有調運鄂北，及運至後方安全的地點囤儲。〔註 147〕除了能有效保證省內駐軍的供應，也能支援鄰近省份的軍糧供給，使國民政府能持續對敵作戰。

1940 年以後，全國物價飛漲，公務人員的薪資收入，不足以維持生活。因此中央於 1941 年頒佈「非常時期改善公務員生活辦法」，規定公務人員及其眷屬，每人每月得購平價米 2 斗，每斗僅收基本價款 6 元。〔註 148〕安徽省政府根據上述法規，爲了安定本省公務人員的生活，和提高工作效率，自 1941 年度秋季起，對省會公務人員，統籌供應食糧。根據省會各機關統計公務人員及家屬人數，估計日需食米 24,000 市斤，全年共需 8,640,000 市斤。由於省府所在地立煌縣無法自給，因此分別向六安、霍邱縣政府訂購 3,000,000 和 6,000,000 市斤，來籌備公糧。〔註 149〕

當時安徽省物價不斷上漲，而公務人員的待遇低微，省府藉由統購公糧，將公糧的價格訂爲每百市斤 33 元，較中央所規定之基本價格低，來接濟公務人員的生活，使其得以維持。〔註 150〕從下表可以看出，經由統籌公糧的政策，立煌每個月都有糧食結餘，證明政策取得了成效，讓公務人員能夠維持其工作效率，也讓政府機關能夠持續的運作。

〔註 145〕許餞儂，〈本省田賦徵實之檢討及展望〉，頁 88。

〔註 146〕許餞儂，〈本省田賦徵實之檢討及展望〉，頁 91。

〔註 147〕秦孝儀編，《革命文獻》第 112 輯「抗戰建國史料——糧政方面（三）」，頁 167。

〔註 148〕秦孝儀編，《革命文獻》第 114 輯「抗戰建國史料——田賦徵實」（一），頁 36。

〔註 149〕秦孝儀編，《革命文獻》第 112 輯「抗戰建國史料——糧政方面（三）」，頁 161。

〔註 150〕秦孝儀編，《革命文獻》第 112 輯「抗戰建國史料——糧政方面（三）」，頁 168。

表 3-7　1942 年 2 月至 6 月省會公糧運撥數量表

期　間	上月結存數	本月收入數	本月撥售數	本月結存數
二月份		819,620.00	195,592.10	624,027.90
三月份	624,027.90	1,258,140.08	501,636.02	1,380,531.96
四月份	1,380,531.96	441,619.08	596,468.03	1,225,683.01
五月份	1,225,683.01	581,913.04	603,990.12	1,203,605.93
六月份	1,203,605.93	368,922.10	596,578.06	975,949.97

（單位：市斤）

參考資料：秦孝儀編，《革命文獻》第 112 輯「抗戰建國史料——糧政方面（三）」，頁 168。

縣級公糧方面，省政府採取各縣自給自足爲原則，由各縣自行攤收；但當糧食用盡時，縣府勢必會繼續攤購，省政府爲了避免此事發生，規定各縣糧政科負責徵集和撥付，不足或盈餘的部分，上報省糧政局，由其來統籌安排。〔註 151〕縣級公糧的徵收額，則按各縣實際需要，分別核配；但規定最高徵額，以不超過每賦額一元、徵糧二市斗。〔註 152〕省政府通過公糧的統籌供應和定量配給，保障公務人員的一般生活；並使政府機關能夠持續運轉，安定了省內的社會秩序。

五、調節民食

抗戰爆發後，安徽省不久即淪爲前線，省內常常發生戰鬥，造成糧食生產數量不穩定；加上日軍會在其佔領區和周圍，進行搶糧和徵收糧食，皖省人民生活無法獲得保障。爲了保證人民的生活，省政府開始進行調節民食的措施。

首先是對民食進行分配，省政府規定：（1）縣糧管會依照全縣糧食生產數量及消費情形，予以適當的分配，以求供需平衡。如縣內糧食不足或剩餘時，由縣糧管會呈請省糧管局，予以適當之分配，使由供需自由的產銷狀況，漸趨計劃生產、計口授糧之目標。（2）縣糧管會除將各鄉、鎮、保的糧食盈虛，加以分配外，對於蔬菜、山芋及其他可充飢之糧食代用品，亦須予以適當分配。〔註 153〕

〔註 151〕許餞儂，〈本省田賦徵實之檢討及展望〉，頁 91。
〔註 152〕楊中明，〈一年來之糧政〉，《安徽政治》，7：12（立煌，1944 年），頁 41。
〔註 153〕秦孝儀編，《革命文獻》第 112 輯「抗戰建國史料——糧政方面（三）」，頁

再來是用餘糧調劑民食。省政府在劃撥軍公糧和司法囚糧後，剩餘糧食將照市價九五折，售濟民食。由縣政府督飭鄉鎮保長，登記民戶缺糧數量，請撥賦糧，公開出售。由各鄉保缺糧民戶，依照配定數量，備價購買；並且組織「徵購糧食監察委員」，來會擔任監察工作，避免不肖人士利用這項利民措施。〔註 154〕

最後，省政府嚴格限制糧食的運用。規定各縣除人口、牲畜消費糧食外，其他消費糧食事項，應依照縣內糧食收穫數量之多寡，來加以限制或取締。如果發生糧食歉收，或軍隊需求不敷使用時，除人民及供生產、運輸之牲畜消費糧食外，其他不急需的消費，如飼養豬、狗等，應加以限制和取締。〔註 155〕省政府通過民食調節，讓缺糧的民眾能夠獲得糧食，安定了民心；也間接消化省政府所擁有的餘糧，避免不必要的囤積，造成浪費。

省政府實行一系列的糧政措施，主要目標是「軍需無虞，民食無缺」。由上述各措施來看，省政府還是達成讓軍公糧能不斷提供給軍隊和公務人員，使其持續作戰和辦公的任務；也使民眾能持續進行生產作業，穩定了社會秩序。讓第五戰區鞏固在敵後，使日軍一直感到芒刺在背。

第三節　立煌事變與戰區的善後政策

一、事變經過

1938 年武漢會戰後，安徽省成爲敵後抗日根據地，省府由安慶遷往六安，最後移往立煌。李宗仁將他的子弟兵桂軍放置在以立煌爲中心的大別山區，不斷對日軍進行游擊騷擾，致使日軍視該地區的桂軍爲心腹大患，〔註 156〕但苦於戰線過長和兵力不足，無法進行大規模的攻勢。

1942 年 12 月 18 日，日軍塚田攻中將的座機，在黃梅、宿松一帶的大別山區，遭到國軍第一三八師擊落，當場機毀人亡。日軍得知消息後，決定派

193～194。

〔註 154〕蘇民，〈安徽糧政之回顧與前瞻〉，頁 61。

〔註 155〕秦孝儀編，《革命文獻》第 112 輯「抗戰建國史料——糧政方面（三）」，頁 194。

〔註 156〕Haruo Tohmatsy and H. P. Willmott, *A Gathering Darkness : The Coming Of War To The Far East And The Pacific, 1921～1942.* Lanham, Maryland : SR Books, 2004, P58.

部隊進攻大別山區，除了找尋死者屍體及重要文件外，並圖消滅集結於此的國軍，以爲報仇。〔註 157〕日軍派出步兵第六十八聯隊，由柴田芳三大佐指揮，從鄂東方向經黃岡、羅田，進攻立煌；另外在安慶、蚌埠、合肥、信陽等地，調動軍隊進行佯攻，作出四面包圍立煌的態勢。〔註 158〕

當時任安徽省主席和第二十一集團軍總司令的李品仙，奉召赴西安開軍事會議，〔註 159〕軍政事務暫時由集團軍副總司令張義純負責。國軍此時的兵力部署，立煌外圍東邊有第七軍張淦部駐紮六安縣獨山鎭，防守立煌、六安、皖東一帶；第四十八軍蘇祖馨部駐霍山深溝鋪，防守桐城、潛山。西邊則有第八十四軍莫樹杰部駐河南商城，防守豫東南。南邊有第三十九軍劉和鼎部駐湖北羅田藤家堡，防守羅田、麻城一帶。另有程汝懷所率領的鄂東游擊總隊，再加上各縣地方上的自衛隊，兵力相當雄厚。〔註 160〕外圍皆有重兵防守，立煌理論上應無法輕易攻入。

1943 年元旦，立煌還在慶祝新年，由於國軍收集敵軍情報不準確，導致張義純對於日軍的進犯，抱持著樂觀的態度；還發動立煌的公家機關、社會團體、一般民眾，大規模遊行，以慶祝元旦。根據當時安徽省政府職員陳克滿的記載：

> 立煌飛機場仍然舉行盛大的慶祝會，集合民眾、公務員、學生一萬多人。張副總司令騎著一匹高大的火紅馬馳過人群，走上主席臺，向大家講幾句賀年的話以後，跟著就宣佈了在羅田僧皆寺和松了關方面，發現敵人第三師團數路進犯；我軍現正抵抗，情勢雖然嚴重，但是不要發慌，因爲我們有三個援軍即刻趕到。跟著青年廳長韋永成出現在台上，他向著大眾說：「立煌是我們中原抗戰根據地，我們決心要死守。」千萬人揮著手，高呼回應著。一切都很鎮定，店鋪照常營業，滿街國旗飛揚。〔註 161〕

〔註 157〕黃旭初，《黃旭初回憶錄：李宗仁、白崇禧與蔣介石的離合》（臺北：獨立作家，2015 年），頁 249。

〔註 158〕〈精神教育資料　感状賞詞並美談集（其の 3）　昭 18・7・1　編纂〉，1943/03/01，《陸軍一般史料》，レファレンスコード：C14020165100。

〔註 159〕李品仙，《李品仙回憶錄》，頁 205。

〔註 160〕〈立煌淪陷紀實〉，中國人民政治協商會議安徽省委員會文史資料研究彙編，，《安徽文史集萃叢書》第 4 輯，頁 120。

〔註 161〕陳克滿，〈立煌無恙〉，《安徽政治》，6：1-2（立煌：1943 年），頁 42。

圖 3-2　第二十一集團軍作戰部署圖

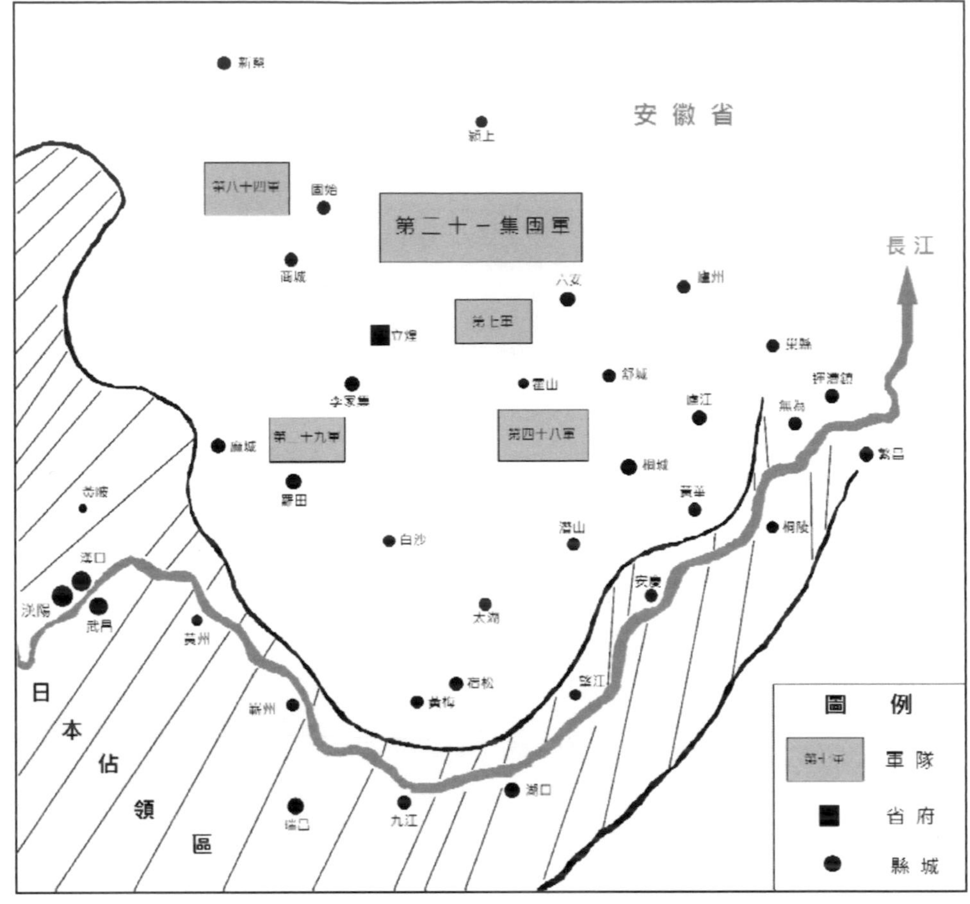

資料來源：根據〈步兵第 68 連隊第 1 大隊大別山作戰　戰鬥詳報　1／3　昭和 17 年 12 月 18 日～18 年 1 月 16 日〉，1943/01/16，《陸軍一般史料》，レファレンスコード：C13070584100，筆者自繪。

實際上，1942 年 12 月 24 日，日軍已經在麻城地區與保安團交戰並突破其防線，25 日即攻抵羅田附近。〔註 162〕此時，防守鄂東羅田地區的第三十九軍是新換防部隊，一遇日軍的進攻，匆忙間並未積極的抵抗，隨即棄守藤家堡，使得鄂東門戶洞開。〔註 163〕日軍在羅田地區搜索到塚田攻中將的座機後，持

〔註 162〕〈步兵第 68 連隊第 1 大隊大別山作戰　戰鬪詳報　1／3　昭和 17 年 12 月 18 日～18 年 1 月 16 日〉，1943/01/16，《陸軍一般史料》，レファレンスコード：C13070584800。

〔註 163〕中國人民政治協商會議安徽省委員會文史資料研究彙編，〈張義純的回憶〉，《安徽文史集萃叢書》第 4 輯（合肥：安徽人民出版社，1987 年），頁 122。

續往立煌方向進軍，在幾乎未受到太多抵抗下，即進逼至立煌。元旦當天下午，情勢變得相當危急，張義純決定棄守立煌，由兩路撤退，省政府機關撤退至霍邱，而民眾則是向麻埠方向撤離。張義純還派出戰幹團，對日軍進行阻擊，來爭取撤退的時間。

一場大規模的撤退行動於焉展開，陳克滿又提到：「夜來臨了，各機關職員和民眾，扶老攜幼向麻埠和葉集方面退去。人多路窄，沿著史河的高岸，崎嶇難行，一點鐘走不到三里路。」〔註 164〕由於撤退命令下得太晚，民眾逃離相當匆忙，許多人都邊走邊罵：「早幹什麼？不敢打又不早跑。到此時你們跑霍邱，叫我們走麻埠，鬼子從茅坪來，想叫我們擋炮子，你們好跑！」〔註 165〕不過此時，日軍被戰幹團給牽制住，一時無法攻陷立煌。直到隔日下午，始在飛機配合下攻入立煌。日軍入城後，肆行放火，將公共機關、學校和民房都付之一炬。不論男女老幼，皆慘遭殺害。〔註 166〕

日軍雖然攻佔立煌，由於兵力不多，怕會遭到國軍的圍攻，於是在 1 月 4 日即行撤離，朝固始、信陽方向退去。國軍展開追擊，至 6 日下午將敵人全數驅離。日軍此次進攻，除了要進行報復行動外，也希望能打擊國軍的游擊部隊。國軍沒有積極的抵抗，因此日軍並沒有達成打擊國軍部隊的目的；可是所經過的地方，都遭受到很嚴重的破壞。事變後，安徽省臨時參議會向中央報告當時慘況：「敵騎所經縱線約達七八百里之遙，沿途燒殺淫擄，慘極人寰。就大別山內圍，公務員工、學生、民眾等，被慘殺者約千餘人，房舍被燬者約萬餘棟。」〔註 167〕搶先返回立煌的戰幹團成員，除看到大部分房舍都遭摧毀，總司令部來不及運走的被服、裝具、武器、彈藥、糧食等，被搶奪一空；省營的安徽省企業公司所儲存物資，也幾乎損失殆盡。〔註 168〕李品仙回到立煌後，也目睹「原來鱗次櫛比的房屋蕩然無存，房屋焚燬的痕跡零落滿地。」〔註 169〕

〔註 164〕陳克滿，〈立煌無恙〉，頁 43。

〔註 165〕中國人民政治協商會議安徽省委員會文史資料研究彙編，〈周虎青當時的筆記〉，《安徽文史集萃叢書》第 4 輯（合肥：安徽人民出版社，1987 年），頁 125。

〔註 166〕陳克滿，〈立煌無恙〉，頁 43。

〔註 167〕安徽省檔案館編，《中國檔案精粹》「安徽卷」（香港：零至壹出版有限公司，2001 年），頁 132。

〔註 168〕劉立道，〈日軍竄犯大別山與立煌淪陷〉，《新桂系紀實（中）》（南寧：廣西壯族自治區新聞出版局，1990 年），頁 400。

〔註 169〕李品仙，《李品仙回憶錄》，頁 208。

表 3-8　日軍第六十八聯隊第一大隊虜獲表

項目	各種彈藥	步槍	刺刀	電話機	手榴彈	燒毀兵舍	米	被服	書籍
數量	1540 包	18 支	22 把	1 具	55 顆	99 棟	2 包	多數	多數

參考資料：〈步兵第 68 連隊第 1 大隊大別山作戰　戰鬥詳報　3／3　昭和 17 年 12 月 18 日～18 年 1 月 16 日〉，1943/01/16，《陸軍一般史料》，レファレンスコード：C13070587400。

二、善後政策的施行

立煌事變的發生，對桂系在安徽的統治上造成打擊。當時在立煌周圍的軍隊有第三十九軍、第四十八軍和第七軍。其中第七軍更是桂系的精稅部隊，日軍開始進犯大別山時，一直專注在合肥方面，擔心日軍會對六安進行攻勢。直到立煌失陷，才趕緊調派一七二師協同友軍反攻，但始終沒有接敵，就讓日軍撤回到武漢。〔註 170〕立煌雖然收復了，但此次事變造成民心恐慌、社會秩序混亂，許多逃離的人民並未返鄉。事變後接任立煌縣長的郭堅回憶：「我就到了縣政府，查點了一下人數，到的人中有縣政府的、有國民兵團的、有田糧處的，約計三、四十人，按編制連一半都未來。」〔註 171〕桂系面對這種情況，必須趕緊採取一系列的善後措施和改革政策，來重新鞏固統治力量。

（一）重新調整軍事部署

立煌雖然看似周圍皆有重兵防守，不易攻入；但事實上，由於每個軍的防線過長，且各軍距離遙遠，當某處防線被攻破時，其他軍無法迅速支援。再加上防守立煌縣城的軍隊太過薄弱，因此無法支撐等候援軍的到來。李品仙於 2 月 12 日回到立煌後，召集各黨、政、軍高級人員，舉行檢討會議，會後決定調整軍隊的部署；同時著手整頓軍隊，加強軍隊的教育與訓練。而人事方面，原副總司令張義純及參謀長陸蔭楫，都因立煌事變處理有失誤之處，另調他職，遺缺分別由張淦和鍾紀升任。此外，第七軍軍長由徐啓明繼任，駐防皖東；第四十八軍軍長由蘇祖馨繼任，駐防皖西；第八十四軍軍長由張光瑋繼任，駐防豫南商城及鄂東麻城一帶。原第三十九軍軍長劉和鼎遭到免

〔註 170〕中國人民政治協商會議安徽省委員會文史資料研究彙編，〈張義純的回憶〉，《安徽文史集萃叢書》第 4 輯，頁 123。

〔註 171〕郭堅，〈我與新桂系的關係〉，《安徽文史資料》第 22 輯（合肥：安徽人民出版社，1984 年），頁 164。

職，遺缺由副軍長劉尚志升任，並將其調往鄂西南漳縣駐防〔註 172〕

除了重新調整軍事部屬外，李品仙也認爲必須重新加強軍隊的教育訓練。因此在同年春，由各部隊派人組成一個參觀團，前往後方各軍事訓練機構和部隊，觀摩他人的方法和長處。回來後舉行軍事教育會議，聽取參觀團的報告，藉此檢討過去的缺失，並提出改進的計劃，頒發給各部隊實施。〔註 173〕

（二）實施救濟措施

當日軍撤離立煌後，省政府在霍邱接到消息，立即召開委員臨時會議，推舉韋永成率先回立煌善後，省府其他機關隨即遷回。同時還捐款 10 萬元給在葉集一帶的民眾，施放急賑。〔註 174〕由於日軍放火，立煌大部分的建築都被焚毀，公家機關只剩黨部、青年團、教育廳和中山堂。因此當時省政府只能利用這些地方，發放物資；省黨部的中山室也被用來做爲臨時的施粥場。〔註 175〕2 月 12 日，李品仙回到立煌，提出「重建立煌」的口號，並且下令辦理急賑，在立煌、毛坪、葉集等地，設置賑濟處；在立煌設置青年學生收容所。同時電請中央，援照救濟浙贛兵災辦法，撥發重建費。〔註 176〕

重建機關房舍成爲重要任務，由於毀損嚴重，許多單位需尋找暫時辦公地點或停止辦公，例如省幹訓團到鄰近鄉公所借住；第五戰區幹訓團駐皖分團則因無處可借，只得停止辦公。建築所需材料，則由立煌縣府通令各鄉趕緊提供，以應急需。〔註 177〕

根據統計，這次的救濟，「共用去救濟費四百三十餘萬元；次即成立建築工程處，修建各廳處局公廨，並協助商民重建市場，共用重建費六百餘萬」。〔註 178〕藉由這些救濟經費的投入，除了讓立煌能夠快速恢復樣貌；也重新穩定民心，減輕民眾的恐慌，使其快速恢復社會秩序。

（三）調整政府機構

立煌事變後，李品仙體認到政府機關之間的溝通不良。由於省政府在立

〔註 172〕劉立道，〈日軍竄犯大別山與立煌淪陷〉，《新桂系紀實（中）》，頁 402。
〔註 173〕李品仙，《李品仙回憶錄》，頁 209。
〔註 174〕陳克滿，〈立煌無恙〉，頁 43-44。
〔註 175〕〈社會一安徽現況〉，1943/02/18，《抗戰史料》，典藏號：0160.52 3480.25。
〔註 176〕陳克滿，〈立煌無恙〉，頁 44。
〔註 177〕劉立道，〈日軍竄犯大別山與立煌淪陷〉，《新桂系紀實（中）》，頁 402。
〔註 178〕李品仙，〈一年來安徽重要行政設施〉，《安徽政治》，6：11-12（立煌：1943 年），頁 1。

煌的機關是分散於各處，彼此聯繫不便；長官部等軍事機構，又設在 20 里外的古碑沖，〔註 179〕聯繫上也相當不便。藉由此次的重建，李品仙把各廳處局集中工作，實施合署辦公；而職員宿舍和公共澡堂也要集中地點，以利管理。〔註 180〕

除了合署辦公外，李品仙認爲行政機構過於龐大鬆散，決定將省縣各級行政人員裁減四分之一。首先將省機構進行合併：驛運管理處、衛生處、援濟會、訓練委員會等，分別併入主管廳處；糧政局與田賦管理處合併爲田糧管理處。其次，縣的鄉鎮公所，副鄉鎮長裁撤；保公所副保長裁撤，設幹事一人。縣的其他單位，如新生活運動促進會、賑濟委員會、度量衡檢定所、水利委員會、市政建設委員會、防護團、公學款產整理委員會、通俗宣傳委員會、縣政促進委員會，以及縣府收音員一律裁撤，僅保留少數名義，其業務併入縣府或縣黨部辦理。至於裁撤節餘的經費，通通移作縣府其他單位的事業費。〔註 181〕

這一次事變中，地方上的國民兵團無法發揮應有的力量。李品仙考察後發現，「國民兵團副團長與縣長及軍事科之權限，未能劃清，對於工作進行，影響實大。」〔註 182〕爲了解決這項問題，決定將國民兵團與縣府軍事科合併，副團長和軍事科長由同一人擔任，委由縣長來進行指揮與督導。縣長的權力擴大，可以強化對國民兵團的指揮能力，比較容易有所作爲。

藉由上述這些調整，省政府機關之間的聯絡獲得強化，行政組織也較之前來的嚴密，各級事權統一，工作效率因此得到提升。

（四）實施限價政策

抗戰時期的物價，隨著時間推移，不斷的高漲；而安徽省的物價在經歷立煌事變後，更加劇了上漲趨勢。當時「劫後元氣大傷，物價較前更高多了，商民們沒有資本復業」〔註 183〕，李品仙也表示「立煌物價原較其他各處低廉，乃近因事變發生，比過去高漲倍蓰，影響生活」〔註 184〕，此時除了趕緊發放救濟款外，省政府也實施限價政策，來緩和物價快速上升的趨勢。

〔註 179〕韋永成，《談往事》（臺北：作者自印，年代不詳），頁 205。
〔註 180〕李品仙，〈九大項目與六大要點〉，《安徽政治》，6：3（立煌：1943 年），頁 1。
〔註 181〕李品仙，〈一年來安徽重要行政設施〉，頁 2。
〔註 182〕李品仙，〈九大項目與六大要點〉，頁 1。
〔註 183〕陳克滿，〈立煌無恙〉，頁 44。
〔註 184〕李品仙，〈九大項目與六大要點〉，頁 3。

1943年2月15日，安徽省開始實施限價政策；而損失慘重的立煌，則延到3月11日才開始實施。安徽全省的限價工作，由省政府成立的「物價管制委員會」來負責；另在皖南屯溪設立「物價管理處」。其業務機構的劃分，可見下表：〔註185〕

表3-9　各項職責辦理機關列表

物價方面	糧食	由糧政局收購與供應。
	食鹽	由財政廳所管轄之鹽倉收購與供應。
	其他日用必需品	由企業公司，地方銀行，合作產品供銷處收購與供應。
運價方面		由驛運管理處發展其業務。
工資方面	江北	由民政廳社會科，督促各工會辦理。
	皖南	由皖南行署政務處，督促各工會辦理。

參考資料：何寰九，〈安徽管價工作述評及建議〉，頁13。

決定各機關職責後，在實施限價政策起始日前，省府「招集各同業工會、各行商代表，舉行平價會議，對各種日用品，採用協議平抑的辦法，研訂價格。」〔註186〕至於率先實施限價措施的地方，有立煌、屯溪、古河、界首、河溜、龍亢、蒙城、正陽關、阜陽、六安、廬江、三河、葉集、青華、隔石牌、南陵、歙縣、河瀝溪等18處爲實施限價市場。〔註187〕其他縣府所在地，可以斟酌其他地方實施情形後，再決定是否跟進，藉此擴展到全面管制。至於受到管制物價的物資有：米、稻麥、麵粉、食鹽、菜油、麻油、豆油、花生油、棉花、棉紗、木炭、煤炭、土報紙、會溕紙、油墨、豬肉。這些受到限價的種類仍得視當地物價及實際情形之需要，酌予增減。〔註188〕

限價政策實施初期，遭遇到許多問題，可分爲外部與內部兩個方面。外部困難有：（1）物資來源不穩。由於安徽省身處敵後，四面遭受敵人的經濟封鎖；而省內能掌握的地區，又被自然地形分割，交通困難，各處物資無法輕易的相互運送。某些生活必需品，如鹽、布匹、金屬材料等等，更需從敵區供給。（2）物資消耗快速。戰區國軍常常對日軍進行游擊，作戰頻繁，需

〔註185〕何寰九，〈安徽管價工作述評及建議〉，《安徽政治》，6：4-5（立煌，1943年），頁13。

〔註186〕〈對平抑物價進一言〉，《皖報》，1943年3月11日星期四，第2張第3頁。

〔註187〕何寰九，〈安徽管價工作述評及建議〉，頁13。

〔註188〕〈管制物價（五）〉，1943/02/19，國史館藏，典藏號：001-110010-0017。

要不斷補給，使得物資儲存不易。立煌事變後，重建和救濟，更加劇物資的耗損。（3）天災的影響。皖北 1942 年發生水災與旱災，皖南在 1943 年也發生水災。天災不止造成物資生產數量減少，部分物資必須運往救災，也增加剩餘物資的消耗。〔註 189〕

內部困難有：（1）財力缺乏。限制物價必須要有經費來維持，1943 年度安徽省本來預定掌握日用必需品經費 5000 萬元；其他糧食、工資、運費的掌握供應與調劑經費，需求更大，未及列入。但因各省財政已劃歸中央統籌管理，省政府向中央請款，中央都以財政困難爲由，沒有照准。省政府沒有經費，要實施限價政策，實在力有未逮。（2）人力不足。限價政策的實行，需要有專門的人才辦理物價調查、物資登記、工商管理等等工作。但此時安徽省相關的人才太少，不敷使用。〔註 190〕

由於當初急於安撫民心，政策制定倉促，造成限價政策無法有效發揮作用。上述所遇到的困難，都需要時間去解決，因此省政府也提出幾項優先工作：（1）舉辦物資登記。實施限價有兩項先決條件，第一要掌握物資的數量，必須詳細登記，政府才能據以控制。第二要調查目前市場價格與基期價格，以便議價。（2）搶購敵區物資。將省政府多餘的費用，用於搶購敵區日用必需品，再拿到市場上拋售、或定量分配，藉此來平抑物價。（3）發展生產事業。運用「工合」，即與省政府合作發展工業的企業組織，向各方貸款，並且用重資向外省網羅所需人才和購置機具。由省政府主導，成立幾座較大規模的紡紗廠、織布廠、麻織廠、製油廠、麵粉廠和燭皂廠，解決這些物資不足的問題。（4）管制貿易業務。安徽省最大的貿易機構，爲官民合辦的企業公司，歷年來對於物資的掌握與調劑，不盡理想，省政府遂對其規定營業範圍，加強監督的責任。（5）厲行節約消費。所有酒館勒令停業，改由省政府開辦公共食堂，定量出售以節約飯菜；並設立公共屠宰場，對豬肉也實施定量分售。（6）發展合作社業務。合作社的最大作用，可以免除中間商人的剝削，並能便利實行定量分配制度；又可以集中游資，以補政府管價經費的不足。因此「管價委員會」要與省合作事業，作一個通盤的合作計劃，利用政府的財力，發展各種合作社業務，使全省所有的合作社，都成爲管價的中心業務機構。〔註 191〕

〔註 189〕何寰九，〈安徽管價工作述評及建議〉，頁 14-15。
〔註 190〕何寰九，〈安徽管價工作述評及建議〉，頁 14-15。
〔註 191〕何寰九，〈安徽管價工作述評及建議〉，頁 15-16。

第五戰區治下的安徽，在經歷立煌事變的打擊後，民心產生了浮動，動搖桂系的統治。因此戰區提出上述改善措施，來重拾民心。雖然這些措施，部分成效可能不大，例如限價政策的實施，仍然無法有效扼止日益高漲的物價。但對桂系而言，至少重新穩固戰區的局面，沒有因此一事變而崩潰。

第四章　戰區與各方的關係

第一節　戰區內部人事的協調

一、章乃器引發的紛爭

李宗仁擔任第五戰區司令長官，對於戰區內部的人事，雖然能夠進行任命，但需經過中央的同意，並非完全可以掌握，例如安徽省主席雖然都由桂系人馬來擔任，但省內各廳長的任命與調動，皆需獲得中央的認同，才可進行更動。

可是桂系的部隊畢竟是第五戰區的主力，內部許多重要職位，都由桂系的人馬出任，例如副司令長官李品仙、兵站總監石化龍、政治部主任韋永成。〔註1〕

第五戰區內部是由許多派系的部隊所組成，包括川軍、西北軍、東北軍和中央軍，李宗仁必須維繫好這些軍隊的關係，避免造成指揮不順，延誤戰機。

李宗仁剛接任第五戰區司令官時，還兼任安徽省主席；皖省民眾認為李宗仁主持安徽省，是要把皖省變為第二的廣西。李宗仁為了降低皖省民眾的不安，上任時並沒有撤換原有的廳長，而請辭離開的廳長職位，也都用桂系安徽省人或非桂系人馬，例如財政廳長由非桂系的章乃器擔任，民政廳長由

〔註1〕 吳振漢，《國民政府時期的地方派系意識》（臺北：文史哲出版社，1992年），頁160。

桂系安徽省人張義純擔任，藉此避免與皖省人發生衝突。

章乃器原本被李宗仁找來擔任安徽省秘書長，但由於中央不同意，只能擔任代理秘書長，直到朱佛定接任後即卸職。待原財政廳長楊綿仲辭職，經中央同意，改由章乃器擔任此一職位。

章乃器在擔任財政廳長期間，凡事遵照李宗仁所訂定的方針執行，李宗仁感到相當滿意；但章乃器跟左派人士過於親密，延攬左派青年進入財政廳工作，常跟省黨部主委劉眞如，與中央派任爲教育廳長的方治發生衝突。〔註2〕根據軍統局副局長戴笠的調查：「章乃器於掌皖財廳任內，曾盡量容納人民陣線份子，如現任貨物檢查局長祝青儒、秘書吳耕榮、會計主任陳中堅等，均爲章之幹部。」〔註3〕中統局局長朱家驊也曾告蔣：「章乃器詆毀本黨，激動公憤，皖北動委會任崇高、陶良、張士德、汪勝文、周侗、汪若水、曹人炎、狄超白、朱凡晴、朱亭祖、張子夫、徐寶榮、陳茵秋、周維等均係人民陣線份子，受章乃器領導，縣動委會指導員及工作人員，均由章之小組會議決定。」〔註4〕且報稱：

> 章因握有實權，言論極其囂張，在《皖報》發表「中國國民黨與統一戰線」、「知識份子的時代任務」、「成見偏見的化解」等文，內容詆毀本黨。省黨委王秀春講「黨與動員工作」，章即在會中公開指駁；冷〔雋〕委員講「青年應加入本黨，推行抗戰建國綱領」，章亦加以批駁。窺其用意，係離間羣眾與黨之情感，破壞對黨之信仰，及阻礙徵求新黨員。〔註5〕

對於章乃器容納左派人士的行爲，留在安徽的桂系人馬也逐漸對章不滿，產生摩擦。〔註6〕到了1939年2月中旬，雙方的衝突終於爆發。省黨部抓住機會，決定電請中央，請中央將章乃器調離：

> 章在擴大紀念週上，威脅和侮辱軍政機關，引起公憤，五路軍徐〔啓明〕參謀長，高級幹部張義純、張岳靈、民廳長程芬佑、建廳長蔣

〔註2〕 方治，《我生之旅》（臺北：東大圖書公司，1986年），頁47。

〔註3〕 〈一般資料——呈表彙集（九十五）〉，1939/10/20，《蔣中正總統文物》，典藏號：002-080200-00522-110。

〔註4〕 〈一般資料——呈表彙集（九十五）〉，1939/02/12，《蔣中正總統文物》，典藏號：002-080200-00522-002。

〔註5〕 〈一般資料——呈表彙集（九十五）〉，1939/02/12，《蔣中正總統文物》，典藏號：002-080200-00522-002。

〔註6〕 許漢三，〈章乃器和抗戰初期的安徽財政〉，頁130-131。

源、教廳長方治、保安處長丘國珍、省黨委冷雋、陳鐸、王秀春等，整日在張義純公館舉行會議，決定檢舉章之事實。電請行政院調回，電已發出，若不將章調走，即予以秘密解決。〔註 7〕

中央收到電文後，1939 年 4 月即電令章乃器到重慶述職。但要撤換章乃器，基本上還是要詢問李宗仁是否同意。〔註 8〕李宗仁對章乃器在安徽的表現，雖然感到滿意；但章乃器與他的子弟兵也發生相當嚴重衝突，李宗仁對章乃器被撤職一案，只好表示同意。5 月，中央就明令將其免職了。

章乃器離職後，桂系在安徽的統治根基逐漸穩固，李宗仁為了避免皖省廳長與桂系子弟兵再發生衝突，廳長職位陸續由桂系或立場中立的安徽省人擔任。與軍事息息相關的民政廳長與財政廳長，分別由桂系人馬韋永成和桂競秋接任，由此可知，皖省最重要的民政廳和財政廳，桂系將其緊抓在手，不願由其他派系所掌握。而與軍事較無關聯的建設廳長和教育廳長，則由安徽省人儲應時和萬昌言分別接任。

二、與國民黨 CC 派的鬥爭

戰前安徽省是國民政府能夠有效控制的省份，省府官員大部分都是國民黨各派人馬出任，其中以 CC 派為大宗。抗戰爆發後，皖省淪為前線，許多官員相繼逃亡，但仍有不少人留下，例如劉眞如、劉貽燕等。李宗仁主皖時期，桂系立基尚淺，不願和彼等發生衝突，加上為了降低民眾的不安，對於未逃離的廳長均予以留用；但新組織的省動員委員會等政府團體，李宗仁也排擠 CC 派的參與。

安徽省戰況穩定後，許多國民黨 CC 派人士紛紛回到皖省，重建各級黨部和組織，且對於桂系和左傾人士的密切合作，深感不滿，認為李宗仁「特別保荐其〔章乃器〕為安徽財政廳長，以向左傾人士討好」。〔註 9〕雙方對於左派人士的態度分歧，常為此發生爭執，CC 派經常電告中央黨部，指責桂系容納左派人士，有赤化的危險等等。〔註 10〕

〔註 7〕〈一般資料——呈表彙集（九十五）〉，1939/02/12，《蔣中正總統文物》，典藏號：002-080200-00522-002。

〔註 8〕許漢三，〈章乃器和抗戰初期的安徽財政〉，頁 134。

〔註 9〕方治，《我生之旅》，頁 44。

〔註 10〕劉立道，〈新桂系在安徽的一些政治措施及其與 CC 的鬥爭〉，《新桂系紀實（中）》（南寧：廣西壯族自治區新聞出版局，1990 年），頁 379。

待廖磊死後，李品仙接任安徽省省長，對於 CC 派不和桂系合作深感困擾；加上李品仙要實施「黨政軍一元化」的措施，雙方之間的衝突加劇。李品仙主皖初期，原本想跟 CC 派建立友好的合作關係，於是率先拉攏傾向桂系的 CC 派人士例如蘇民，來擔任雙方之間溝通橋樑。但隨著「黨政軍一元化」的實施，雙方衝突開始激增；部分在皖省桂系人馬也不滿李品仙和 CC 派接近，致電李宗仁，控訴李品仙與 CC 派合作，以致李宗仁來電指責，這使得李品仙的態度出現轉變。〔註 11〕

李品仙先排除在廖磊時期就曾發生過多次衝突的教育廳長方治，以抓賭和查戶口爲由，深夜前往方治家中進行搜查，使方治憤而請辭。〔註 12〕接著架空劉眞如在省幹訓團教育長的實權，由於劉眞如是中央派任的教育長，無法隨意撤換，於是李將其職位下的官員全數換成桂系或親近桂系的人物（見下表）；並將團主任印章和其私章，交給副教育長范苑聲，由他代行團主任職務。〔註 13〕

表 4-1　1940 年幹訓團職務負責人表

職　稱	人　名
團主任	李品仙（桂系）
教育長	劉眞如（CC 派）
副教育長	范苑聲（親近桂系）
教務處長	王貫之（親近桂系）
訓導處長	宋厚祁（桂系）
總務處長	孫肇辛（親近桂系）
軍訓大隊長	覃彪（桂系）
軍訓大隊附	羅立光（桂系）

參考資料：劉立道，〈新桂系在安徽的一些政治措施及其與 CC 的鬥爭〉，《新桂系紀實（中）》，頁 382。

〔註 11〕蘇民，〈新桂系與 CC 在安徽的矛盾與鬥爭〉，《安徽文史資料選輯》第 1 輯（合肥：安徽人民出版社，1983 年），頁 91。

〔註 12〕許漢三，〈皖事拾零〉，《安徽文史資料選輯》第 32 輯（合肥：安徽人民出版社，1984 年），頁 59。方治，《我生之旅》，頁 57。

〔註 13〕劉立道，〈新桂系在安徽的一些政治措施及其與 CC 的鬥爭〉，《新桂系紀實（中）》，頁 382。

李品仙雖然成功排除在省府及政府團體內CC派的勢力，但仍無法在省黨部人事上插手。〔註14〕李擔任省黨部主任委員期間，曾想多安排桂系人馬進入省黨部，例如張岳靈、李品和、汪幼平等人；〔註15〕但由於省黨部委員均需由中央組織部認同，李所推薦人物都被拒絕，使得CC派雖在安徽省各部門遭遇打擊，仍能在黨部保有一席之地。

三、與「雜牌軍」的相處

第五戰區的部隊是由各個軍系所組成，內部相當的龐雜，李宗仁除了要跟各個派系將領維持良好關係，還必須消除彼此之間的對立，才能有效指揮作戰；對於不聽其指揮的將領，也會上報中央，請求中央進行懲處。 至於表現良好的將領，不論是中央軍或其他軍系，李宗仁也會上報中央，請求獎勵，例如在台兒莊作戰有功的將領：

> 前次台兒莊作戰，孫總司令連仲指揮所部，固守台兒各村落，雖敵軍屢以主力，集中砲火，猛烈攻擊，皆能不恤傷亡，沉著應戰，並時反擊，予敵以重創，使湯軍團及張軫師，達成包圍，把握勝利。湯軍團長恩伯，指揮主力，迂迴棗、嶧，行動敏捷，側擊敵軍，果敢攻擊，獲取勝利之基礎。該總司令、軍團長，忠勇奮發，指揮恰當，實已開國軍勝利之途徑，樹袍澤奮鬥之楷模。懇予特別褒獎，以勵有功。〔註16〕

隨著戰事的推進，第五戰區的軍隊調動頻繁。1939年中央為了進行冬季作戰，將孫連仲的第二集團軍劃歸第五戰區，並任命孫連仲為第五戰區副司令。孫連仲的到來，使戰區旗下的西北軍系部隊大增。李宗仁為了建立良好的關係，派遣跟西北軍將領有深厚淵源的黃建平，奔走於西北軍駐地之間，建立聯絡管道，並且在老河口和樊城的幽靜鄉村建設招待的賓館，供西北軍使用。李宗仁還把孫連仲的親信高松元，請來擔任第五戰區長官部參謀處長，除了建立與第二集團軍的聯絡管道，還讓孫連仲因長官部有自己的親信而感到歡心。〔註17〕

李宗仁也利用中央於 1941 年命令成立的「第五戰區高級作戰人員訓練

〔註14〕蘇民，〈新桂系與CC在安徽的矛盾與鬥爭〉，頁99。

〔註15〕李辰昊，《抗戰時期第五戰區豫鄂皖游擊區的軍政建設研究》（大連：遼寧師範大學歷史研究所碩士論文，2014），頁39。

〔註16〕劉鳳翰編著，《孫連仲先生年譜長編》第四冊（臺北：國史館，1993年），頁2315-2316。

〔註17〕龐盛文，〈李宗仁與「雜牌」〉，《湖北文史資料》第18輯（武漢：湖北人民出版社，1987年），頁121-122。

班」，將輪調受訓的軍官學員，一次找 3 至 5 人，與李單獨談話，詢問部隊的作戰與整訓情況；並允諾改善問題，藉此與這些地方軍人拉近關係。〔註 18〕如此的拉攏，讓大部分的將領，例如劉汝明、曹福林、張自忠等，都相當樂意追隨李宗仁。〔註 19〕時任軍委會風紀第四巡察團主任委員石敬亭曾向黃旭初表示：「第五戰區的部隊最爲複雜，而團結合作比任何戰區爲好，這由於李德鄰司令長官主持該戰區幹部訓練班精神教育所得結果。」〔註 20〕

這些所謂「雜牌軍」將領受到拉攏，雖然絕大部分都樂於追隨李宗仁，但也是有例外，例如孫連仲。孫連仲調任第五戰區副司令後，對於李宗仁所進行的拉攏，私底下還是積極與陳誠連絡，靠攏中央。1941 年底，第一戰區司令長官衛立煌在重慶的「國民參政會」大會上，因中條山會戰指揮不利而遭到眾多批評，戰區司令位子可能不保，還傳出準備由孫連仲接任。孫連仲得知消息後，發電給與李宗仁關係素來不睦的陳誠，說明第五、第六戰區關係不佳，會影響抗戰前途：

> 〔衛〕俊如追隨委座有年，過去多少功在黨國，替委座著想，如此下台，亦實非我委座培養將領之至意。又鶴齡〔李品仙〕兩載主皖，在黨政軍各方面，諸多未洽輿論；皖省各界頗多眥議，暗礁正多；且爲鄂程〔汝懷〕事件，致六、五兩戰區意見參商，影響甚鉅；我公之不見諒於二李〔李宗仁、李品仙〕，與抗戰前途關係匪淺。〔註 21〕

所以建議將李宗仁調任第一戰區司令長官，由他接掌第五戰區；如此將能化解第五、第六戰區關係不佳的問題：

> 〔連〕仲環思至再，惟有將德公〔李宗仁〕調一戰區，以資格與素望，統轄各軍，不成問題。俊如與鶴齡調主皖、豫，〔連〕仲繼長五戰區，不兼行政。如此在抗戰上著眼，從此五、六戰區協同一致，形成自然，將來反攻日，當獲得極有利態勢。五戰區各部隊，因歷

〔註 18〕伊冰彥，〈鄂北風雲〉，《老河口文史資料》第 16 輯（襄陽：老河口政協文史資料委員會，1985 年），頁 29。

〔註 19〕龐盛文，〈李宗仁與「雜牌」〉，頁 122。

〔註 20〕黃旭初，《黃旭初回憶錄：從辛亥到抗戰》（臺北：獨立作家，2015 年），頁 210。

〔註 21〕鄂程事件，即李宗仁與陳誠爲了爭奪鄂東游擊隊的控制權，所引發的衝突。〈陳誠副總統文物——往來函電（五十三）〉，1941/12/01，《陳誠副總統文物》，典藏號：008-010303-00053-018。

次戰役，均曾配屬本集團，歸仲指揮，亦無問題。〔註 22〕

陳誠也贊同孫連仲的建議，曾向中央表示：「仿魯兄忠於黨國，勇於戰陣，歷年以來，卓著勛勞，以之升任司令長官，酬庸允當。如使之繼任五戰區，以人地言，最爲適宜。」〔註 23〕

只是中央並沒有採納這項建議，緣因有人向中央建議，不要讓孫連仲接任第一戰區司令長官，慮及在開封的汪僞政權省長劉郁芬，和在西安的省主席熊斌，都是西北軍系；如果再加上孫連仲，到時如有任何風吹草動，對中央可能會形成一大威脅。〔註 24〕

最後中央決定讓蔣鼎文接掌第一戰區司令長官，而孫連仲則續任第五戰區副司令。爲此，蔣中正還特地發電文安撫孫連仲：

> 第一戰區長官今調〔蔣〕銘三充任，〔衛〕俊如調爲西安辦公廳主任。吾兄功績、資歷本應升官；惟現時五戰區任務重要，且李長官告假期中，皆須賴兄指揮主持，故須從緩升調也。〔註 25〕

孫連仲此次雖然沒能升任戰區司令長官，但仍積極的向陳誠靠攏，終於在 1943 年得以代任第六戰區司令長官，1944 年接替陳誠，成爲第六戰區司令長官。

王勁哉也是一例。鑒於李宗仁能夠有效指揮各系的部隊，當其他戰區內出現難以節制的將領時，就想將其調往第五戰區。例如原屬第一戰區的王勁哉，他跟湯恩伯之間的衝突激烈，〔註 26〕湯完全指揮不動王勁哉，曾電呈中央控訴一二八師王勁哉部，不聽指揮，擅自行動。〔註 27〕第一戰區司令長官劉峙無法調和兩人之間的矛盾，只能電告蔣中正，把王勁哉調給李宗仁處理：

> 據王勁哉篠午電，對湯總司令恩伯，公然擬發佈告傳單，妄肆詆毀。

〔註 22〕〈陳誠副總統文物——往來函電（五十三）〉，1941/12/01，《陳誠副總統文物》，典藏號：008-010303-00053-018。

〔註 23〕〈陳誠副總統文物——往來函電（五十三）〉，1941/12/03，《陳誠副總統文物》，典藏號：008-010303-00053-019。

〔註 24〕劉鳳翰編著，《孫連仲先生年譜長編》第五冊（臺北：國史館，1993 年），頁 2524。

〔註 25〕劉鳳翰編著，《孫連仲先生年譜長編》第五冊，1942/01/07，頁 2560。

〔註 26〕王勁哉原爲楊虎城舊部，抗戰初期隸屬於湯恩伯的第三十一集團軍。武漢會戰後，湯恩伯將王部建制尚完整的一旅，調往其他師部，也沒有給王部適當的補充；這使得王勁哉深感不滿，不再聽命於湯恩伯。李笙清，〈王勁哉與鄂中抗戰〉，《武漢文博》，2006：2（武漢，2006 年），頁 36。

〔註 27〕〈一般資料——呈表彙集（八十六）〉，1939/01/04，《蔣中正總統文物》，典藏號：002-080200-00513-056。

> 似此情形顯著，必將叛變或致附敵，擾害我軍。擬請鈞座暫將該部撥歸李司令長官宗仁就近指揮，令即設法羈縻，速圖解決，以除後患。〔註 28〕

圖 4-1　江北殲滅作戰前雙方軍力部署圖

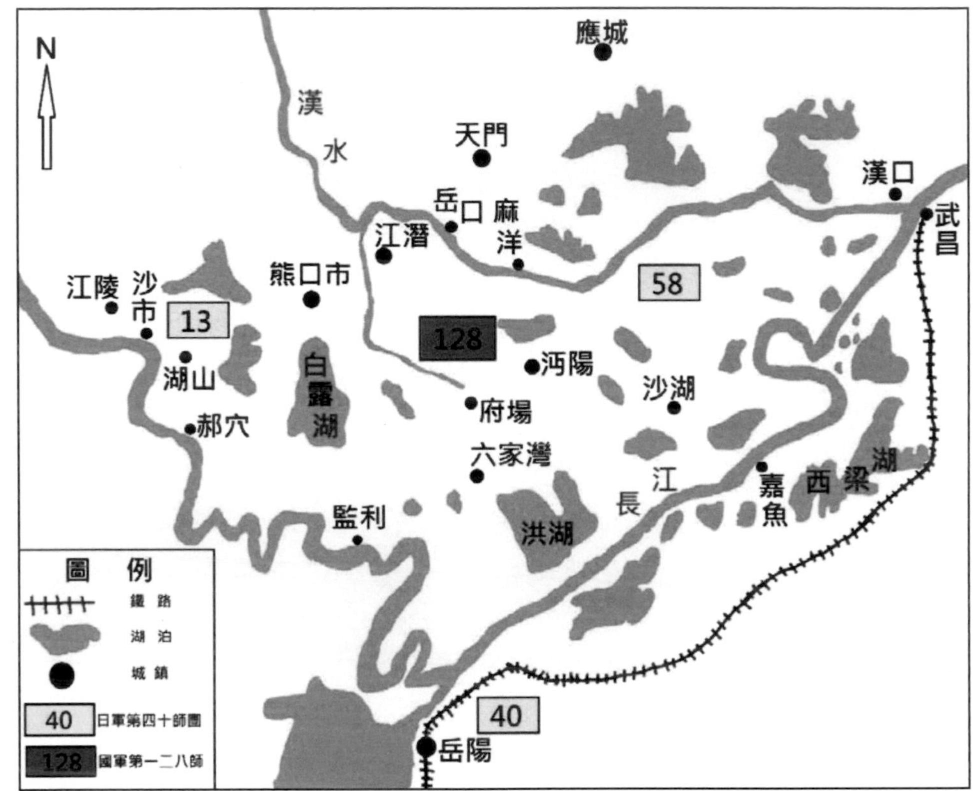

資料來源：根據〈支那方面作戰記錄　第 2 卷〉，1946/12，《陸軍一般史料》，レファレンスコード：C13031942500，筆者自繪。

李宗仁則不排斥接受這些非中央系將領，最後王勁哉被調往第五戰區，接受李宗仁的指揮。一二八師改爲第五戰區直轄獨立師，王勁哉任師長兼鄂省五縣游擊指揮。然而不久，王勁哉開始不聽調度，李宗仁對其無可奈何，只好停發一二八師的軍餉、槍械、彈藥，以示懲罰。〔註 29〕對此，王勁哉就在一

〔註 28〕〈一般資料——呈表彙集（八十七）〉，1939/02/18，《蔣中正總統文物》，典藏號：002-080200-00514-086。

〔註 29〕李笙清，〈王勁哉與鄂中抗戰〉，《武漢文博》，頁 38。

二八師防區內設關卡徵稅、按田徵糧及照冊徵兵，來達成自給，〔註 30〕逐漸在鄂中地區形成一塊割據區。由於王勁哉的部隊很能打仗，李宗仁只好放任其自生自滅。

但對日軍來說，王勁哉的部隊對武漢地區的威脅很大，經過多次的掃蕩，仍無法將其殲滅，直到 1943 年 2 月日軍發動江北殲滅作戰，出動第十三師團、第四十師團和第五十八師團，從四方合圍第一二八師。〔註 31〕此時李宗仁剛經歷立煌的淪陷，尚在重新穩固安徽地區的控制，加上對王勁哉並無好感，遂沒有積極的救援。最終王勁哉所部旅長古鼎新臨陣叛變投敵，導致第一二八師被殲滅，王勁哉被俘。〔註 32〕

四、中央的反感

中央對於李宗仁到處拉攏非中央軍系的將領，自然也引起猜忌。所以在戰區幹部訓練團的隸屬上，雙方也有過紛爭。李宗仁認為要堅持長期抗戰，必須有源源不絕的軍事力量，尤其是後備軍事力量需達成一定質量水準。1938 年 12 月初致電中央，希望成立「第五戰區幹部訓練班」，並闡述其目的：「使本戰區內各部隊之現任各級軍官、政工人員及召集本戰區內中等以上之學校畢業生，於短期間內受嚴格訓練，……，以期養成健全軍政幹部。」〔註 33〕中央對此也表示同意，正副團長分別由蔣中正和李宗仁兼任，張任民擔任教育長，隔年 1 月幹訓團開始招收學員。

1939 年夏季，軍委會政治部第一廳廳長賀衷寒前來幹訓團視察，認為幹訓團有擴大桂系的傾向。這項報告引起中央的注意，最後中央以擴大幹訓團規模、統一軍事訓練為由，將其改組成中央軍校第八分校。〔註 34〕而李宗仁不願在此事上與中央鬧僵，也同意其改組，教育長改由第五戰區參謀長徐祖詒擔任。

〔註 30〕鄭仲連，〈第五戰區的一個小王國〉，《老河口文史資料》第 22 輯（襄陽：老河口政協文史資料委員會，1990 年），頁 222。

〔註 31〕〈支那方面作戦記録　第 2 巻〉，1946/12，《陸軍一般史料》，レファレンスコード：C13031942500。

〔註 32〕鄭仲連，〈第五戰區的一個小王國〉，《老河口文史資料》第 22 輯，頁 225。

〔註 33〕〈革命文獻——抗戰方略：整軍〉，1938/12/06，《蔣中正總統文物》，典藏號：002-020300-00007-033。

〔註 34〕王啓胤，〈五戰區幹訓團和中央軍校八分校〉，《老河口文史資料》第 22 輯，頁 169。

此外，早在抗戰初期，由戴笠所領導的忠義救國軍，曾在安徽地區與桂系發生衝突。緣因 1938 年 3 月 25 日戴笠派遣忠義救國軍教導團徐世德和沈寶態兩員，前往安徽省合肥地區執行通訊工作，結果遭到守城軍隊逮捕，連同通訊裝備一起被送往合肥縣政府扣押。〔註 35〕戴笠也曾派遣雷忠前往霍邱一帶調查游擊隊活動，結果被當地的自衛軍逮捕。這兩起事件最後都由中央電飭李宗仁查明並釋放被捕人員，結果如何不得而知。但戴笠最後下令安徽忠義救國軍不能派人前往桂系所控制的地區組建游擊隊，只能在皖南地區活動。〔註 36〕

所以在汪兆銘投靠日本後，有關李宗仁可能投敵的消息，竟也陸續出現。最早是 1939 年 5 月 12 日，軍統局傳來的消息，有自稱「善兄」者致電軍統局官員黃鍵：

> 敵對襄樊進攻，軍力爲兩師，固目的在打擊中央軍，而使李宗仁事先有所戒備。善兄（不知何人）意，可退至宜昌、沙市保全兵力，不然則以出擊爲理由繞信陽而至安徽，與廖〔磊〕部合流。因安慶等無敵人，善（不知何人）艷〔29〕日飛漢，面與武漢司令岡村寧次中將商談，務以不打擊李宗仁部爲懷。而兄等亦應周全考慮，務期保全實力，維持今後立場。〔註 37〕

3 日後，又傳來類似的消息：「汪謂與誠（李）益（白）雖無直接聯繫，但若組織政府時，兩公曾答應參加。」〔註 38〕蔣中正聽聞後，於 16 日日記記下：「此應切實注意之事也。」〔註 39〕結果 10 月間，再度傳出敵軍勾引李宗仁的消息：

> 前桂軍軍長、皖民政廳長兼代主席張義純，近由其內兄（現任賊黨僞六全監委）章正範之介紹，與汪賊來往。竟乘李司令長官邀張赴

〔註 35〕〈戴公遺墨—人事類（第 6 卷）〉，1938/04/19，《戴笠史料》，典藏號：144-010110-0006-026。

〔註 36〕〈戴公遺墨—軍事類（第 4 卷）〉，1938/10/08，《戴笠史料》，典藏號：144-010103-0004-023。

〔註 37〕〈特種情報——軍統（六）〉，1939/05/12，《蔣中正總統文物》，典藏號：002-080102-00039-004。

〔註 38〕〈汪僞組織（二）〉，1939/05/15，《蔣中正總統文物》，典藏號：002-090200-00023-189。

〔註 39〕黃自進、潘光哲編，《蔣中正總統五記——困勉記（下）》，1939/05/16（臺北：國史館，2011 年），頁 664。

鄂之機，汪賊竟敢託張帶密函分呈李白兩將軍。〔註 40〕

這些傳聞自然引起中央的不安，加上李宗仁到處拉攏非中央軍系的將領，更增加中央對李的猜忌；雖然在同年底的冬季攻勢中，第五戰區對日軍的攻勢相當猛烈，〔註 41〕舒緩中央的疑慮，但中央對李仍持有戒心。軍統局副局長戴笠曾於 1942 年前往第五戰區視察，認爲李宗仁別有居心，曾電告蔣中正注意：

> 凡隸屬第五戰區之部隊，除李品仙所部外，如第二集團、第二十二集團，以及原隸之第卅三集團，〔李宗仁〕均極盡賣好勾結之能事。軍紀之敗壞不問、地方之陳訴不理，反而多方庇護，藉以結其歡心。〔註 42〕

尤其收容反側分子，「其用心何在，不問可知」：

> 對於所屬游擊部隊，時思併入桂系建制；同時收容反側分子，如第八分校全校教官中，約有百分之六十爲東北籍；而東北籍教官中，又有百分之九十係參加西安事變份子，如關恩波、王赫然、郭慕周、劉潤石、蒲桂林等，凡四十餘人。此外，該分校各級負責人中，亦有不少西安事變份子，……。又如背叛中央之曹文彬（原范石生部旅長）與鄂省府撤職之鍾祥縣長曾憲成，均委爲縱隊司令，待遇獨優。凡此種種，其用心何在，不問可知。〔註 43〕

中央雖然對李宗仁有所猜忌，但由於桂系的主力第二十一集團軍在安徽敵後地區與日軍周旋，爲了防止李宗仁叛變，只能隱忍他的行爲。

第五戰區所轄的中央軍，與李宗仁的關係也不佳；李宗仁對中央軍作戰不力，上呈中央要求嚴懲，通常也都不了了之。這使得李宗仁感到不滿，認爲中央軍之所以不受戰區司令長官的指揮，都是中央在背後教唆。〔註 44〕而其中，李宗仁與第三十一集團軍總司令湯恩伯的衝突最爲嚴重。湯恩伯對李宗仁的指揮，向來是選擇性地聽從；而且作戰時，湯恩伯的指揮所都沒有固

〔註 40〕〈一般資料——呈表彙集（九十五）〉，1939/10/15，《蔣中正總統文物》，典藏號：002-080200-00522-101。

〔註 41〕國防部史政編譯局，《抗日戰史——二十八年冬季攻勢（八）》（臺北：國防部史政編譯局，1980 年），頁 593。

〔註 42〕〈特種情報——軍統（五）〉，1942/12，《蔣中正總統文物》，典藏號：002-080102-00038-005。

〔註 43〕〈特種情報——軍統（五）〉，1942/12，《蔣中正總統文物》，典藏號：002-080102-00038- 005。

〔註 44〕李宗仁口述、唐德剛撰寫，《李宗仁回憶錄》，頁 501。

定，使李宗仁在聯絡上，產生很大的困擾。〔註 45〕

1940 年冬，中央成立蘇魯豫皖邊區，直轄於軍委會，作戰範圍爲蘇、魯、豫南、皖北淪陷區，並任命湯恩伯兼任邊區總司令。原本在安徽北部就有桂系的第二十一集團軍駐紮，這使得雙方在軍事上摩擦不斷。湯恩伯便想把留在皖北的桂系部隊，全數調離，因此常藉故逮捕當地桂系軍事人員。李宗仁爲了化解衝突，最後在 1941 年夏，決定將第二十一集團軍及所屬游擊縱隊全數調離皖北。〔註 46〕

李宗仁對湯恩伯在皖北的行爲，採取容忍的態度，主要是李宗仁認爲呈報中央，控訴湯恩伯的行爲，不會有任何效果；不如把自己的軍隊調離，以減少雙方之間的摩擦。而且湯恩伯還會挖角第五戰區的人員，例如曾任第五戰區長官部的軍法執行監的唐星、參議陳江、秘書臧克將等，這都使李宗仁感到很不愉快。〔註 47〕

第二節　與各戰區的合作與衝突

第五戰區主要作戰範圍是皖西、豫南和鄂北，與其相鄰的有第一、第三、第六和第九戰區。這 4 個戰區司令長官皆由中央軍系的將領來擔任，形成對桂系所執掌第五戰區的包圍。雖然中央對各戰區的司令長官人事作如此安排，但李宗仁跟其他戰區司令長官在軍事上，大抵都能合力拒敵；惟攸關省務的問題，戰區之間就產生摩擦，尤其是跟第三和第六戰區。以下分就省務與軍事兩方面，說明各戰區間的爭端。

一、省務方面

（一）皖南行署問題

省務方面：第五戰區與第三戰區的衝突點在於皖南地區。由於日本海軍控制長江水道，皖南 20 餘縣與安徽省政府的聯繫被切斷，造成行政業務無法推展，軍事協同上亦諸多不便，皖南在戰時遂歸屬於第三戰區的管轄範圍。第三戰區司令長官顧祝同爲了解決行政和軍事上的問題，與當時兼任安徽省

〔註 45〕李宗仁口述、唐德剛撰寫，《李宗仁回憶錄》，頁 505。
〔註 46〕郭堅，〈我與新桂系的關係〉，頁 150-156。
〔註 47〕文思主編，《我所知道的湯恩伯》（北京：中國文史出版社，2004 年），頁 213。

主席的李宗仁協商，決定在皖南成立行署，行署主任由戴戟擔任。〔註 48〕皖南行署一方面接受安徽省主席的領導，執行省政事務；另一方面受第三戰區長官部的指揮，配合軍事行動。

該時由於日軍對皖北的進攻，安徽省府由懷遠遷至六安，再從六安遷到立煌，皖省一片混亂，省府對於皖南並無暇指揮，皖南的行政事務都由行署來掌握，包括縣長的任命權。延至廖磊擔任皖省主席期間，省府雖然在立煌立下根基，但皖北各縣還在重建中，對於皖南繼續採取放任的態度。直到李品仙上任，皖北的局勢較為穩定，已有餘力重新管理皖南。戴戟與李品仙不和，〔註 49〕於是在 1940 年 1 月辭去皖南行署主任，改由桂系的黃紹耿擔任；皖南行署的職權收回省府手中，成為執行省府命令的機構。〔註 50〕

當時國家的口號是「軍事第一」和「政治配合軍事」，地方政府自然必須配合戰區的軍事行動。皖南既然屬於第三戰區的範圍，對於戰區的要求，也須盡力滿足。戴戟擔任皖南行署主任期間，與第三戰區相處平順；但皖南行署的職權被省府收回後，改由黃紹耿擔任主任，雙方的衝突即不斷發生。

例如皖南徵收鴉片特捐，原為增加安徽省的稅收；但顧祝同希望該特捐能夠由戰區管理，於是雙方產生衝突，最後由李品仙與顧祝同商量，決議將特捐分出一部分給第三戰區，這才化解爭執。〔註 51〕

然而，顧祝同與黃紹耿依然不合，顧祝同常上電報給李宗仁控訴黃的不是；而黃紹耿也藉由李品仙，來向李宗仁反映力爭。李宗仁對此相當重視，電令李品仙設法解決。李品仙派人到皖南進行協商，最後決定令黃紹耿去職，另找他人來擔任皖南行署主任。〔註 52〕

黃紹耿的去職，使李宗仁認為不能再派桂系的人馬出任行署主任，必須尋找非桂系的安徽人士來擔任。經過雙方的討論後，決定讓張宗良出任皖南行署主任。張宗良出生於安徽省廬江縣，在到安徽工作前，曾擔任軍委會政

〔註 48〕顧祝同，《墨三九十自述》（臺北：國防部史政編譯局，1981 年），頁 179-180。

〔註 49〕在李品仙擔任安徽省主席前，省政府對皖南行署採取放任的態度，但李品仙上任後，已有能力管理皖南行署，雙方在人事問題和執行命令上產生衝突。曾佩涵，〈新桂系在皖南及其與蔣介石嫡系的矛盾〉，《安徽文史資料》第 17 輯（合肥：安徽人民出版社，1983 年），頁 139。

〔註 50〕曾佩涵，〈新桂系在皖南及其與蔣介石嫡系的矛盾〉，《安徽文史資料》第 17 輯，頁 138-139。

〔註 51〕曾佩涵，〈新桂系在皖南及其與蔣介石嫡系的矛盾〉，頁 141-142。

〔註 52〕曾佩涵，〈新桂系在皖南及其與蔣介石嫡系的矛盾〉，頁 145-147。

治部秘書、處長、中央訓練團辦公廳副主任，1941 年被任命爲安徽省政府委員。除了跟顧、李雙方都有不錯的交情外，張宗良與時任安徽省民政廳長的韋永成是好友，跟第三戰區政治部主任李壽雍是留英同學，有了這些關係，對雙方而言，張宗良是個理想的人選。〔註 53〕

1942 年 1 月，張宗良上任後，皖南行署不再只是個行文機關，增加了不少職權。例如皖南各縣的縣長，雖還是由省府進行任免，但必須經由他的同意，否則要上任是有困難的。張宗良與桂系，對縣長任命的問題，仍難免產生衝突，但大體上關係還算融洽。而與第三戰區的關係，爲了解決戰區要求行署配合後勤工作，張宗良將皖南行署有關軍事的部門主管，都改由第三戰區的人員出任，讓雙方易於協調。〔註 54〕總之，在張宗良任職皖南行署主任期間，第五戰區與第三戰區之間的衝突大幅減少，使得彼此能夠安穩的相處。

（二）鄂北糧食問題

第五戰區的作戰範圍包括鄂東和鄂北，1940 年成立的第六戰區，與第五戰區相鄰，第六戰區司令長官陳誠兼任湖北省主席，雙方在鄂東和鄂北的協調上產生分歧，其主要問題之一，是屬鄂北糧食問題。

糧食問題造因於 1941 年全國開始實施田賦徵實，第五戰區在其管轄的湖北地區設置徵糧機構，來進行徵糧工作。陳誠頒布不許就地徵購的命令後，第五戰區不予理會，而挑戰了陳誠擔任地方軍政首長的職權。陳誠難以忍受，乃在 1941 年下半年，第五戰區提出軍糧撥配的數目時，和李宗仁爆發了衝突。〔註 55〕

1941 年湖北產米之區大都淪陷，加上天候影響糧食產量，使得湖北省出現糧荒；〔註 56〕陳誠於是呈請中央，期望由省府來代購軍糧。中央同意核定軍糧總數爲 150 萬市石，其中 50 萬撥配給第六戰區，剩餘的 100 萬撥給第五戰區。由省府代購的辦法，李宗仁表示同意；但對於軍糧數量，他認爲依照

〔註 53〕田世慶，〈張宗良先生在安徽〉，《安徽文史資料》第 21 輯（合肥：安徽人民出版社，1984 年），頁 97-98。

〔註 54〕曾佩涵，〈新桂系在皖南及其與蔣介石嫡系的矛盾〉，頁 149-150。

〔註 55〕林伯瀚，《陳誠主政湖北之研究（1938～1944）》（桃園：國立中央大學歷史研究所碩士論文，2010），頁 133。

〔註 56〕胡健國，〈抗戰時期鄂北五戰區軍糧供需（民國三十年十月至三十二年九月）〉，《中華民國史專題論文集：第三屆討論會》（臺北：國史館，1996 年），頁 165。

第五戰區駐紮在湖北地區的 30 萬兵員，應該要 196 萬餘市石才夠。〔註 57〕陳誠對此大感不滿，9 月呈電文給蔣中正，指控李部強徵並私賣軍糧：

> 惟第五戰區不顧糧政系統及地方實情，自行組織購糧機構，就地需索。該戰區所轄各縣，本年苦旱，平均收成不足四成；其攤派糧食，按豐年所收之半，憑購買證強徵百餘萬大包。各部隊所需零星自購者，尚不在內，……。果此強迫徵派之糧，充作軍食，尚有可說；乃竟以軍糧爲名，轉而高價售之於民。怨毒充盈，其勢非逼成民變，而使全部赤化不止也。〔註 58〕

1942 年，中央重新核定軍糧數目，要求湖北省府代購第五戰區軍糧，仍爲 150 萬市石；但第五戰區還是認爲不足，需要再增加 40 萬市石。陳誠看到中央有妥協之意，與湖北省黨部委員苗培成和胡忠民談起這一問題時，都無奈認爲與其說是軍糧問題，毋寧說是政治問題。〔註 59〕然而對於湖北的糧荒問題，李宗仁也曾詢問部下的看法，其回答：「這完全是人爲造成，並非災荒，亦非缺糧。……一因陳誠故意爲難第五戰區。」〔註 60〕李宗仁聽完後，默然不語，如果李宗仁認同這種看法，或許也是他會對軍糧數目不肯鬆手的原因。

二、軍事方面

（一）鄂東游擊隊問題

第五戰區的作戰範圍包括鄂東和鄂北，但第六戰區司令長官陳誠兼任湖北省主席，雙方在協調上產生分歧，除了鄂北糧食問題，另一個是鄂東游擊隊問題。

當時駐紮在鄂東地區的游擊隊，是由鄂東行署主任程汝懷所率領的鄂東游擊隊，和廖磊所率領的第二十一集團軍之一部所組成。

抗戰時期以軍事高於政治的原則，第五戰區管轄的湖北地區，縣長多由豫鄂皖邊區游擊總司令廖磊任命。對此，陳誠認爲非常不妥，曾電告蔣中正：

〔註 57〕何智霖編，《陳誠先生回憶錄——抗日戰爭（上）》（新店：國史館，2004 年），頁 341。

〔註 58〕何智霖編，《陳誠先生書信集：與蔣中正先生往來函電（下）》，1941/09/09（新店：國史館，2007 年），頁 498-499。

〔註 59〕何智霖編，《陳誠先生回憶錄——抗日戰爭（上）》，頁 342-343。

〔註 60〕黃宗儒，〈新桂系在鄂北與陳誠的矛盾片斷〉，《湖北文史資料》第 18 輯（武漢：湖北人民出版社，1987 年），頁 115。

> 查行政賴軍事以完整，軍事賴行政以達成，兩相因依，效用斯著。如以軍事之力量，破壞行政之系統，已爲法令所不許；若更以協調軍政爲口實，任意撤換地方官吏，以便利其收稅、走私之目的，則危險孰甚焉？鄂東各縣於二十七年自十二月上旬起，由廖故總司令撤換多人。至二十九年上季，原有之縣長完全換盡。幾每一縣缺，必須受當地軍事長官之支配。〔註 61〕

因此當陳誠接掌湖北省主席後，李宗仁向陳誠提議「鄂中淪陷各縣，因縣長本身非部隊長，並無武力保障。爲避免敵僞攻襲起見，每縣府移至後方安居區域，甚或遷入鄰縣設籍辦公者。職是之故，一切政令，未能深入淪陷地方，以致民眾對政府措施無法了解，意志力量沒有集中，匪僞得乘機竊據，破壞行政系統」。所以「在舉辦清勦時期，亟應暫由當地軍事最高長官保薦部隊長兼任，俾能推行政令容易，而收軍政切實配合之效」。〔註 62〕

但這項提議，被陳誠回電拒絕，認爲縣長的任命權是屬於省政府職責，不該由軍人來任命：

> 戰區內用人、行政，應歸行政系統；至監督指揮，則歸軍事長官，以爲一貫主張。〔陳〕誠對戰區所管轄各縣長，係奉此原則辦理，蓋政治固應與軍事配合，期收一致之效；而行政系統上決不容紊亂。〔註 63〕

這種由當地最高軍事長官任命部隊長兼任縣長的情形，不獨第五戰區所轄湖北地區，其他戰區也都有這種問題。當時鄂東屬於敵後地區，湖北省政府無法直接管轄，因此省府在此設立鄂東行署，來推行政令。但鄂東行署卻有游擊武力，跟第五戰區下轄的豫鄂皖邊區游擊部隊，分屬不同系統，這讓李宗仁感到不妥，想將鄂東游擊隊整編，改歸由第五戰區來指揮。

1940 底，第五戰區司令長官李宗仁和副司令李品仙，先後派人去見陳誠，跟他說明有關鄂東地區的種種問題。陳誠對此半信半疑，〔註 64〕但還是發電文給程汝懷，要求他整頓游擊隊：

〔註 61〕何智霖編，《陳誠先生書信集：與蔣中正先生往來函電（下）》，1941/07/08，頁 495-496。

〔註 62〕〈往來函電（四十七）〉，1941/01/13，《陳誠副總統文物》，典藏號：008-010202-00047- 001。

〔註 63〕〈往來函電（四十七）〉，1941/01/17，《陳誠副總統文物》，國史館藏，典藏號：008-010202-00047-001。

〔註 64〕何智霖編，《陳誠回憶錄——抗日戰爭（上）》，頁 352。

頃據確報，貴部內尚有呼盧喝雉之行爲、貪污中飽之事實。每次會議，腐敗行爲，無一不備；各縱隊任意搜刮人民，走私之風甚熾。尤以參謀長陶振祖嗜賭爲命、李縱隊長九皋染有嗜好、袁支隊長少奇無惡不作、王縱隊長丹侯腐敗貪污、王縱隊長藥宇近漸浪漫、蔣縱隊長在地方搜求過甚。竟有各縱隊以未領得經費爲辭，就地誅求者。各縣政府賄賂公行，甚少清明氣象，特奸乘機潛入，到處滋蔓云云。以上所報，或非盡實，鄂東全局，既託之吾兄，無論所報者是否屬實，請念責位之重大，對於部屬，嚴加整飭，勿稍姑容。〔註 65〕

陳誠雖然要程汝懷整頓鄂東游擊隊，但還是希望程能「對於友軍，須顧全大局，以求得工作之協同」。〔註 66〕陳誠並對李宗仁表達歉意，「談及鄂東問題，至爲歉仄，……，計慮未周，使抗戰友軍，不能得到政治之協力，惟自譴耳。」〔註 67〕希望能讓這件事情到此爲止。

但是李宗仁已經打算廢除鄂東行署，便派人到中央去溝通，還發電文給陳誠：

兩年以來，鄂東政治每況愈下，形成軍政隔閡，反爲奸匪製造機會，殊非上峯初料所及。……，茲爲調整人事，刷新吏治，俾與抗戰軍事配合起見，擬請裁撤鄂東行署，恢復專員制。〔註 68〕

陳誠爲了保住鄂東行署，於是向李宗仁表示，行署存廢關係到國家建制，應電請中央裁示。李宗仁要廢除鄂東行署的目的，就是要將鄂東游擊隊收編至第五戰區的指揮下；現在鄂東行署暫時無法廢除，於是直接改編鄂東游擊指揮部，下令「鄂東游擊總指揮部著即撤銷，改爲鄂東游擊部。以四八軍副軍長程樹芬兼任指揮官，原兼總指揮程汝懷應免兼職。」〔註 69〕

陳誠對於這支游擊隊當然不願意放手，加上鄂東官員來請求保留鄂東游擊武力，於是陳誠爲了阻止程樹芬，決定將整個鄂東游擊隊改編爲保安團，

〔註 65〕〈鄂東鄂北問題有關重要文電彙輯〉，1941/01/19，《陳誠副總統文物》，典藏號：008-010901-00048-001-052a。

〔註 66〕〈鄂東鄂北問題有關重要文電彙輯〉，1941/01/19，《陳誠副總統文物》，典藏號：008-010901-00048-001-052a。

〔註 67〕何智霖編，1941/01，《陳誠回憶錄——抗日戰爭（上）》，頁 352。

〔註 68〕〈鄂東鄂北問題有關重要文電彙輯〉，1941/05/29，《陳誠副總統文物》，典藏號：008-010901-00048-001-087a。

〔註 69〕〈鄂東鄂北問題有關重要文電彙輯〉，1941/07/10，《陳誠副總統文物》，典藏號：008-010901-00048-001-102a。

旋在湖北省議會上提案通過，〔註 70〕並將議決結果電告李宗仁和李品仙：

> 以鄂東形勢重要，經提交省府委員會議，議決恢復第二區專署及區保安司令部；並以省府鄂東行署主任程汝懷暫兼第二區專員及保安司令。當以〈巳艷省秘電〉奉陳在案，所有該區內原有游擊部隊，由該主任改編爲保安旅團，並由區保安司令部負責整訓指揮。〔註 71〕

陳誠還發電文給蔣中正，指責李品仙的不是，強調雙方的衝突都因他而起：

> 李鶴齡在皖，貪黷異常，而以鄂東行署爲其走私之障礙；以皖省主席越權委派縣長，並亂設關卡；復時思攫取軍政全權，置之掌握。始則欲廢鄂東行署，委派專員；繼則撤銷程汝懷所兼之鄂東游擊指揮，另派四十六軍副軍長程樹芬繼任。行政系統，破壞無餘。……〔陳〕每以抗戰關係，善意婉商；轉變本加厲，遷怒鄂東行署主任程汝懷，因之去程之心益急。〔註 72〕

李宗仁眼見鄂東游擊隊將被改編成保安團，於是再次向陳誠述說該隊的種種問題，堅持應該交由第五戰區來整頓軍紀：

> （一）過去該部地方性過深，情感重於理智。（二）經費不能按時發給，且不能依物價高漲合理增加，影響軍心，致破壞軍紀。（三）彈藥補充固極困難，而整訓欠缺，無法節約，故每爲□所憑。（四）最大問題，爲精神被匪攝服，而受其利誘威脅，故繳械有至一兩中隊，甚至一大隊者。〔註 73〕

中央見陳、李雙方爲鄂東的問題爭吵不休，爲了避免衝突進一步擴大，要求雙方等候裁決。但中央先已經決定依照第五戰區的提議，將鄂東游擊總指揮部取消；如今爲了顧及陳誠，又同意將游擊隊一部改編爲保安團，繼續由鄂東行署管轄：

> 1、第五戰區改委之鄂東游擊隊總指揮，准予備案。2、湖北省政府改編爲保安隊，酌加採納，即收該部隊伍分割，按中央擔任經費，

〔註 70〕劉達九，〈鄂東游擊縱隊成立及改編爲保安團經過〉，《湖北文史資料》第 18 輯（武漢：湖北人民出版社，1987 年），頁 159。

〔註 71〕〈鄂東鄂北問題有關重要文電彙輯〉，1941/07/11，《陳誠副總統文物》，典藏號：008-010901-00048-001-105a。

〔註 72〕何智霖編，1941/09/09，《陳誠先生書信集：與蔣中正先生往來函電（下）》，頁 498。

〔註 73〕〈鄂東鄂北問題有關重要文電彙輯〉，1941/07/16，《陳誠副總統文物》，典藏號：008-010901-00048-001-112a。

編爲游擊隊；省政府擔任經費，編爲保安隊。〔註74〕

（二）中央介入調處

蔣中正對於雙方在鄂東和鄂北發生的問題，曾趁1942年9月李宗仁到重慶開會時，私下進行會談，事後日記：「陳辭修只知愛譽，而不知受人包圍，以致與德鄰感情不良。關於鄂省府應撥之軍糧，與鄂東人事問題，更起摩擦，應設法調整之。」〔註75〕除了安撫李宗仁對陳誠的不滿，還對陳誠發電文，要他和李宗仁互相合作：

> 惟望弟對於五戰區李長官等，應特別發揮同寅協恭之精神，增進彼此情感；並盡量協助友軍，體諒其困難，不可聽任地方人士任意譏評，重加憂慮。關於鄂省供應五戰區軍糧問題，地方各級政府應切實遵奉中央法令，充分盡力籌濟，勿稍忽略。弟切不可爲地方人士不顧全局之言所蔽，總須公恕待人、和謙自下，則精誠所感，彼此間係自必更臻圓滿。〔註76〕

陳誠收到電文後，知道蔣中正在軍糧問題上，偏袒李宗仁的意見；加上之前的鄂東游擊隊問題，陳誠知道無法再堅持下去，決定同意李宗仁在7月時所提的意見：

> （一）程汝懷調省專任委員，以李石樵調充省府委員兼鄂東行署主任；遞遺五區專員缺，以徐會之充任。（二）鄂東挺進軍指揮官以程樹芬充任，胡舜生爲副。（三）老河口可設糧政籌備處，即以梁司令家齊兼處長，並受五戰區長官部監督。〔註77〕

並與李品仙會商相關調整方案，共同向中央呈報：

> 一、原有鄂東所屬游擊隊，除一部編爲保安團，連原有之一團，共編兩團；餘調離鄂東，由軍委會整編，整編辦法請中央決定。二、鄂東行政，由湖北省政府授權鄂東行署主任兼專員主持之；行署主任受〔湖北省〕黨政分會指揮監督。三、黨政分會副主任委員，由鄂省府遴員

〔註74〕〈鄂東鄂北問題有關重要文電彙輯〉，1941/09/27，《陳誠副總統文物》，典藏號：008-010901-00048-001-138a。

〔註75〕黃自進、潘光哲編，《蔣中正總統五記——困勉記（下）》，1942/09/08，頁860。

〔註76〕〈交擬稿件—民國三十一年七月至民國三十一年九月〉，1942/09/20，《蔣中正總統文物》，典藏號：002-070200-00015-068。

〔註77〕〈鄂東鄂北問題有關重要文電彙輯〉，1942/07/03，《陳誠副總統文物》，典藏號：008-010901-00048-001-216a。

> 保薦，以兼省府委員爲宜。四、鄂東黨務，由湖北省黨部於鄂東設立「黨務辦事處」授權整理鄂東地方黨務，受分會指揮監督。〔註78〕

隨著解決方案的提出，雙方在鄂北糧食和鄂東游擊隊等問題上，衝突宣告落幕。

蔣中正爲了避免雙方再鬧紛爭，於1943年3月將陳誠調往雲南，接掌遠征軍；第六戰區由跟李宗仁關係較佳的孫連仲來暫代。蔣之所以在處理第五戰區之紛爭時，一反偏袒中央嫡系的慣例，遵從李宗仁的意見，主要還是因爲第五戰區的部隊，係以各地軍系所組成，須賴李宗仁來領導這些軍隊；加上李宗仁遭到敵人勾引的消息不斷，使得蔣必須跟李維持良好的關係。所以當中央嫡系與李宗仁發生衝突時，蔣中正都盡量依照李宗仁所提出的要求，予以安撫，藉此避免他率領軍隊叛變的可能性。

第三節　戰區內中共之活動

一、初期合作

安徽省在抗戰前是中共「蘇區」的範圍，國民政府經過五次圍剿後，將大部分中共軍隊從這一區域趕走；但還有少數遺留下來的紅軍游擊隊，繼續盤踞在安徽省內及其周圍。抗戰爆發後，中共將安徽省及其周圍所剩餘的紅軍游擊隊進行改編，成立國民革命軍新編第四軍。然而此時，華中地區並非中共發展的重點；而且新四軍在江南，集中南京附近，江北則聚集在安徽巢湖附近，戰前都是國府的核心地區，國軍在這裡仍有絕對優勢，因此新四軍只能在指定的長江下游三角洲西半部地帶活動。同時，國府還提供新四軍糧食與經費，嚴禁其組織農民，和指派地方官員。新四軍初時也比較聽從國府的命令，不敢挑戰公然挑戰其權威；中共在1937年底，曾組織長江局，指揮國統區和新四軍地區的黨務，工作重點也放在維持國共關係的和諧。〔註79〕

李宗仁任第五戰區司令長官兼安徽省主席後，對於中共派遣人員到安徽來建立組織，並不反對。1938年1月，中共長江局先派遣張勁夫到安徽，恢復和發展中共的相關組織；4月，在安徽建立省工作委員會，執行中共中央和

〔註78〕〈各省政務（二）〉，1942/10/14，《國民政府》，典藏號：001-050000-0006-071a。

〔註79〕陳永發，《中國共產黨革命七十年（上）》（臺北：聯經出版社，2001年），頁331-335。

長江局有關抗日民族統一戰線的方針。〔註 80〕當時安徽省政府成立的省動委會，表面上是由李宗仁領導；但李宗仁常要到前線指揮作戰，事實上是由秘書長章乃器來代理。而中共也派遣許多黨員到安徽來，例如周新民、狄超白、汪勝文、羅平、許晴、朱凡、孫以瑾、胡曉風、陳國棟、詹運生等人，加入省動委會，參與各項具體工作。〔註 81〕

李宗仁還在第五戰區內成立「文化工作委員會」，同樣聘請許多共產黨員，例如錢俊瑞、胡繩、孟憲章、李伯樂、劉江陵、臧克家、李相符、夏石龍、孫林等。文化工作委員會於戰區內設置文化站、文化工作隊、戰地服務隊，來執行宣傳工作。〔註 82〕

對於李宗仁讓中共在第五戰區內任意發展，蔣中正是感到相當憂心的，認爲「安徽主席李宗仁已被人民陣線包圍，應值注意。」〔註 83〕直到 1939 年 1 月，國民黨五屆五中全會確定「防共、限共、溶共」的方針，李宗仁遵照黨中央的方針，跟中共的關係漸趨冷淡。

二、高敬亭事件

武漢會戰後，日軍的焦點改放在尚未能佔領的後方廣大農村，準備加強對中國資源的開發與剝削，以達成「以戰養戰」的目的。面對此種情勢，國軍必須加強敵後地區的戰鬥；而中共也決定把握機會，發展敵後根據地，必要時還不惜違抗命令，來造成既定事實，迫使國府承認。雙方對於敵後的爭奪，自然不斷產生摩擦。〔註 84〕

相對上，在第五戰區內，國共雙方大體上還維持和平。新四軍剛成立時，其主力絕大部分都在江南地區，江北只有原紅二十八軍改編的第四支隊，由高敬亭擔任司令。〔註 85〕1937 年底，高敬亭到位於漢口的中共長江局，參加軍事會議，商談改編事宜和未來行動方針。長江局和軍部希望第四支隊能離

〔註 80〕張勁夫，〈抗戰初期國共合作在安徽的基本過程與概況〉，《安徽文史資料》第 25 輯（合肥：安徽人民出版社，1986 年），頁 1-2。

〔註 81〕徐承倫，〈國共合作共同抗日局面在安徽的形成〉，《江淮文史》，2007：4（合肥，2007 年），頁 12。

〔註 82〕文思主編，《我所知道的李宗仁》（北京：中國文史出版社，2003 年），頁 128。

〔註 83〕黃自進、潘光哲編，《蔣中正總統五記——困勉記（下）》，1938/02/28，頁 599。

〔註 84〕陳永發，《中國共產黨革命七十年（上）》，頁 335-336。

〔註 85〕陳耀煌，《共產黨‧地方菁英‧農民》（臺北：政大歷史系，2002 年），頁 410。

開大別山區，但高敬亭對此感到不解，雙方鬧得不甚愉快。〔註 86〕第四支隊後來雖然遵命離開山區，但還是徘徊在其周圍；對於軍部所下達的指令，高敬亭也都是選擇性的聽從。

1938 年廖磊接任安徽省主席，對於中共的態度是較中立；但對於高敬亭部所到之處，自行納糧或索取槍械，感到相當不滿，曾向李宗仁指控：

新四軍第四支隊高敬亭，在舒、廬、巢、全等縣，攤籌柴米、勒繳民槍、蹂躪殷富；並有搶掠綁票、販賣毒品行爲，以致該地區民眾咸組維持會，以保身家等情。據此，請飭新四軍軍長嚴予糾正。〔註 87〕

李宗仁得知後，曾轉電中央，請電飭新四軍制止第四支隊的行爲。於是新四軍軍部派遣張雲逸到第四支隊去，對高敬亭勸告，要他聽從命令，到皖東地區去進行敵後發展。張雲逸於 11 月在第四支隊幹部會議中，指出大別山區已經被第二十一集團軍和安徽省政府進駐，新四軍在此很難發展，要貫徹中共中央的指示。〔註 88〕但高敬亭依然不理會，繼續我行我素。

高敬亭部在皖中胡作非爲的報告，不斷傳到李宗仁的手中。安徽省保安司令丘國珍也提到包括：（一）廬江縣呈報，該部收編股匪，擾害鄉間；經派隊馳勦，該部竟接濟匪彈，並來夾擊。（二）一七一師覃副師長電報，高部向職屬各保責供糧食款項，並強編挺進隊。（三）無爲縣長電報，該部到處繳收駐防部隊、槍械、煽動貧民。（四）全椒縣電報，該部收容挺進隊殘部千餘人，破襲縣城。（五）霍山呈報，該部強迫山王河後備隊併編；並在合肥濫發委任，收編民槍；且到處誣指富戶、難民爲漢奸，勒逼至死，沒收財產。〔註 89〕

1938 年 11 月，李宗仁終於忍無可忍，電告中央，要求將新四軍第四支隊進行整編，和劃分屬於第四支隊的防區：

際此大難當前，自當共體艱危，何得稍有自相摧殘？該部橫行騷擾，□行無忌憚，勸阻無效，寬假益逞，已非懷柔所可就範。姑念該部，抗戰殺敵，不無可錄；擬請明令確定編組，澈加整飭，歸溫〔？〕

〔註 86〕趙東雲，〈新四軍四支隊與軍部關係探微〉，《鹽城工學院學報》，27：1（鹽城，2014 年），頁 2-3。

〔註 87〕〈一般資料——呈表彙集（七十六）〉，1938/10/13，《蔣中正總統文物》，典藏號：002-080200-00503-156。

〔註 88〕《張雲逸傳》編寫組和海南省檔案館合編，《張雲逸年譜》，1938/11（北京：當代中國出版社，2012 年），頁 66。

〔註 89〕〈一般資料——呈表彙集（七十七）〉，1938/11/14，《蔣中正總統文物》，典藏號：002-080200-00504-135。

指揮，劃分防區，俾免寇□乘亂，影響抗戰前途。〔註 90〕

新四軍軍部接到中央的命令後，於同年 12 月再派張雲逸和戴季英等人去立煌，與安徽省主席廖磊商談有關第四支隊的問題。雙方最後達成 4 項協議：（1）第四支隊向淮南鐵路及津浦鐵路南段活動，限 3 個月開拔完畢；只留一部在無為，與新四軍軍部保持聯絡。（2）第四支隊米津及經費由安徽省府設法撥給，不得就地自籌。（3）第四支隊要尊重行政系統，不得收繳民槍。（4）游擊縱隊以地方部隊名義成立。〔註 91〕

對於新四軍軍部與廖磊之間達成的協議，高敬亭並不願遵守。〔註 92〕1939 年 4 月中共中央對新四軍發出建立皖東抗日根據地的指示：「我黨我軍在皖東的中心任務，是建立皖東抗日根據地（目前在一切敵後的任務，都是建立根據地）。這是我們一切工作的中心和目的，也是一切友黨、友軍、政府及全體人民共同的任務。」〔註 93〕新四軍根據這項指示，再次督促第四支隊轉往皖東；新四軍軍長葉挺還到第四支隊的駐紮地舒城，與高敬亭商談。高敬亭最後同意轉往皖東，卻就在轉往途中，第四支隊第七團團長楊克志和政治委員曹玉福叛變，逃往立煌。葉挺得知後，隨即逮捕高敬亭，不久處以槍決。〔註 94〕高敬亭死後，新四軍軍部終於能有效指揮第四支隊。

三、從修好到決裂

由於第四支隊不聽從新四軍軍部的指揮，使其常與第五戰區國軍發生摩擦，高敬亭死後，中共認為必須趕緊修補雙方的關係，於是 1939 年 7 月派遣葉挺、張雲逸等人到立煌，與廖磊進行商談，提出 6 點要求：（1）今後如有涉及新四軍的問題，應向新四軍在該地最高指揮員交涉解決，若在該地的新四軍最高指揮員不接受時，應報告上級；（2）新四軍活動地區的民眾，要協助新四軍進行抗日行動；（3）政府不能無原則地，限制新四軍的活動；（4）

〔註 90〕〈一般資料——呈表彙集（七十七）〉，1938/11/26，《蔣中正總統文物》，典藏號：002-080200-00504-135。

〔註 91〕《張雲逸傳》編寫組和海南省檔案館合編，《張雲逸年譜》，1938/12，頁 66。

〔註 92〕Yung-fa Chen, *Making Revolution: The Communist Movement in Eastern and Central China, 1937～1945*. Berkeley: University of Californ Press, 1986, p46.

〔註 93〕安徽省地方志編纂委員會編，《安徽省志》「附錄」（北京：方志出版社，1998 年），頁 77。

〔註 94〕《張雲逸傳》編寫組和海南省檔案館合編，《張雲逸年譜》，1939/06/24，頁 68。

新四軍活動地區的民眾武裝，要歸新四軍統一指揮；（5）新四軍合理籌借給養，政府要予以協助；（6）發給 8 月份的補助費。〔註 95〕

廖磊雖然表示同意，但對於第四點並未予以明確答覆，雙方商談結果並不樂觀。葉挺和張雲逸離開立煌後，於 7 月 15 日向中共中央致電表示：

> 據一般視察後，此次對我們是很冷淡的，並怕我力量擴大。最近派到我軍活動地區行政專員都是反共分子，限我發展。現在我們只有一面努力與他表示合作，一面鞏固與發展自己的力量。〔註 96〕

同樣的，李宗仁和廖磊對於共產黨的誠意，也已經產生疑問；對於新四軍要求擴編和補充彈藥，都強烈表示反對。其告蔣稱：

> 新四軍擬成立第五支隊，萬懇不可批准。該部在江北者，約萬餘之眾，若再增加一支隊，將更不可收拾。該軍由江南運大量彈藥過江北補充，若補充完畢，恐不但不受指揮，得更擴充不已。擬請對該軍械彈補充上，應予相當限制。〔註 97〕

李宗仁對中共的態度，轉變會如此之大，主要鑒於新四軍在第五戰區內的實力逐漸強大，威脅到桂系對於皖、鄂兩省的統治。李又告蔣：鄂省方面，以抗日爲標榜，徵收青年，仇視資產階級、反對土地主、赤化民眾；徵募壯丁、派兵勒贖；收提民槍、強徵地方團隊武力；勾結土匪，擴編黨部，摧殘地方行政。至於皖省方面，如包庇走私、苛捐勒索；槍殺我方公務人員、勾結敵人；並用武力暴動，奪取地方政權，公開對我軍作戰。〔註 98〕

除了新四軍在第五戰區內與桂系之間的衝突外，中共還積極滲透第五戰區內各種組織。例如李宗仁本想藉由省動委會，來讓桂系的統治力量下到皖省基層；而讓中共人員加入，乃藉助其經驗。不料省動委會竟漸漸被中共給滲透，最後整個都被中共給控制住，這也使得李宗仁對於中共的警戒心不斷加強。

李宗仁鑒於各個機關被中共給滲透，請第五戰區政治部主任韋永成擬定辦

〔註 95〕《張雲逸傳》編寫組和海南省檔案館合編，《張雲逸年譜》，1939/07/11，頁 69。
〔註 96〕《張雲逸傳》編寫組和海南省檔案館合編，《張雲逸年譜》，1939/07/14，頁 69。
〔註 97〕〈抗命禍國——抗戰時期（二）〉，1939/08/28，《蔣中正總統文物》，典藏號：002-090300-00203-206。
〔註 98〕〈抗命禍國——抗戰時期（二）〉，1940/03/24，《蔣中正總統文物》，典藏號：002-090300-00203-217。

法，設法排除潛藏於機關中的共黨份子。韋永成提出兩種辦法：（1）在黨政軍及民眾團體中，有共黨嫌疑者，應一律清除之。（2）潛伏於各機關之共黨份子，其能悔過自新者，得准其仍繼續服務；其年齡較輕而盲從者，加以訓練，俾與自新之路；其執迷不悟者，可否加以非常手段，暗中解決之。〔註 99〕

李宗仁採用這兩種辦法，向第五戰區的各個機關中，疑是共產黨人者，進行撤換。1939 年 2 月初，率先撤銷文化工作委員會，錢俊瑞、胡繩等共產黨員均被迫離開第五戰區；〔註 100〕4 月下旬，安徽省動委會內的周新民、朱蘊山、狄超白等人，也接連被撤職。同時，共產黨老河口區委書記向保林也被捕叛變，供出老河口共黨組織及漢東、漢西區委負責人與部分黨員名單，李宗仁據此名單排除這些共產黨員，破壞共產黨老河口區委及下層組織。年底再逮捕張書武，使得老河口境內共黨基層組織失去與上級的聯繫管道。1942 年 4 月，老河口城區中共地下組織幾乎被破壞殆盡。〔註 101〕

1939 年末，共產黨華中局工作部長項迺光叛變，向李宗仁供出共產黨對部隊所進行的滲透：

> （一）二集團孫〔連仲〕部有黨員約三十人，組織與能力均強；以陳扶東團爲中心，劉汝明部則加緊對劉汝珍工作，劉之參謀長爲黨員馮煥章先生，〔其〕子〔馮〕洪國爲劉部砲兵營長亦參加組織。（二）廿二集團軍以一二七師爲中心，因師長陳雨同情中共且已發生關係，該師以張曉峯爲負責人，現赴游幹班受訓，由該師而發展到整個孫部之工作。（三）卅三集團軍爲中共在本戰區活動主要據點，以一七九師何師長基灃爲中心，用舊有關係爭取馮〔治安〕軍長之信任並進行奪取吉星文師長，達到團結整個馮軍到黨的周圍，再行整個集團軍工作。現何經常作物資上援助該黨，該集團軍幹訓班中亦有組織。（四）湯集團前軍軍長張軫，代該黨作掩護，張離後只有少數分子，其他各部現只有零星分子潛伏。〔註 102〕

〔註 99〕〈各種陰謀活動（一）〉，1939/04/19，《蔣中正總統文物》，典藏號：002-080104-00005-003。

〔註 100〕詹雲青，〈我在五戰區政治部工作漫憶〉，《老河口文史資料》第 22 輯（襄陽：老河口政協文史資料委員會，1990 年），頁 128。

〔註 101〕老河口市地方志編纂委員會編，《老河口市誌》（湖北：新華出版社，1992 年），頁 393。

〔註 102〕〈抗命禍國——抗戰時期（一）〉，1940/01/14，《蔣中正總統文物》，典藏號：002-090300-00202-083。

使得李宗仁相當訝異，但爲了維持軍心，李暫時不撤換親共軍官或共產黨員。可是桂系也結束與中共合作的蜜月期，雙方衝突不斷加劇。

隨著1940年安徽省主席由李品仙接任後，雖然國共關係尚未公開破裂，但桂系已經不再跟中共合作，彼此之間的衝突也不斷地加深。李品仙上任後，首先向中央要求增援，以防止日益壯大的新四軍：

> 現對於各項設施，均已布置就緒。……，惟新四軍在津浦南段一帶，頗爲活躍；收繳民槍、擴充實力，有打通魯南蘇北之趨勢。現正積極防止，免其滋蔓難圖；惟大別山戰區遼闊，以現有四師兵力，實不敷分配。在渝曾面稟鈞座，請求加派兩師；現到此間，觀察各方情勢，增加兵力，實爲需要。如此不但有力以打擊敵人，促其崩潰；重〔新〕伸張軍力於皖東，穩定政權，防止異黨活動。〔註103〕

接著改組省動委會，將區鄉鎮動委會廢除；由省動委會成立的民眾抗敵團體，如農抗、商抗、工抗、婦抗等，全部都進行調整；並要求各地動委會人員，到立煌開辦的黨政軍訓練團受訓。〔註104〕

四、國共爭奪皖東

李品仙除了要求增兵和對省動委員等組織進行改組外，也對地方上不穩的游擊隊司令進行撤換。例如第五戰區第十四游擊縱隊司令盛子瑾，李品仙曾告蔣：「〔盛〕驕橫跋扈，措置乖張，搜繳民槍，勒派捐款，濫編土匪，把持稅收，致令民不聊生，相棄投敵。」〔註105〕1940年2月，中共中央才指示要對「盛子瑾、李明揚及其他一切進步份子加強統一戰線工作」；〔註106〕不久後，李品仙改任馬馨亭爲第十四游擊縱隊司令，結果盛子瑾聯合共軍，圍攻馬馨亭部，馬部幾乎慘遭殲滅。〔註107〕這使李品仙大爲憤怒，決定派兵前往

〔註103〕〈一般資料——呈表彙集（九十七）〉，1940/01/29，《蔣中正總統文物》，典藏號：002-080200-00524-002。

〔註104〕黃昊，〈從新桂系與中共的合作與衝突看皖南事變的發生〉，《史學集刊》，2014：1（長春，2014年），頁116。

〔註105〕〈抗命禍國——抗戰時期（一）〉，1940/02/14，《蔣中正總統文物》，典藏號：002-090300-00202-125。

〔註106〕〈中共中央中原局關於建立蘇北、皖東北根據地的指示〉，1940/02/07，中國人民解放軍歷史資料叢書編審委員會編，《新四軍文獻（1）》（北京：解放軍出版社，1988年），頁116。

〔註107〕〈抗命禍國——抗戰時期（一）〉，1940/02/14，《蔣中正總統文物》，典藏號：002-090300-00202-125。

討伐。盛子瑾聞訊後，即率領嫡系部隊逃離駐地，中途被新四軍截獲，大部皆被收編；不從者則逃往江蘇省主席韓德勤部；而盛子瑾本人亦被新四軍給扣留。〔註 108〕

李品仙還指控新四軍各種不法行為，例如襲佔定遠縣使得當地縣長下落不明、搗毀五區專員辦事處、扣留泗縣縣長朱天修等等。解決叛變的游擊隊後，李品仙派區壽年指揮第一七二師和第一七六師各一部，協同皖省保安第一支隊，向無為、廬江地區的新四軍進攻；其餘游擊縱隊分別向皖五區、六區、七區及合肥地區執行掃蕩任務。〔註 109〕

新四軍對於李品仙從北、西、南三個方向的夾擊，感到極大的壓力，急向中共中央電報：「皖東頑固勢力已向我作大規模之武裝進攻，我若不肅清皖東頑固武裝，即不能在皖東存在。」〔註 110〕新四軍軍部也致電給李宗仁和白崇禧，希望制止李品仙在安徽地區的反共行為。

中共對於李品仙積極反共感到不安，認為桂系統治區內很難再作發展，遂指示稱：「目前安徽局勢逆轉，我黨在桂系統治下的組織，有遭受打擊之極大可能。除開有我們軍事活動地區外（如皖東、皖北之一部），所有桂系統治地區，黨的任務是反對李之倒退，要求停止對新四軍的進攻。」故必須要組織人員撤出或潛伏起來：「但在上述地區，黨的組織任務，是在受到打擊時，實行有秩序有計劃的退卻；而不要盲目的進攻，以便保存聚集力量。……一切黨員要盡可能採取灰色態度出現，並掩藏在機關與群眾中。在發動群眾鬥爭時，亦須極端慎重，以免失敗。站不住腳的黨員，要暫時離開。」〔註 111〕

由於擔心受到嚴重的打擊，中共撤出桂系統治區的行動相當匆促，連同被滲透的廣西學生軍，和未暴露的中共人員都一起撤出。這使得李品仙相當震驚，沒想到中共對於各個機關單位已滲透那麼嚴重。日後其回憶：「我即召集該隊學生軍，至省府內訓話，予以告誡，使其提高警覺，不要受共

〔註 108〕〈抗命禍國——抗戰時期（三）〉，1940/03/11，《蔣中正總統文物》，典藏號：002-090300-00204-347。

〔註 109〕〈國內政情（二）〉，1940/03/12，《國民政府》，典藏號：001-050000-0020。

〔註 110〕《張雲逸傳》編寫組和海南省檔案館合編，《張雲逸年譜》，1940/03/13，頁 76。

〔註 111〕《張雲逸傳》編寫組和海南省檔案館合編，《張雲逸年譜》，1940/03/25，頁 77。

產黨的欺騙。不料該隊學生軍，已有極少數參加共黨，竟於是夜秘密逃往新四軍部隊去了」；且「各縣長中，也有數人曾加入了共黨，亦同時逃走」。〔註 112〕

隨著中共在桂系統治區的撤離，八路軍的一部南下到江蘇一帶，李宗仁認爲中共在皖東，「似有整個計劃，欲會合各方兵力佔據皖東各縣，劫奪政權，建立其所謂東南模範抗日根據地，再進而佔取大別山脈。」〔註 113〕且「現該軍主力已集中於皖中及皖東北兩方面，似有先據洪澤湖地區，相機奪取大別山，以恢復以往豫東、皖赤區之企圖。」〔註 114〕加上當時還盛傳新四軍準備「乘倭寇進犯之際，大部竄入鄂東，溝通皖匪，聲言打倒李副長官，奪取大別山脈。」〔註 115〕於是命令李品仙積極佈署軍隊，來對新四軍發動進攻。

當時八路軍和新四軍的目標，其實是消滅江蘇地區的國軍游擊隊；中共希望在此以前，能和桂系的軍隊保持和平，因此對於李品仙集中兵力向皖東地區進攻，備感壓力：

> 應透過各種方式，向桂系表明，新四軍不願同其磨擦；請其顧全大局，保持友誼，以免兩敗俱傷。當其迫於命令，向我發動進攻時，新四軍應在不妨害自己根本利益條件下，先讓一步，表示仁至義盡；並求得中途妥協，言歸於好。〔註 116〕

但李宗仁並不買帳，曾在 4 月初電呈中央嚴斥新四軍的行爲：

> 新四軍當局不受告誡，反變本加厲，一意孤行；乘我對敵激戰之餘，攻城略地、搜繳民槍、破壞行政機構、煽惑人心，發動皖東之事變。……一再電致該軍張參謀長雲逸，或派代表來立〔煌〕會商辦法。該軍不但隻字不提，反將留立〔煌〕之通訊無線電撤走。〔註 117〕

〔註 112〕李品仙，《李品仙回憶錄》（臺北：中外圖書出版社，1975 年），頁 168。
〔註 113〕〈國內政情（二）〉，1940/03/12，《國民政府》，典藏號：001-05000-0020。
〔註 114〕〈抗命禍國——抗戰時期（二）〉，1940/03/24，《蔣中正總統文物》，典藏號：002-090300-00203-217。
〔註 115〕〈抗命禍國——抗戰時期（一）〉，1940/04/25，《蔣中正總統文物》，典藏號：002-090300-00202-088。
〔註 116〕《張雲逸傳》編寫組和海南省檔案館合編，《張雲逸年譜》，1940/04/12，頁 79。
〔註 117〕〈抗命禍國——抗戰時期 （一）〉，1940/04/07，《蔣中正總統文物》，典藏號：002-090300-00202-103。

因此李宗仁默許李品仙持續加強對皖東的進攻；就算中共多次向李宗仁反應，期望阻止李品仙的行動，自然得不到回應。而李品仙還利用日偽軍對八路軍和新四軍掃蕩之際，集中武力對其進剿；或趁新四軍與日軍剛交戰結束後，對其展開進攻。例如 1940 年 12 月 22 日新四軍第四支隊剛在全椒周家崗擊潰日軍，隨即遭遇國軍第一三八師的攻擊，使其傷亡慘重而撤離周家崗。〔註 118〕

雖然雙方各有勝負，但李品仙對皖東地區的進攻，已使共產黨在皖東地區的領地逐漸縮小。延至 11 月中旬，梁園、草廟集、王子城、杜集和復興集等地陸續易手，張雲逸所率領的新四軍第四、五支隊受到嚴重打擊，於 12 月初請求增援：「國民黨皖東專員李本一率部與桂系一三八師自 10 月起即不斷向皖東進攻，......，致使職部傷亡慘重；......，懇請一面令駐蘇北之八路軍、新四軍前來增援，一面電請蔣介石制止國民黨軍隊對我新四軍之進攻。」〔註 119〕

但此時，新四軍在蘇北地區與韓德勤部形成僵局，暫時無法支援皖東地區，只能對其精神喊話，並持續致電李品仙，請求停止對其進攻。12 月 23 日，共黨中央指示：「重心在蘇北，其次才是淮北、皖東，......淮北、皖東須由〔彭〕雪楓與〔張〕雲逸所部獨立支持之，無論敵人或頑軍進攻，均用游擊戰爭與之周旋，不要希望任何增援」〔註 120〕。

共黨中央會如此急於鞏固蘇北地區，主因是皖南地區的新四軍被下令限時調離，「凡在長江以南之新四軍，全部限本年十二月三十一日開到長江以北」〔註 121〕。原先新四軍規劃皖南地區部隊的北移有三條路線，第一條是直接渡過長江後，經皖中、皖東直達皖北；第二條是從東往蘇南方向，跨過長江前往蘇北；第三條則是從東南方茂林、三溪一帶前往蘇南，最後抵達江北。〔註 122〕鑒於桂系在皖東地區給予新四軍極大的壓力，在皖南的新四軍只剩蘇南方向可選。

〔註 118〕《張雲逸傳》編寫組和海南省檔案館合編，《張雲逸年譜》，1940/12/23，頁 87。

〔註 119〕《張雲逸傳》編寫組和海南省檔案館合編，《張雲逸年譜》，1940/12/03，頁 86。

〔註 120〕〈毛澤東、朱德、王稼祥關於鞏固蘇北、淮北、皖東根據地致劉少奇等電〉，1940/12/23，中國人民解放軍歷史資料叢書編審委員會編，《新四軍文獻（1）》，頁 207。

〔註 121〕〈事略稿本——民國二十九年十二月〉，1940/12/09，《蔣中正總統文物》，典藏號：002-060100-00147-009。

〔註 122〕孟衛東，《國共相爭與皖南事變》（臺北：新銳文創，2012 年），頁 351。

李品仙得知皖南地區的新四軍被下令北調，除增派 3 個師到皖南對岸，還決定如果新四軍不遵命北調，將進入淮南鐵路以東地區殲滅之。〔註 123〕李品仙的具體行動，使得共產黨感到憂心；對於新四軍北移，還致電給李宗仁和李品仙，「祈飭廬、巢、無、和、滁地區貴屬勿與妨礙，並予以協助」〔註 124〕。1941 年初，發生新四軍事件，國共關係徹底破裂；桂系與新四軍的衝突也表面化，雙方對於皖東地區的爭奪，在之後的抗戰期間，從沒有停止過。

〔註 123〕孟衛東，《國共相爭與皖南事變》，頁 371。

〔註 124〕〈朱德、葉挺爲新四軍江南部隊北移事致李宗仁、李品仙電〉，1940/12/27，中國人民解放軍歷史資料叢書編審委員會編，《新四軍文獻（2）》（北京：解放軍出版社，1994 年），頁 89。

第五章　迎接勝利

第一節　重新調整戰區

一、豫中會戰

豫南會戰後，日軍暫時停止對第五戰區發動大規模的會戰，但雙方之間的戰鬥並未停歇。日軍鑒於宜昌地區受到來自北方第五戰區的威脅，於 1941 年 5 月上旬發動局部攻勢，雖一度攻克棗陽，但在國軍的反攻下，退回攻擊發起線。〔註 1〕

而駐守安徽的第二十一集團軍也積極對日軍進行游擊戰。豫南會戰後，李品仙隨即於 1941 年 2 月 17 日下令第一三八師對駐防安徽合肥、巢線地區的日軍獨立第十三旅團發起攻勢，採取誘敵戰術，將日軍引誘至拓皋鎮及古河擱一帶，協同保安第八團展開圍攻，成功重創深入之日軍。〔註 2〕

隨著 1941 年 12 月 7 日（美國時間），日軍攻擊美國珍珠港，太平洋戰爭正式爆發。日軍認為在中國戰場上的軍事進攻能力已達極限，遂轉向長期持久戰態勢，重新部署中國境內日本陸軍，而日本海軍也停止對中國進行大規模航空作戰，轉向太平洋戰場。日軍在國軍及共軍展開游擊戰的占領區，其部署方式採取「高度分散型配置」，而與國軍對峙的武漢地區，則採用「集中型配置」。〔註 3〕

〔註 1〕何應欽，《日軍侵華八年抗戰史》（臺北：黎明文化，2012 年），頁 143-145。

〔註 2〕〈增編（六）〉，1941/03/05，《蔣中正總統文物》，典藏號：002-090300-00221-090。國防部總政治作戰部編，《抗日戰史紀要》（臺北：國防部總政治作戰部，1996 年），頁 470。

〔註 3〕吉田裕、周保雄譯，《亞洲、太平洋戰爭》（香港：香港中和，2016 年），頁 82-83。

1943 年 9 月，隨著日軍在太平洋戰場上失利，日本本土與南方領土之間的海上交通線有被切斷之可能，因此需在中國大陸維持一條陸上交通線。日本大本營將此意傳達給中國派遣軍，由其制訂打通大陸交通線的詳細作戰計畫大綱是爲「一號作戰計畫」，決定於 1944 年 4 月下旬發動。其作戰目的爲：（一）擊破國軍在湘桂地區的有生力軍。（二）占領粵漢、平漢鐵路南部沿線。（三）摧毀國軍主要空軍基地。〔註 4〕

日軍首先發動京漢作戰，由華北方面軍實施，司令官爲岡村寧次大將，進攻兵力以第十二軍和第一軍一部組成，出動該方面軍一半的實力，目標爲殲滅平漢鐵路南部沿線及洛陽地區的國軍，並與沿平漢鐵路北上的第十一軍一部在確山會合，藉此打通平漢鐵路。〔註 5〕故 3 月下旬，李宗仁和湯恩伯已發現日軍逐漸集結的傾向：「信陽現增敵約六七千、大小砲四十餘門、戰車四十餘輛。……平漢南段自文日起停客票，軍運頻繁，……連日由長江下游調集武漢之敵，約三個師團。」〔註 6〕

國軍正面迎敵的則是以第一戰區爲主力，軍委會還調派第五戰區第二集團軍策應，第八戰區第三十四集團軍增援。此時國軍的作戰方針爲擬在河南嵩山附近與日軍決戰；以扶溝、汜水爲防線，阻止日軍渡河；在許昌、長葛、洧川、新鄭、鄭州、滎陽一帶以防禦工事消耗日軍實力，所有軍隊統一由湯恩伯指揮。〔註 7〕

面對日軍的攻勢，第一和第五戰區都有決戰的準備，李宗仁則反映了第五戰區現有兵力不足的問題：「除指定專守要點兵力外，僅能使用五五軍、三九軍、五九軍各兩個師。大別山五一軍戰力微弱，一時不能使用，僅可抽出一七三師參加主戰場固守，總計不過十三個師兵力，似感薄弱」；並表示希望能增援一至二個軍。〔註 8〕可是此時，第二次緬甸戰爭已經爆發，蔣中正表示

〔註 4〕〈大陸指綴（大東亞戰爭）卷 09　昭 19・02・14～19・04・21（第 1852～1964 號）〉，1944/01/24，《陸軍一般史料》，レファレンスコード：C14060930600。

〔註 5〕呂芳上編，《中國抗日戰爭史新編 軍事作戰》（臺北：國史館，2015 年），頁 270。

〔註 6〕〈革命文獻——第二期第三階段作戰經過〉，1944/03/22，《蔣中正總統文物》，典藏號：002-020300-00014-085。

〔註 7〕白崇禧，《白崇禧先生訪問紀錄（上冊）》（臺北：中研院近史所，2015 年），頁 325。

〔註 8〕〈革命文獻——第二期第三階段作戰經過〉，1944/03/22，《蔣中正總統文物》，典藏號：002-020300-00014-085。

暫時沒有部隊能加派至第五戰區；加上中國戰區盟軍參謀長史迪威（Stilwell）對於日軍在河南地區的進攻，毫不關心，〔註 9〕最終導致第五戰區只能以有限兵力，策應第一戰區的作戰。

1944 年 4 月 17 日，日軍夜渡黃河，發動全面攻勢，國軍歷經長年戰爭，實力大幅衰退，陸續丟失許昌、禹縣等地。5 月 6 日，日軍即攻抵第五戰區協防區附近，待得增援後，9 日從寶豐、襄城等地持續往洛陽方面前進。為保衛南陽，國軍第二集團軍決定以攻為守，於是以第三十六師向下湯、魯山挺進，攻擊日軍側翼。對此日軍深感側背威脅，遂抽調前線部隊前往反擊，雙方在舞陽、魯山、葉縣一帶展開爭奪。〔註 10〕

然而圍攻洛陽的日軍仍派出部分軍力持續追擊，分別沿隴海路及洛寧、盧氏方向西進。此時國軍為了挽救局勢，聯繫第一戰區各兵團，會同第五戰區的生力軍，向日軍展開反攻，迫使日軍放棄盧氏，退守洛寧，但 25 日洛陽終告淪陷。5 月底，日軍為防禦豫西國軍，開始在洛寧、陝州、魯山一線構築防禦工事，企圖固守。6 月初，第一和第五戰區於重新發動反攻，陸續收復失地；會戰結束後，第二集團軍仍控制舞陽、魯山、葉縣以南防禦線。〔註 11〕

第二集團軍雖然成功守住舞陽、魯山、葉縣以南防禦線，但友軍第三十一集團軍遭到毀滅性的打擊，洛陽也淪陷。而 5 月初，日軍打通平漢鐵路後，即沿鐵路線持續向南推進，但遭國軍第二集團軍第五十五軍和豫南挺進軍的夾擊，19 日一度中斷鐵路聯繫。 6 月上旬，日軍重新發動攻勢，由許昌和從明港夾擊，最後在 17 日重新完成貫通平漢鐵路。守軍第五十五軍和豫南挺進軍則退至鐵路兩側，隨時對平漢鐵路上的日軍進行騷擾。〔註 12〕

此役國軍陣亡高階將領甚多，如第三十六集團軍總司令李家鈺中將、新編第二十九師師長呂公良中將、副師長黃永淮、盧廣偉少將，團長楊尚武、李培芹、劉國昌、曹和上校等，各級官兵也傷亡慘重。而洛陽及周遭各縣的淪陷，也使得第一戰區喪失戰略價值。〔註 13〕

〔註 9〕齊錫生，《劍拔弩張的盟友：太平洋戰爭期間的中美軍事合作關係，1941～1945》（臺北：中研院、聯經，2011 年），頁 419。

〔註 10〕國防部總政治作戰部編，《抗日戰史紀要》，頁 376。

〔註 11〕蔣緯國編，《國民革命戰史第三部——抗日禦侮（八）》（臺北：黎明文化事業公司，1978 年），頁 1856。

〔註 12〕蔣緯國編，《國民革命戰史第三部——抗日禦侮（八）》，頁 1856-1857。

〔註 13〕呂芳上編，《中國抗日戰爭史新編 軍事作戰》，頁 273。

面對河南地區國軍的潰敗，中央趕緊派遣陳誠前往第一戰區重整局勢。陳誠先至老河口會晤李宗仁，兩人再一同前往第一戰區，與湯恩伯會商，三人最後對戰區之間的協防任務達成共識。會後湯恩伯曾私下向李宗仁表示，中央有意重新調整長江以北各戰區。原先還有討論豫西地區國軍糧食不足的援助問題，但李宗仁表示湖北地區的糧食，供應第五和第六戰區已捉襟見肘，無法另行調撥。〔註 14〕陳誠對此也表示同意，最後決定從豫南地區收購糧食運往豫西；並調派陝西地區的糧食，來解決豫西國軍糧食需求。〔註 15〕

圖 5-1　豫中會戰經過要圖

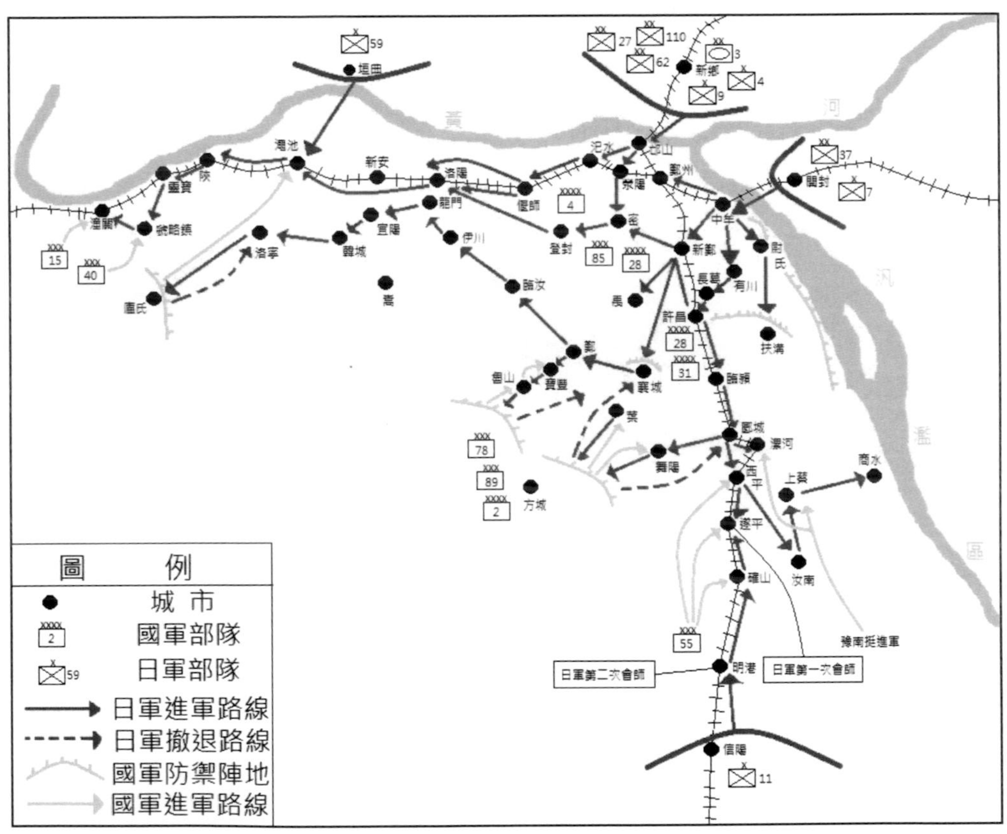

參考資料：蔣緯國編，《國民革命戰史第三部——抗日禦侮（八）》，附圖 5，筆者自繪。

〔註 14〕文思主編，《我所知道的湯恩伯》（北京：中國文史出版社，2004 年），頁 215-216。

〔註 15〕〈事略稿本－民國三十三年七月〉，1944/07/25，《蔣中正總統文物》，典藏號：002-060100-00190-025。

二、重新劃分第五戰區

鑒於豫中會戰後，日軍成功打通平漢鐵路，第一戰區和豫皖蘇魯邊區的國軍都遭到擊潰，豫皖蘇魯邊區軍力損失特別慘重；且已造成鐵路以西，駐老河口的第五戰區長官部，與鐵路以東的豫鄂皖邊區，聯繫受阻，重慶軍委會遂在 1944 年 10 月 19 日，決定將原第五戰區東半部的豫鄂皖邊區，和豫皖蘇魯邊區合併，〔註 16〕於 1945 年 1 月 12 日另行成立第十戰區。

圖 5-2　1945 年第五和第十戰區作戰地形圖

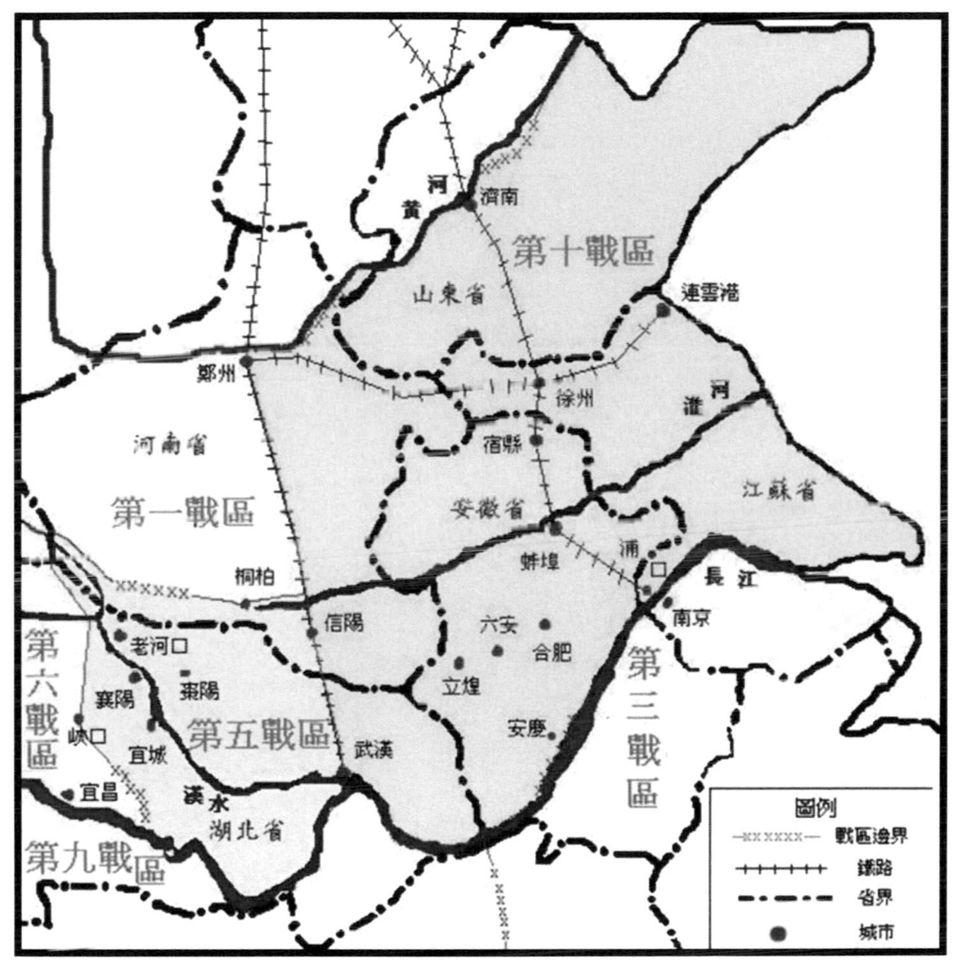

資料來源：根據李品仙，《李品仙回憶錄》，頁 220，筆者自繪。

〔註 16〕〈事略稿本－民國三十三年十月〉，1944/10/19，《蔣中正總統文物》，典藏號：002-060100-00193-019。

新成立的第十戰區，蔣中正原先計劃由重慶衛戍總司令劉峙出任司令長官，但在李宗仁的反對下，改由李品仙擔任；惟副司令長官則由非桂系人馬何柱國、牟中珩等人出任。〔註 17〕長官部設於立煌，作戰區域為平漢路以東，黃河以南，長江以北，包括地區為河南東部、山東省大部及長江以北的安徽、江蘇部份。〔註 18〕所轄的作戰部隊，除原本豫鄂皖邊區的第二十一集團軍及地方游擊縱隊外，並撥入豫皖蘇魯邊區的第十五集團軍何柱國、第十九集團軍陳大慶和山東挺進軍牟中珩。〔註 19〕

而第五戰區的作戰範圍，只剩下原有西半部，北至信陽、桐柏一線，南至長江流域，東至平漢鐵路，西達漢水的豫鄂地區。重劃後的第五戰區，下轄部隊只剩第二集團軍劉汝明和第二十二集團軍孫震。之後中央鑒於第五戰區兵力不足，始將第三十三集團軍馮治安調入，最後第五戰區總計有三個集團軍。〔註 20〕

第十戰區成立之初，司令長官李品仙隨即召開軍事會議，以決定各部隊之部署及作戰關係。由於當時蘇北、魯南都在新四軍的控制下，各省的省政府暨主席無法返回其轄區作戰；因此，江蘇省政府及蘇北挺進軍總指揮部暫駐皖東之天長，山東省政府和山東挺進軍總指揮部則暫駐阜陽，伺機進入各該省作戰。〔註 21〕

1945 年 5 月 7 日，德國正式向盟軍投降，歐洲戰場已告終止，美國將把歐洲部分兵力轉移至亞洲。面對這一新局面，國軍準備對日軍進行總反攻，第十戰區預定向徐州一帶進軍，並開放連雲港，使美軍直接在中國東部海岸登陸。抗戰勝利後，第十戰區被併入第八綏靖區。〔註 22〕

三、李宗仁調任漢中行營

1945 年 1 月，軍委會通知李宗仁，準備將李調任為漢中行營主任，當時擔任中國戰區陸軍總司令的何應欽得知消息後，曾建議將李調任中國戰區陸軍副司令，但蔣中正並未同意。〔註 23〕而李在調任前，曾託軍委會副參謀長

〔註 17〕許漢三，〈皖事拾零〉，《安徽文史資料選輯》第 32 輯（合肥：安徽人民出版社，1984 年），頁 96。

〔註 18〕李品仙，《李品仙回憶錄》（臺北：中外圖書出版社，1975 年），頁 218。

〔註 19〕劉鳳翰，《抗戰期間國軍擴展與作戰》（臺北：史政編譯室，2004 年），頁 348。

〔註 20〕國防部總政治作戰部編，《抗日戰史紀要》，頁 423-424。

〔註 21〕李品仙，《李品仙回憶錄》，頁 219。

〔註 22〕李品仙，《李品仙回憶錄》，頁 224。

〔註 23〕〈川康滇黔政情（四）〉，1945/01/20，《蔣中正總統文物》，典藏號：

白崇禧面陳蔣：「行營主任可否兼戰區司令長官？」未獲允許。又問：「可否即以第五戰區副司令長官孫連仲繼掌五戰區，而將劉峙改掌第六戰區？」也未獲准。又問：「漢中行營爲指揮第一、第五、第十各戰區方便起見，可否暫設在安康？」此點獲得同意。〔註24〕

2月10日，李宗仁就任漢中行營主任，結束長達7年多的第五戰區司令長官職務，遺缺則由劉峙接掌。〔註25〕「行營」之制是軍委會鑒於南北戰場遼闊，爲了便於統籌，在戰區之上所設置的軍事機構。原本設計中，行營主任負有指導和協調各戰區作戰之權責；但在1939年的桂南會戰中，桂林行營主任白崇禧越過第四戰區，直接指揮桂南戰事；之後由於戰事惡化，才又將指揮權歸還給第四戰區長官部。有此經驗，故會戰結束後，桂林行營遭到取消。〔註26〕

直到1945年，爲了配合盟軍的總反攻，軍委會才重新設置贛州（東南）行轅和漢中行營，以便於指揮南北戰場。漢中行營初期下轄第一戰區胡宗南、第五戰區劉峙和第十戰區李品仙等。〔註27〕

由於行營主任跟戰區長官相比，戰區長官的權責較多，在戰區內能夠掌握黨政軍三權，而行營主任只有軍事權。因此李宗仁認爲行營是一個虛設機構，其主任是個毫無權力的職位，將他升任漢中行營主任，實是中央明升暗降的動作。〔註28〕

中央將李調任漢中行營，的確有削減李權力的意思，但並非毫無權力；站在當時準備總反攻的立場上，行營主任需肩負反攻的重責大任，其地位與角色就現實情況而言，應較戰區長官來得重要；況且漢中行營的下轄戰區還不斷增加，陸續成立的第十一和第十二戰區皆納入其管轄範圍，代表漢中行營並不是一個毫無用處的虛設機構。

劉峙接任第五戰區後，日軍於1945年3月下旬再次發動豫西鄂北會戰，第五戰區長官部所在地老河口一度遭到攻陷。隨後國軍展開反攻，成功收復

002-080101-00041-003。

〔註24〕黃旭初，《黃旭初回憶錄：李宗仁、白崇禧與蔣介石的離合》（臺北：獨立作家，2015年），頁242。

〔註25〕白先勇編著，《父親與民國——白崇禧將軍身影集（下）臺灣歲月》（臺北：時報文化，2012年），頁307。

〔註26〕中華民國建國一百年軍事史編纂小組編著，《中華民國一百年軍制史：1911—2011》（臺北：老戰友工作室，2012年），頁4-29。

〔註27〕劉鳳翰，《抗戰期間國軍擴展與作戰》，頁346-349。

〔註28〕李宗仁口述、唐德剛撰寫，《李宗仁回憶錄》，頁527。

老河口。〔註 29〕老河口失守這件事情，由於劉峙剛上任不久，對第五戰區的實際狀況皆尚未熟悉，3 月份就告丟失；加上參戰部隊都是李宗仁長期掌握的第五戰區部隊，防區也大多未作更動，老河口事實上一直都由第二十二集團軍防守。所以老河口會失守，李是有其責任，在會戰中李也曾下過作戰命令，因此並非全是劉峙的責任。或許李爲了避免被質疑部隊佈署有問題，才故意在《回憶錄》中，將其被調到漢中行營的時間，提前到 1943 年 9 月，這就讓丟失老河口，變成都是劉峙的責任。〔註 30〕

四、豫西鄂北會戰

1944 年，日軍發動的一號作戰，使得美軍在中國東南地區喪失許多機場，遂將空軍主力移往中國西北地區，湖北老河口及湖南芷江成爲前線基地，持續對中國境內的日軍空襲。爲了解決持續不斷的空襲，日本中國派遣軍於 1945 年 1 月開始計畫攻打老河口，目標爲摧毀該地機場。對此，日軍出動華北方面軍第十二軍爲主力，司令官內山英太郎中將，下轄第一一〇師團、第一一五師團、戰車第三師團、騎兵第四旅團和吉武支隊；並派第三十四軍協同作戰，攻向第一和第五戰區。〔註 31〕

豫西鄂北會戰是李宗仁擔任漢中行營主任後，面對第一場會戰。而事實上，在李宗仁尚未調離第五戰區前，蔣中正曾於 1945 年 1 月 8 日致電李和第一戰區代司令長官胡宗南，指示兩戰區需協同作戰，嚴防日軍襲擊，作戰方針爲：「以廣大要地，掩護機場，鞏固川陝門户之目的，應就現態勢，配合路東及敵後部隊，行戰略持久戰，主力固守宛、郎、襄、樊，以嚇阻敵奸竄擾；並利用豫、陝山地，廣建根據地，完成攻守作戰之準備」；並表示「兩戰區之豫西戰鬥，必要時，由李長官統一指揮」〔註 32〕。但不久後，李宗仁於 2 月初即調任漢中行營，遺缺由劉峙接任。

劉峙上任後，仍維持李宗仁原先對第五戰區的軍事部署。此時第一戰區下轄第三十四集團軍李文、第三十七集團軍丁德隆；第五戰區則有第二集團軍劉

〔註 29〕何應欽，《日軍侵華八年抗戰史》，頁 202。

〔註 30〕李宗仁口述、唐德剛撰寫，《李宗仁回憶錄》，頁 527。

〔註 31〕〈支那方面作戰記錄　第 3 巻〉，1947/01，《陸軍一般史料》，レファレンスコード：C13031939000。

〔註 32〕王曉華、戚厚杰主編，《抗日戰爭正面戰場檔案全紀錄（下）》（北京：團結出版社，2011 年），頁 211。

汝明、第二十二集團軍孫震；兩個戰區參戰兵力高達 19 萬人之多。〔註 33〕

圖 5-3　豫西鄂北會戰經過要圖

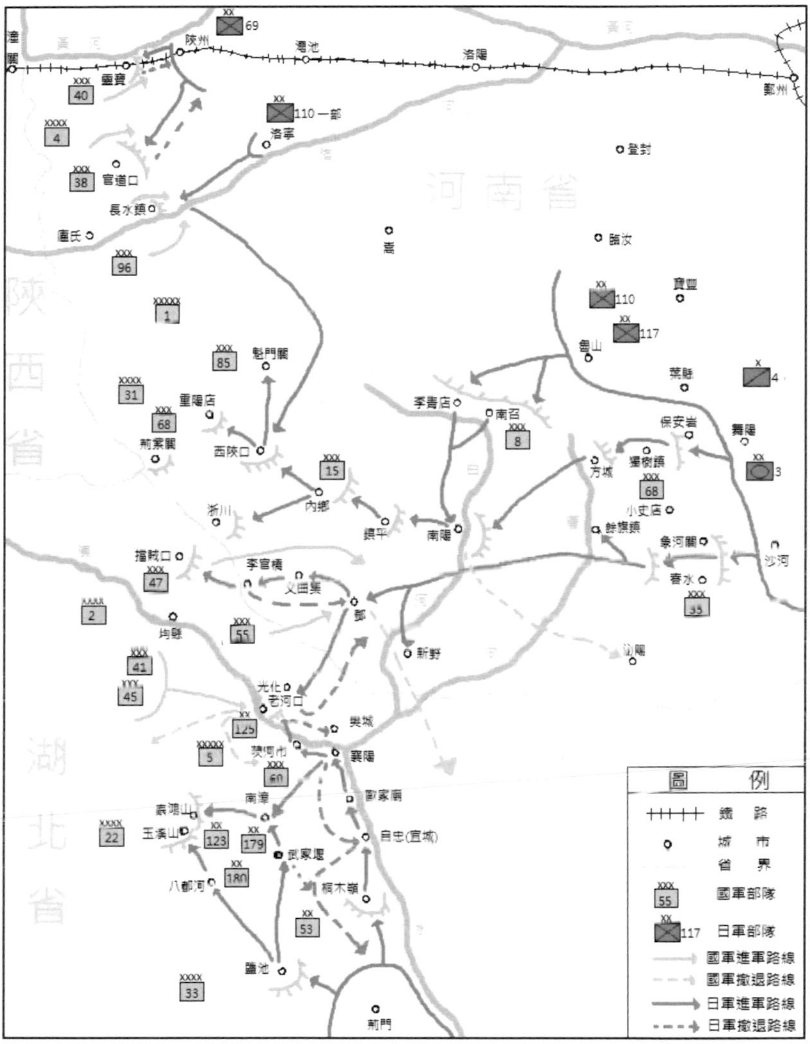

參考資料：蔣緯國編，《國民革命戰史第三部——抗日禦侮（八）》，附圖 11，筆者自繪。

日軍於 3 月 22 日開始發動攻勢，迅速突破魯山、舞陽、沙河店等地的國軍陣地，26 日即攻至老河口附近。面對日軍進逼，李宗仁對劉峙下令以「一

〔註 33〕呂芳上編，《中國抗日戰爭史新編 軍事作戰》，頁 283。

二五師固守〔老〕河口，並令一二四師及一○四師夾擊〔老〕河口之敵；同時著駐安〔徽〕空軍協力陸軍殲滅河口敵人」〔註34〕。27日雙方在老河口地區發生激戰，日軍同時由李青店南進，會同第一一○師團主力，向鎮平、內鄉、西陝口方面進攻。守軍第二十二集團軍不敵，逐漸往西北方後撤。〔註35〕

爲了阻擊日軍的戰車部隊，第一二五師將戰防砲營部署在老河口各城門口；城內居民也幫助國軍塡補城牆破損和構築巷道防禦工事。〔註36〕迨4月1日南陽棄守，老河口兩側李官橋和茨河也已淪陷；至8日，日軍先後以戰車50輛和騎步兵約萬人，在火砲的支援下，對老河口展開猛攻。老河口城牆在上午即被日軍火砲擊毀，國軍趕緊將戰防砲集中堵住缺口，但隨著日軍火砲持續轟炸，戰防砲也陸續遭到摧毀。日軍以戰車和步兵協同，從缺口地區湧入，第一二五師長汪閘鋒鑒於戰力已盡，爲避免全軍覆沒，於當晚率部突圍到冷家集，老河口遂告淪陷。〔註37〕

之後第二十二集團軍重整態勢，展開反攻，重新收復老河口等地，至6月中旬，雙方逐漸回復至戰前態勢。是役日軍成功達成摧毀老河口機場的目標，並造成國軍傷亡慘重，但其本身也損失慘重。〔註38〕而4月初發動的湘西會戰遭遇失敗，暴露日軍實力的衰退，其開始逐漸收縮防禦線；而國軍也制定反攻計畫，準備收復失地。在豫西鄂北會戰和湘西會戰後，直到抗戰勝利前，雙方都不再發生大規模的會戰。

第二節　新四軍事變後的共軍活動

一、壓迫鄂東地區的新四軍

新四軍事變後，國共雙方衝突表面化，爭奪敵後游擊區越趨激烈。李宗仁對於成爲敵軍的新四軍，隨即提出清剿方針：

〔註34〕〈事略稿本－民國三十四年三月〉，1945/03/27，《蔣中正總統文物》，典藏號：002-060100-00198-027。

〔註35〕蔣緯國編，《國民革命戰史第三部——抗日禦侮（八）》，頁1869。

〔註36〕陳仕俊、傅英道，〈歷時十三天的老河口攻守戰〉，《湖北文史資料》第11輯（武漢：湖北人民出版社，1987年。），頁267。

〔註37〕國防部總政治作戰部編，《抗日戰史紀要》，頁428。陳仕俊、傅英道，〈歷時十三天的老河口攻守戰〉，《湖北文史資料》第11輯，頁270-271。

〔註38〕呂芳上編，《中國抗日戰爭史新編 軍事作戰》，頁284。

1.各指定部隊，應以武力指揮當地政府及團隊，合力肅清境內匪軍勢力；其就近之作戰國軍，復隨時聯繫，並派隊協助之。2.各地區匪軍續限二月廿八日前肅清，其清剿情形應隨時據報，並飭各部隊即日起照部署實施。〔註 39〕

圖 5-4　第五戰區分區剿辦匪軍要圖

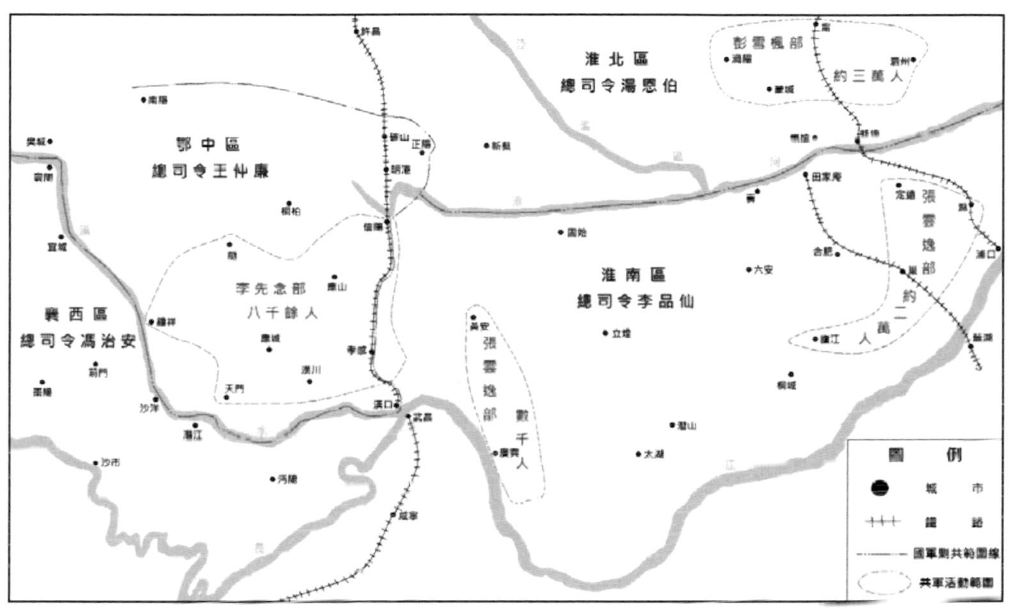

資料來源：〈全面抗戰（十九）〉，1941/01/11，《蔣中正總統文物》，典藏號：002-080103-00052-014。筆者自繪。

1941 年初成立的豫皖蘇魯邊區也威脅到新四軍的發展。湯恩伯第三十一集團軍積極打擊位於皖北蕭縣、宿縣地區的新四軍第四師，迫使新四軍第四師將大部遷往皖東北地區。〔註 40〕於是 1940 年從盛子瑾手中奪得的泗縣地區，如今逐漸成爲新四軍重要的根據地。1941 年 3 月，新四軍軍部下達指示：

日寇佔領皖東之梁園、古河，國民黨頑軍北移，與我更接近；蘇北被日軍「掃蕩」，現根據地極困難，望新四軍獨立旅暫時進至皖東北

〔註 39〕〈全面抗戰（十九）〉，1941/01/11，《蔣中正總統文物》，典藏號：002-080103-00052-014。

〔註 40〕王子光，〈新四軍第四師與豫皖蘇邊區〉，《新四軍在安徽》（合肥：安徽人民出版社，1982 年），頁 113-114。

泗縣、靈壁以南地區開展工作。〔註 41〕

而原先位於鄂東地區由李先念指揮的新四軍豫鄂挺進縱隊，在新四軍事件後，改編為新四軍第五師，並成立豫鄂邊區來執行游擊作戰。成立之初，李先念的行動方針為：

（1）加強二十八、三十一兩集團軍與一二七師、一二八師的統戰關係，爭取其中立。（2）對於湯恩伯及二十二集團的進攻採取守勢，必要時實行節節抵抗、節節後退，以堅決打退路東的地方造反頑軍。（3）利用目前襄河兩岸淪陷區域的空虛，加緊發展應〔城縣以〕西的游擊戰爭。（4）在老區域中對敵人暫取守勢，在新的區域只不斷以一部兵力到處襲擊。〔註 42〕

初時，李宗仁比較關注皖東地區的新四軍，對留在鄂東地區的新四軍李先念部較無積極清剿。但新四軍第五師經過一年多來，不斷消滅周遭的偽軍，逐漸擴大豫鄂邊區的控制範圍，並於 1942 年 5 月初開始往鄂南方向發展。〔註 43〕這也引起了李宗仁的注意，決定對其採取積極清剿。6 月中旬，雙方即爆發激戰，而李先念在損失兩團後，開始向南後撤；其在鄂省隨縣成立的抗大十分校及洪山公學，也被迫遷至京山和午山山地。〔註 44〕

面對李宗仁的圍剿，李先念部受損極大；加上日軍也注意到其威脅，也加強掃蕩作戰，在襄南、漢沔地區加設據點增強防禦，李先念部被壓迫到平漢路以西，涓水以東之狹長平原、丘陵一帶。〔註 45〕中共中央對此致電李先念，希望李減少與周遭部隊的戰鬥：「五師在敵偽與頑軍夾攻中，形勢相當嚴重。……要少樹敵人，多展開統一戰線工作，與非中央地方派系及本地實力派要多聯絡，盡量求得和解」〔註 46〕。李先念也遵照指示，減緩在江北地區

〔註 41〕《張雲逸傳》編寫組和海南省檔案館合編，《張雲逸年譜》，1941/03/26，頁 93。

〔註 42〕〈李先念、任質斌關於敵友情況及部隊行動計畫致劉少奇等電〉，1941/01/06，中國人民解放軍歷史資料叢書編審委員會編，《新四軍文獻（2）》，頁 636。

〔註 43〕鄂豫邊區革命史編輯部，《新四軍第五師抗日戰爭史稿》（湖北：湖北人民出版社，1989 年），頁 145。

〔註 44〕〈增編（六）〉，1942/06/16，《蔣中正總統文物》，典藏號：002-090300-00221-297。

〔註 45〕鄂豫邊區革命史編輯部，《新四軍第五師抗日戰爭史稿》，頁 159-160。

〔註 46〕〈中共中央軍委關於第五師再堅持與發展敵後鬥爭中需注意的問題致李先念等電〉，1942/07/16，中國人民解放軍歷史資料叢書編審委員會編，《新四軍文獻（3）》（北京：解放軍出版社，1994 年），頁 638。

的活動，把主力逐漸往鄂南方面移動。

但李宗仁對於新四軍仍盤據在鄂東地區感到不滿，從 9 月初開始，以第三十九軍一部爲主力，會同第一二八師和當地保安團向李先念部進攻，目標爲消滅大悟山和小悟山的根據地。雙方正面交戰到 10 月底，李先念部丟失許多據點，只好更改作戰方式，改用「先集中於適當地區，給進攻之頑弱點一還擊；在主力未作戰之前，則先發動各軍分區地方部隊，向頑後開展游擊作戰」〔註 47〕，以此牽制國軍向其持續深入。而這項作戰方式成功減緩國軍的進攻，雙方逐漸呈現僵持狀態。1943 年初立煌淪陷，第五戰區對李先念部的圍攻也暫告終止。

李宗仁重新穩住安徽後，原本位於漢沔地區的第一二八師遭到日軍殲滅，使得第五戰區失去對漢沔地區的控制，而李先念部也趁機拓展其根據地。李宗仁爲了奪回對漢沔地區的控制，重新對日軍和新四軍展開反攻，至 3 月底收復鄂東不少地區，李先念部也退至鄂省禮山以南地區。〔註 48〕

面對李宗仁不斷的壓迫，到了 1943 年 4 月，李先念多次向李宗仁電呈，希望停止進逼：

> 先念等敵後五年血戰，抗戰復土雖無赫赫之勛功，亦無愧委座〔蔣〕廿七年十月卅日告國人書之召示。然皖南事變以來，慘遭摒棄橫逆，時加此實引爲痛心。……關於本師在豫鄂邊區，今後作戰上一切問題，願由兩黨中央合理解決。未解決前，願得鈞座〔李〕之諒解，指示作戰方針，益爲必要之幫助。〔註 49〕

李宗仁收到後，即將這些電文彙整，於同年 5 月間呈報給蔣中正並表示：「查該員月前亦曾迭次來信，有請求歸編之意。職意可由中央或戰區派委員先往詢洽，如係誠意，可否准予投誠？」〔註 50〕但這項提議最後被蔣中正給否決：

〔註 47〕〈陳少敏等關於反擊國民黨頑固派軍隊進攻的部署致中共中央軍委電〉，1942/10/29，中國人民解放軍歷史資料叢書編審委員會編，《新四軍文獻（3）》，頁 650。

〔註 48〕〈抗命禍國——抗戰時期（二）〉，1943/03/22，《蔣中正總統文物》，典藏號：002-090300-00203-251。

〔註 49〕〈抗命禍國——抗戰時期（六）〉，1943/05/25，《蔣中正總統文物》，典藏號：002-090300-00207-072。

〔註 50〕〈抗命禍國——抗戰時期（六）〉，1943/05/25，《蔣中正總統文物》，典藏號：002-090300-00207-072。

「〔李先念〕並無投誠之意，如僅爲改編名義，則恐反與其作惡之便利。」〔註51〕李宗仁則遵照蔣的指示，對李先念就不再予以理會，持續對其壓迫。

在李宗仁不斷壓迫下，新四軍第五師的發展受到限制，雖然部隊人數仍不斷擴充，但游擊區的擴展受到侷限。直到豫中會戰後，日軍爲了打通東京到越南的陸路，發動一號作戰，這迫使李宗仁調派第二集團軍前往參戰，使得第五戰區減緩對新四軍的壓迫。豫中會戰又使國軍遭到重創，使得李宗仁無暇顧及新四軍第五師，中共中央指示李先念，要趁機沿平漢鐵路向北發展游擊區。可是李先念在歷經李宗仁的清剿後，曾表示「一是嚴重的財政困難，二是地方工作落後和根據地不夠鞏固，三是嚴重缺乏幹部」等困難。〔註52〕但在中共中央不斷要求下，仍派出部分兵力北上發展。接著國軍在豫湘桂會戰中的潰敗，使得李宗仁爲了避免日軍來襲，重新加強對日軍防禦，對鄂東地區新四軍的清剿，也較之前來得舒緩。

表 5-1　抗戰期間新四軍第五師士兵統計表

年份	1939 年	1940 年	1941 年	1942 年	1943 年	1944 年	1945 年 8 月
人數	9,000 員	14,881 員	19,735 員	23,488 員	32,061 員	35,643 員	51,827 員

參考資料：鄂豫邊區革命史編輯部，《新四軍第五師抗日戰爭史稿》，頁 361。

二、皖東地區的爭奪

新四軍事件後，李品仙當然不會坐視新四軍在皖東地區發展。1941 年 10 月，新四軍與日軍在津浦、淮南鐵路沿線發生衝突，李品仙趁機派遣第一七一師和省保安第六、第八團等部，向新四軍淮南、津浦鐵路以西的根據地進攻，成功收復廣興集、界牌集、富旺集、周家崗等地。11 月 27 日更會同第一七二師，分三路進攻新四軍根據地的中心藕塘；戰至 12 月 8 日，新四軍最終放棄中心區，轉往王回崗地區，繼續與桂軍進行游擊戰。〔註53〕

此時皖東地區形成三方各自佔領一角，互打游擊戰的混亂狀態。津浦鐵路以西，李品仙派第一七一師進駐，配合第十游擊縱隊和省保安團，四處執行游擊作戰。日、僞軍則沿著津浦鐵路和淮南鐵路兩側駐紮軍隊；新四軍則

〔註51〕〈領袖指示補編（十六）〉，1943/05/31，《蔣中正總統文物》，典藏號：002-090106-00016-370。

〔註52〕《張雲逸傳》編寫組和海南省檔案館合編，《張雲逸年譜》，1944/07/03 頁 140。

〔註53〕《張雲逸傳》編寫組和海南省檔案館合編，《張雲逸年譜》，頁 96-97。

是能對津浦鐵路以西有效控制，以東地區僅控制少數縣市的一部分。〔註 54〕

面對皖東地區的僵持，新四軍軍部認爲應優先殲滅江蘇地區的韓德勤部，曾致電位於皖東的第二師：「不應主動進襲國民黨頑軍，要嚴格遵守自衛原則。」〔註 55〕於是新四軍第二師曾派人聯繫時任第一七一師師長曹茂琮，希望雙方能停止衝突；但不久後被李品仙發覺，電飭曹茂琮，表示今後未經批准，不得擅自行動；並把第四十八軍副軍長漆道徵調回皖東地區坐鎭，以此嚴防共產黨人私下與該軍聯繫。〔註 56〕

1943 年 1 月，安徽省臨時省會立煌遭到日軍攻陷，李品仙暫時停止對共軍的作戰，轉而重新加強立煌周邊軍力。新四軍軍部也制止第二師和第七師的行動，認爲：

> 當此敵大舉進攻大別山及國共關係日趨緩和之際，你們應立即停止西進計劃，而應採取一切方法和步驟，改善友我雙方關係。……應抓住敵攻大別山之時機，提出擁護國軍抗戰、保衛大別山、加強內部團結等口號，主動向友方黨、政、軍各方面進行接洽。〔註 57〕

但李品仙並無任何正面回應。3 月間，新四軍殲滅江蘇的韓德勤部，這讓李品仙感到相當緊張，但此時忙於重新穩固安徽的統治，暫無力量發動大規模進攻。

但到了下半年，第一七一師五一二團在合肥東北之古鵝崗與新四軍發生衝突，團長蒙培瓊重傷被俘，〔註 58〕迫使李品仙重新對新四軍發動大規模的進攻。李品仙以第一七一師爲基幹，配合第十游擊縱隊、皖省保安第八團及各縣團隊向新四軍進攻。雙方在王子城地區展開激戰，最後新四軍遭到擊敗，部分軍隊撤退至路東地區。〔註 59〕

〔註 54〕〈新四軍軍部關於皖東概況致中共中央軍委電〉，1942/05，中國人民解放軍歷史資料叢書編審委員會編，《新四軍文獻（3）》，頁 342-344。

〔註 55〕《張雲逸傳》編寫組和海南省檔案館合編，《張雲逸年譜》，1942/09/03，頁 100。

〔註 56〕曹茂琮，〈抗日時期的皖東及皖東慘案〉，《新桂系紀實（中）》，頁 365-368。

〔註 57〕〈中共中央華中局、新四軍軍部關於停止西進改善友我關係致七師並二師電〉，1943/01/09，中國人民解放軍歷史資料叢書編審委員會編，《新四軍文獻（3）》，頁 865。

〔註 58〕李品仙，《李品仙回憶錄》，頁 210

〔註 59〕徐啓明口述、陳存恭訪問紀錄，《徐啓明先生訪問記錄》（臺北：中央研究院近代史研究所，1983 年），頁 114-116。

在路西地區擊敗新四軍後，李品仙再增派一團加強戰力；並以周家崗爲起點，開始構築碉堡線，採取小心謹慎的方式，緩慢推進，來限縮新四軍在皖東地區的根據地。〔註 60〕

豫中會戰後，李宗仁減緩對鄂東地區新四軍的清剿，但皖東地區並沒有鬆懈。從 1944 年春季，重新對在桐城、廬江、無爲、舒城、潛山等地區的新四軍發動攻勢；至 7 月底，已經成功切斷新四軍第二師和第七師的聯絡交通要道，並持續構築碉堡營地，增強防禦措施。〔註 61〕豫中會戰的國軍潰敗，不僅提供共軍鞏固既有根據地的機會，更是向國民政府後方發展的時機，中共中央趁機指示各路共軍往河南各地發展，尤其是渡過黃河，進入豫西山地發展。〔註 62〕但這也使得新四軍軍部暫時無法集中軍力，重新打通第二師與第七師之間的聯絡交通要道，最後只好指示第七師：「目前基本任務除監視桂頑，鞏固原有根據地外，今後主要發展方向爲向江南，……〔讓〕大批主力隨時可以南北轉移」〔註 63〕。

第二十一集團軍雖然成功攻下新四軍淮南、津浦鐵路以西根據地中心區，和阻斷其第二師和第七師的聯絡交通要道，但卻一直無法完全消滅此一地區的新四軍。而過於關注淮南、津浦鐵路以西地區，反而讓新四軍在淮南、津浦鐵路以東地區的發展越趨穩固。1945 年，第十戰區成立後，仍無法打破雙方在該地區的僵持，直至抗戰勝利。

〔註 60〕《張雲逸傳》編寫組和海南省檔案館合編，《張雲逸年譜》，1943/11/15，頁 123。

〔註 61〕〈新華社報導國民黨軍進攻新四軍〉，1944/08/07，中國人民解放軍歷史資料叢書編審委員會編，《新四軍文獻（4）》（北京：解放軍出版社，1995 年），頁 748。

〔註 62〕呂芳上編，《中國抗日戰爭史新編 全民抗戰》（臺北：國史館，2015 年），頁 184。

〔註 63〕〈中共中央華中局關於目前第七師基本任務致譚希林等電〉，1944/12/01，中國人民解放軍歷史資料叢書編審委員會編，《新四軍文獻（4）》，頁 758。

第六章　結　論

本文重點，在探討李宗仁、桂軍與抗戰的關係；第五戰區與戰區制度的發展；戰區內部，以安徽省政為主的研究；乃至桂系與中共關係的變化等。蓋前人有關桂系的研究，多著重於戰前或戰後的發展；對其在抗戰期間的轉變較少著墨。故本文在說明李宗仁擔任第五戰區司令長官期間的作為之外，也分析了桂軍戰時出省作戰的表現。

抗戰期間所成立的戰區制度，是戰時的特殊產物，目的之一是要適應國軍派系的複雜性，將軍系和戰區做某種程度的結合，以便集中抗戰力量。但因戰區是戰時的產物，在「軍事第一」的原則下，戰區司令長官擁有龐大的權力，除了力能指揮戰區內所有部隊外，還兼管戰區內的省政、黨務事宜。因此本文嘗試以第五戰區作為案例，希望能夠對於抗戰時期的戰區制度研究，有所補白。

有關抗戰期間，地方基層政治的討論，一向引人注目。第五戰區所轄，最重要的就屬安徽省。該省在戰時，歷經 3 位桂系人物的統治後，逐漸成為桂系所能掌握的省份。一直到抗戰結束後，省主席一職仍由桂系人馬續任。筆者以為其主因，還是桂系對於基層的有效控制，使其能鞏固統治根基。桂系如何控制基層，就變成相當值得探討的問題。

對日抗戰的爆發，將中國各地擁有實力的地方領袖，重新集結至中央的旗幟下，李宗仁所率領的桂系集團，自然也不例外。戰前，李宗仁曾多次呼籲中央，不應容忍日本對中國的要求，應反抗日本的侵略行為。因此，當抗戰爆發後，李宗仁也履行戰前的呼籲，積極投入抗戰；迅速將桂軍改編成三個集團軍，並率領第十一集團軍和第二十一集團軍，率先北上參與戰爭。

桂軍最早參戰的是第二十一集團軍，奉調參與淞滬會戰。會戰結束後，暫歸第三戰區統轄。而隨後北上的第十一集團軍，則直接隸屬於第五戰區。延至徐州會戰前，李宗仁再把第二十一集團軍調往第五戰區，至此出省抗戰的桂軍，全都回歸第五戰區所指揮。

這兩個集團軍，就在李宗仁的統率下，參與戰區內的大小戰役。直到 1940 年棗宜會戰後，第十一集團軍遭到日軍的重創，才將其殘部全數併入第二十一集團軍，並取消其番號。北上參與抗戰的桂系子弟兵，自此就都由第二十一集團軍統領，直到抗戰勝利。總計歷經長達 8 年的戰爭，桂軍傷亡頗重，從戰前擁有 3 個集團軍，到戰後只剩 1 個集團軍和 2 個軍。

至於第五戰區的演變，李宗仁初任司令長官時，即面對日軍的南北夾攻。爲了避免遭到夾擊，李宗仁將桂系的兩個集團軍，全數集中在戰區南線，阻擋日軍的北上；自己專注於北線，指揮軍隊作戰，最終締造了台兒莊大捷，不僅在抗戰初期，具有鼓舞士氣的效果；也打破了日軍永不失敗的印象。

隨著戰局的變化，第五戰區的作戰範圍，改爲橫跨河南、湖北、安徽 3 省。但由於日軍佔領武漢到信陽之間的平漢鐵路，使得戰區被切割成東、西兩部分。因此李宗仁在鐵路東邊敵後地區，即所謂的「豫鄂皖邊區」，派駐桂系的第二十一集團軍。其理由自然是因桂軍屬於李最放心的部隊，不會迫於日軍的圍剿而叛變；加上安徽省是由桂系人馬所控制，可以相互配合。

平漢鐵路以西的第五戰區，則是重兵雲集的地區，威脅著日軍所佔領的武漢地區。因此日軍在武漢會戰後，曾對第五戰區接連發動隨棗會戰、棗宜會戰和豫南會戰，希望消滅戰區內的有生力量。但在李宗仁的指揮作戰下，日軍始終無法達成目的。

筆者認爲在整個抗戰期間，第五戰區內，第二十一集團軍所進行的敵後游擊戰，對日軍後方補給線，已造成很大的困擾。日軍一直企圖消滅此區的桂軍，不斷對其進行「掃蕩」；但苦於兵力不足，無法徹底打擊。而桂軍則緊抓敵後游擊區，直至抗戰勝利。戰區還發揮了威脅武漢地區日軍的作用，在李宗仁的指揮下，阻擋日軍的西進。

戰後，各戰區經國府中央改組成「綏靖公署」或「綏靖區」，負責接收淪陷區。事實上，綏靖公署或綏靖區的內部職缺，幾乎都由原戰區人員出任；且綏靖公署主任和綏靖區司令長官的權力，也幾乎與戰區司令長官雷同。則戰後的綏靖公署或綏靖區，看似與戰時的戰區制度，設計相同，其之間的關聯性，將是未來可研究的新方向。

抗戰時期，在「軍事高於政治」的原則下，省主席多由軍人兼任，第五戰區轄下的安徽省也不例外。安徽省在戰前，曾是國府中央眞正能夠掌握的省份之一，也對其做了不少建設；但在戰爭的破壞下，其成果幾乎付之一炬。因此，當李宗仁出任安徽省主席時，最關注的是財政方面，畢竟任何建設皆須用錢。在省政府財政廳長章乃器的重整下，安徽財政重新步入正軌。然而由於第五戰區經歷徐州會戰和武漢會戰，使得李宗仁認爲無法軍、民兩面兼顧；因此李只當了 9 個多月的省主席，就由第二十一集團軍總司令廖磊繼任。

廖磊擔任省主席期間，政治方面：改造省、縣政府組織，將其變爲較符合戰時需求的單位；還培育基層人員，使政策能夠順利下達基層。軍事方面：重整省保安團和縣常備隊，減少其擾民的問題。民生經濟方面：除了延續李宗仁時期重整財政的方針外，也打擊貪污、節省花費；以增設「貨物檢查處」來徵收通過稅，和協助農民物產運銷，以積極執行開源的政策。

1939 年 10 月，廖磊病逝於立煌，省主席改由李品仙擔任。李品仙在上任之初，曾力行「黨政軍一元化」政策，將自身的權力擴大，而引發眾多的衝突事件。但所推行的政策，大多依循李宗仁和廖磊時期的方針，並遵從中央要求地方施行的政策，例如中央所推行的新縣制等。而 1943 年所發生的「立煌事變」，也在李品仙後續處理得宜下，穩住桂系在安徽的統治根基。

筆者總結三位桂系省主席所實施的政策，皆強調「軍民合作」的重要性。例如李宗仁成立的「動員委員會」，即是藉由動員民眾參與抗戰，以達到總體戰的目標。桂系能夠如此長久統治安徽省，主因還是對於基層改造相當成功，有效執行省府所下達的命令。桂系對基層的有效掌握，鞏固了其統治根基。

第五戰區的另一特色，就是擁有數量眾多的「雜牌」部隊。李宗仁對此，甚爲注意，在戰區人事上，積極拉攏各派系將領。例如數量最多的西北軍系，李宗仁就設立招待所，供其將領使用；還將這些將領的親信調至長官部任職。筆者認爲，李的拉攏策略大致是成功的，使這些派系多能遵從李的領導，從隨棗會戰、棗宜會戰到豫南會戰，李宗仁指揮相當得心應手，少有發生抗命的狀況。

所以筆者認爲：李宗仁能夠擔任第五戰區司令長官一職，長達 7 年多的時間，除了其所擁有的桂軍外，就是李宗仁能夠有效指揮「雜牌」部隊。中央重用李宗仁，還是希望能夠令這些不十分聽話的「雜牌」部隊，爲抗戰効力。因此在處理李和中央將領之間的衝突時，寧可偏袒李所提出的方案，例如有關鄂東游擊隊和鄂北糧食問題，中央即曾希望陳誠能夠盡量配合李宗仁的需求。

中央雖然讓李宗仁指揮眾多「雜牌」軍隊，但對李仍始終心存疑慮。加上當時曾傳出李遭汪政權勾引的消息，爲了避免李叛變，中央對之是軟硬兼施。一方面仍仰賴李指揮「雜牌」部隊；另一方面在第五戰區的北、南、西三邊，皆佈署中央軍系的部隊；而第五戰區的東邊，則是跟日軍相接的交戰區。也就是說，如果李出現叛變的動向時，中央能夠迅速調動部隊，包圍第五戰區，消滅桂軍勢力，使李不敢輕舉妄動。

至於遺留在安徽省及其周邊地區的中共軍隊，在抗日共同戰線的號召下，改編爲新四軍。李宗仁在戰前是一位相當反共的人士，對於新四軍，並不把其當作重要戰力。雖然李在省主席任內，任用許多左派或中共人士；事實上，也只是希望運用其動員群眾的能力。可是主要由左派和中共份子所組成的「動員委員會」，逐漸脫離李的掌握；加上桂軍與新四軍之間的衝突不斷，使李對中共漸感不滿。

1939 年，李開始對戰區內部的共黨份子加以排除。到了 1940 年，雙方已在檯面下有過幾次摩擦。於是當 1941 年，新四軍事變爆發後，雙方的衝突也就浮上檯面。桂軍不斷對盤據在皖東的新四軍發動進攻，希望將其消滅。事實上，到了抗戰後期，桂軍剿共更勝於抗日。只是直到抗戰勝利，桂軍仍無法收復皖東地區。而盤據於此的新四軍，在之後的國共內戰中，則成爲威脅國軍的心腹大患。

總體而言，李宗仁擔任第五戰區司令長官期間，將桂系的聲勢推向高峰；不但將安徽省納入其勢力範圍，也成功結交其他派系的軍事將領。儘管中央對李頗有戒心，但因李相當遵從中央號令，使得中央只好繼續由李擔任此一職務。直到日軍「一號作戰」後，中央才藉機將李宗仁升任漢中行營主任，調離第五戰區，直至抗戰勝利爲止。

附　錄

徐州會戰前期第五戰區指揮系統圖

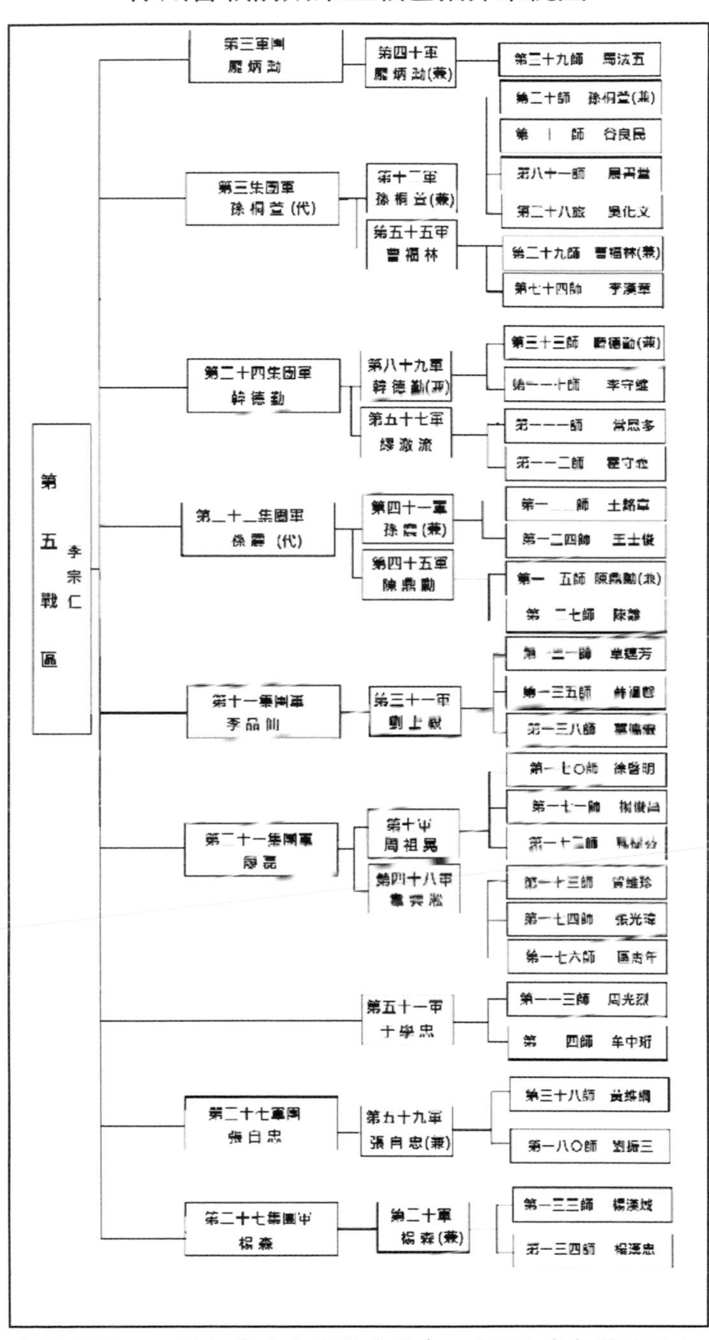

參考資料：三軍大學戰史編纂委員會，《國民革命軍戰役史第四部——抗日（二）初期戰役（下）》（臺北：國防部史政編譯局，1995 年），第二篇第三章插表十。

徐州會戰後期第五戰區指揮系統圖

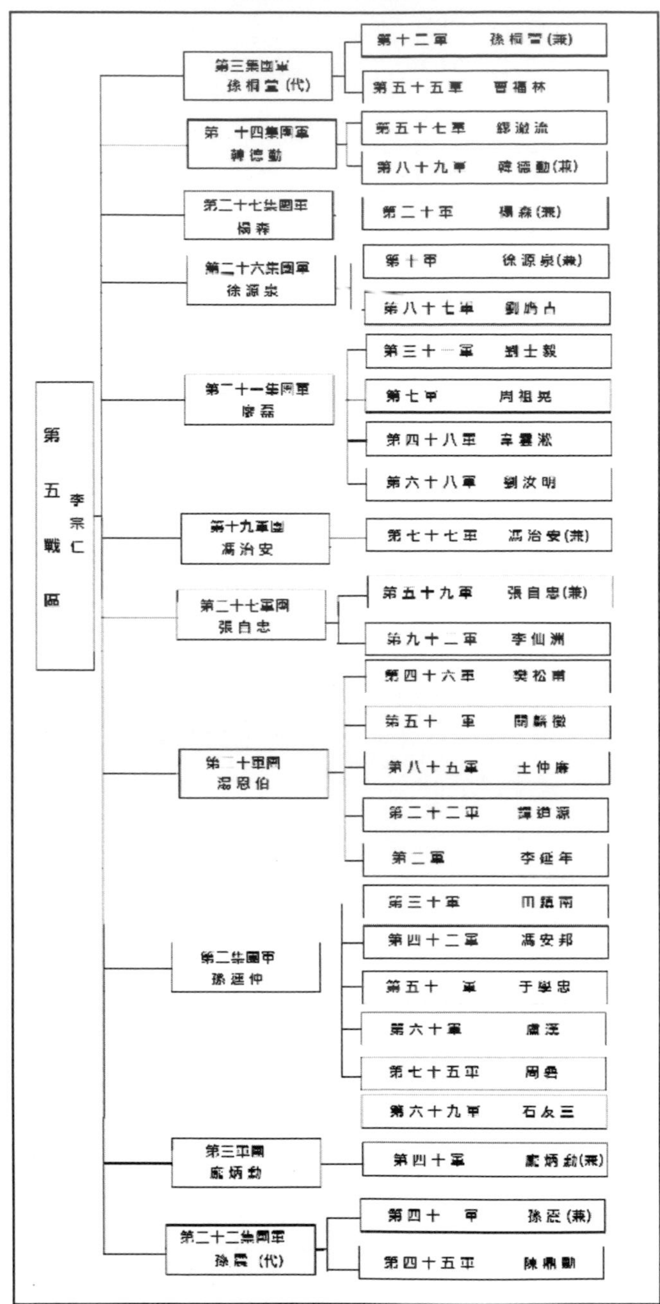

參考資料：三軍大學戰史編纂委員會，《國民革命軍戰役史第四部——抗日（二）初期戰役（下）》，第二篇第三章插表十二。

武漢會戰第五戰區指揮系統圖

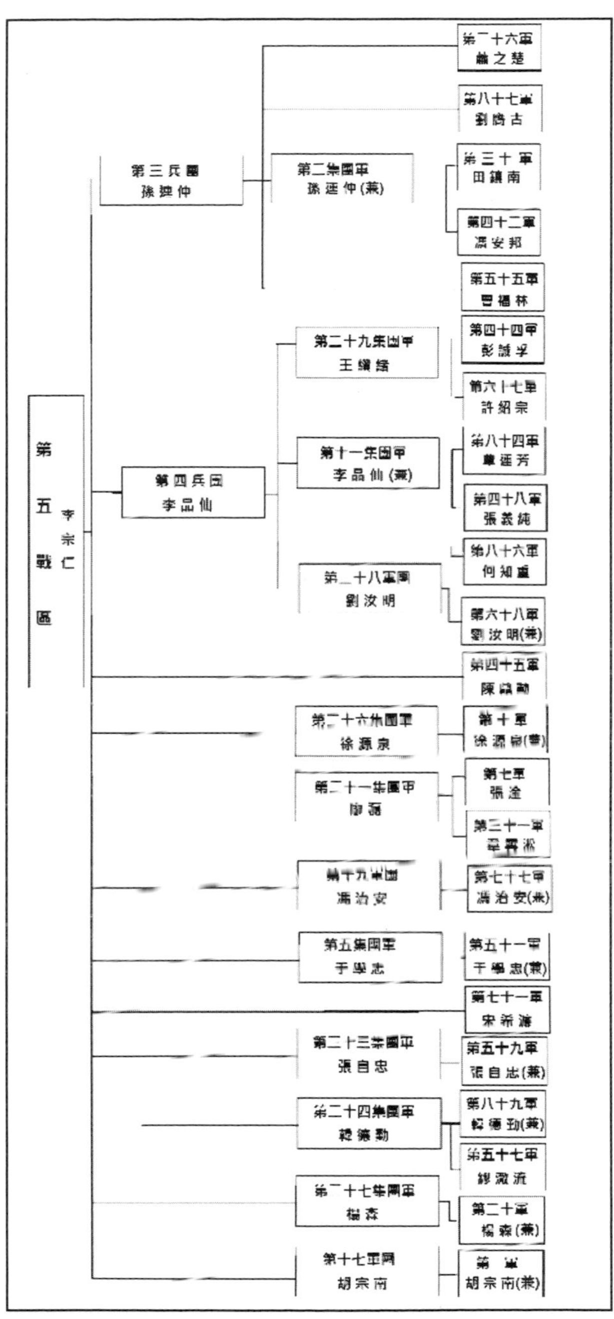

參考資料：三軍大學戰史編纂委員會，《國民革命軍戰役史第四部——抗日（二）初期戰役（下）》，第二篇第四章插表三。

隨棗會戰第五戰區指揮系統圖

- 第五戰區 李宗仁
  - 江防軍 郭懺
    - 第二十六軍 蕭之楚
    - 第九十四軍 郭懺(兼)
    - 第七十五軍 周嵒
    - 第四十四軍 廖震
    - 第一二八師 王勁哉
  - 右集團軍 張自忠
    - 第二十九集團軍 王纘緒
      - 第六十七軍 許紹宗
    - 第四十五軍 陳鼎勳
    - 第三十三集團軍 張自忠(兼)
      - 第五十九軍 張自忠(兼)
      - 第七十七軍 馮治安
    - 第五十五軍 曹福林
  - 左集團軍 李品仙
    - 第十一集團軍 李品仙(兼)
      - 第八十四軍 覃連芳
      - 第三十九軍 劉和鼎
    - 第三十一集團軍 湯恩伯
      - 第十三軍 張軫
      - 第八十五軍 王仲廉
  - 第二線兵團 孫震
    - 第二十二集團軍 孫震(兼)
      - 第四十一軍 孫震(兼)
    - 第一七九師 何基灃
  - 豫鄂皖邊區游擊總指揮 廖磊
    - 第二十一集團軍 廖磊 (兼)
      - 第七軍 張淦
      - 第四十八軍 區壽年
    - 豫鄂皖邊區西進軍 王贊斌
    - 鄂東游擊總指揮 程汝懷
  - 砲兵部隊 辛明潤

參考資料：國防部總政治作戰部編，《抗日戰史紀要》（臺北：國防部總政治作戰部，1996 年），頁 150-152。

冬季攻勢第五戰區指揮系統圖

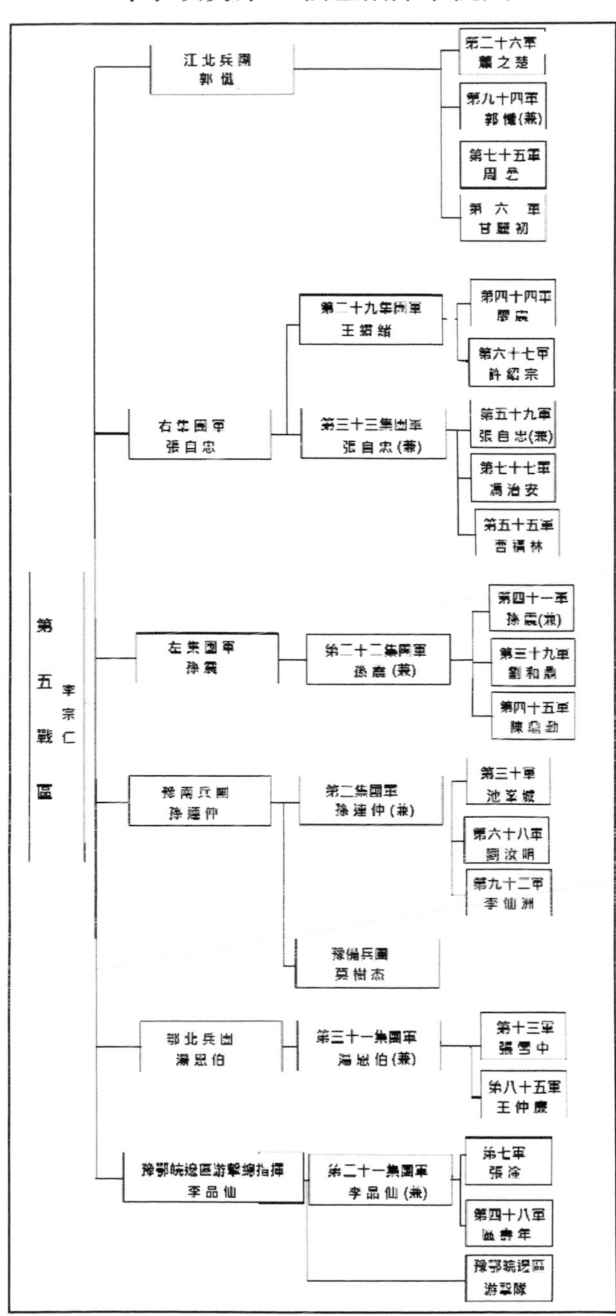

參考資料：國防部總政治作戰部編，《抗日戰史紀要》，頁 190～192。

棗宜會戰第五戰區指揮系統圖

- 第五戰區 李宗仁
  - 江防軍 郭懺
    - 第二十六軍 蕭之楚
    - 第九十四軍 李及蘭
    - 第七十五軍 周喦
  - 第一二八師 王勁哉
  - 右集團軍 張自忠
    - 第二十九集團軍 王纘緒
      - 第四十四軍 廖震
      - 第六十七軍 許紹宗
    - 第三十三集團軍 張自忠(兼)
      - 第五十九軍 張自忠(兼)
      - 第七十七軍 馮治安
    - 第五十五軍 曹福林
  - 中央集團軍 黃琪翔
    - 第十一集團軍 黃琪翔(兼)
      - 第八十四軍 莫樹杰
      - 第四十五軍 陳鼎勳
    - 第一二七師 陳離
  - 左集團軍 孫連仲
    - 第二集團軍 孫連仲(兼)
      - 第三十軍 池峯城
      - 第六十八軍 劉汝明
      - 獨立第四十四旅 倪鵬舉
  - 機動兵團 湯恩伯
    - 第三十一集團軍 湯恩伯(兼)
      - 第十三軍 張雪中
      - 第八十五軍 王仲廉
  - 預備兵團 孫震
    - 第二十二集團軍 孫震(兼)
      - 第四十一軍 孫震(兼)
    - 第九十二軍 李仙洲
  - 大別山游擊軍 李品仙
    - 第二十一集團軍 李品仙(兼)
      - 第七軍 張淦
      - 第四十八軍 區壽年
    - 鄂東游擊總指揮 程汝懷

參考資料：國防部總政治作戰部編，《抗日戰史紀要》，頁217-219。

豫南會戰第五戰區指揮系統圖

- 第五戰區 李宗仁
  - 第二十九集團軍 王纘緒
    - 第四十四軍 王澤濬
    - 第六十七軍 佘念慈
  - 第三十三集團軍 馮治安
    - 第三十九軍 劉和鼎
    - 第七十七軍 馮治安(兼)
  - 第五十九軍 黃維綱
  - 暫編第九十三師 張德能
  - 第二十二集團軍 孫震(兼)
    - 第四十一軍 孫震(兼)
    - 第四十五軍 陳鼎勳
  - 第二集團軍 孫連仲(兼)
    - 第五十五軍 曹福林
    - 第三十軍 池峰城
    - 第六十八軍 劉汝明
    - 鄂北游擊隊 郭廷俊
    - 豫南游擊隊 田鎮南
  - 第三十一集團軍 湯恩伯(兼)
    - 第二十九軍 陳大慶
    - 第十三軍 張雪中
    - 第八十五軍 李楚瀛
    - 第九十二軍 李仙洲
    - 騎兵第二軍 何柱國
    - 豫鄂游擊隊 王仲廉
  - 第二十一集團軍 李品仙(兼)
    - 第八十四軍 莫樹杰
    - 第七軍 張淦
    - 第四十八軍 區壽年
    - 鄂東游擊隊 程汝懷
  - 第一二八師 王勁哉
  - 第一三二師 王長海

參考資料：國防部總政治作戰部編，《抗日戰史紀要》，頁229-232。

1944 年安徽省政府組織圖

安徽省政府
委員會議
保安司令部
司令辦公室
會計室　經理科　軍法科　總務科　防空處　保安處
軍管區司令部
秘書室　軍法室　參謀室　會計室　總務處　編練處　衛[illegible]處
主席
會計處　會計長
專員　人事室　第三科　第二科　第一科
建設廳　廳長
視察員　會計室　第六科　第五科　第四科　第三科　第二科　第一科　秘書室
教育廳　廳長
督學　會計室　第三科　第二科　第一科　秘書室
財政廳　廳長
[illegible]員　視察員　會計室　第五科　第四科　第三科　第二科　第一科　秘書室
民政廳　廳長
視察員　會計室　第七科　第六科　第五科　第四科　第三科　第二科　第一科　秘書室
秘書處　秘書長
視察員　會計室　電務室　法制室　編譯室　第二科　第一科　秘書室
統計室　人事室
設計考核委員會

參考資料：〈行政〉，安徽省政府編，《安徽概覽》（立煌：安徽省政府，1944 年），附圖。

戰時安徽省政府機關歷任負責人表

0	省主席	秘書長	民政廳長	財政廳長	教育廳長	建設廳長	田糧處長	皖南行署主任
1937	蔣作賓	劉復	端木愷	楊綿仲	楊廉	劉貽燕 蔡灝	╳	╳
1938	李宗仁 廖磊	朱佛定	張義純 戴戟 陳良佐	章乃器 楊憶祖	方治	蔡灝	╳	戴戟
1939	廖磊	朱佛定	陳良佐	楊憶祖	方治	蔡灝	╳	戴戟
1940	李品仙	朱佛定	李品仙	桂競秋	萬昌言	蔡灝	╳	黃紹耿
1941	李品仙	朱佛定	韋永成	桂競秋	萬昌言	儲應時	╳	黃紹耿
1942	李品仙	朱佛定	韋永成	桂競秋	萬昌言	張宗良	╳	張宗良
1943	李品仙	黃同仇	韋永成	桂競秋	萬昌言	張宗良	蘇民	張宗良
1944	李品仙	黃同仇	韋永成	桂競秋	汪少倫	張宗良	楊中明	張宗良
1945	李品仙	黃同仇	韋永成	桂競秋	汪少倫	張宗良	楊中明	張宗良

注：符號「╳」代表此機關尚未成立。

參考資料：安徽省地方志編纂委員會編，《安徽省志 11 人大政府政協志》（北京：方志出版社，1999 年），頁 200。

徵引書目

一、檔案文電

（一）國民政府檔案（國史館庋藏）

1. 典藏號：001-050000-0006，〈各省政務（二）〉
2. 典藏號：001-050000-0020，〈國內政情（二）〉
3. 典藏號：001-110010-0017，〈管制物價（五）〉

（二）蔣中正總統文物（國史館庋藏）

1. 典藏號：002-020200-00028，〈革命文獻——兩廣事變〉
2. 典藏號：002-020300-00007，〈革命文獻—抗戰方略：整軍〉
3. 典藏號：002-020300-00012，〈革命文獻—第一期第一階段作戰經過〉
4. 典藏號：002-020300-00013，〈革命文獻—第二期第二階段作戰經過〉
5. 典藏號：002-020300-00014，〈革命文獻—第二期第三階段作戰經過〉
6. 典藏號：002-060100-00141，〈事略稿本——民國二十九年六月〉
7. 典藏號：002-060100-00147，〈事略稿本——民國二十九年十二月〉
8. 典藏號：002-060100-00190，〈事略稿本——民國三十三年七月〉
9. 典藏號：002-060100-00193，〈事略稿本——民國三十三年十月〉
10. 典藏號：002-060100-00198，〈事略稿本——民國三十四年三月〉
11. 典藏號：002-060100-00263，〈二十六年十月份事略稿本〉
12. 典藏號：002-070200-00015，〈交擬稿件—民國三十一年七月至民國三十一年九月〉
13. 典藏號：002-080101-00041，〈川康滇黔政情（四）〉
14. 典藏號：002-080102-00038，〈特種情報——軍統（五）〉
15. 典藏號：002-080102-00039，〈特種情報——軍統（六）〉
16. 典藏號：002-080103-00039，〈全面抗戰（六）〉

17. 典藏號：002-080103-00052，〈全面抗戰（十九）〉
18. 典藏號：002-080104-00005，〈各種陰謀活動（一）〉
19. 典藏號：002-080200-00267，〈一般資料——民國二十五年（五）〉
20. 典藏號：002-080200-00497，〈一般資料——呈表彙集（七十）〉
21. 典藏號：002-080200-00499，〈一般資料——呈表彙集（七十二）〉
22. 典藏號：002-080200-00503，〈一般資料——呈表彙集（七十六）〉
23. 典藏號：002-080200-00504，〈一般資料——呈表彙集（七十七）〉
24. 典藏號：002-080200-00513，〈一般資料——呈表彙集（八十六）〉
25. 典藏號：002-080200-00514，〈一般資料——呈表彙集（八十七）〉
26. 典藏號：002-080200-00522，〈一般資料——呈表彙集（九十五）〉
27. 典藏號：002-080200-00524，〈一般資料——呈表彙集（九十七）〉
28. 典藏號：002-090106-00016，〈領袖指示補編（十六）〉
29. 典藏號：002-090200-00023，〈汪僞組織（二）〉
30. 典藏號：002-090300-00202，〈抗命禍國——抗戰時期（一）〉
31. 典藏號：002-090300-00203，〈抗命禍國——抗戰時期（二）〉
32. 典藏號：002-090300-00204，〈抗命禍國——抗戰時期（三）〉
33. 典藏號：002-090300-00207，〈抗命禍國——抗戰時期（六）〉
34. 典藏號：002-090300-00221，〈增編（六）〉

（三）**陳誠副總統文物**（國史館庋藏）

1. 典藏號：008-010202-00047，〈往來函電（四十七）〉
2. 典藏號：008-010303-00053，〈往來函電（五十三）〉
3. 典藏號：008-010901-00048，〈鄂東鄂北問題有關重要文電彙輯〉

（四）**戴笠史料**（國史館庋藏）

1. 典藏號：144-010110-0006，〈戴公遺墨——人事類（第 6 卷）
2. 典藏號：144-010103-0004，〈戴公遺墨——軍事類（第 4 卷）

（五）**抗戰史料**（國史館庋藏）

1. 典藏號：0160.52 3480.25，〈社會——安徽現況〉

二、已出版史料

1. 三軍大學戰史編纂委員會，《國民革命軍戰役史第四部——抗日（二）初期戰役（下）》，臺北：國防部史政編譯局，1995 年。
2. 三軍大學戰史編纂委員會，《國民革命軍戰役史第四部——抗日（三）中期戰役》，臺北：國防部史政編譯局，1995 年。

3. 中央研究院近代史研究所編，《徐永昌日記》，臺北：中央研究院近代史研究所，1991 年。
4. 中國人民解放軍歷史資料叢書編審委員會編，《新四軍文獻（1）》，北京：解放軍出版社，1988 年。
5. 中國人民解放軍歷史資料叢書編審委員會編，《新四軍文獻（2）》，北京：解放軍出版社，1994 年。
6. 中國人民解放軍歷史資料叢書編審委員會編，《新四軍文獻（3）》，北京：解放軍出版社，1994 年。
7. 中國人民解放軍歷史資料叢書編審委員會編，《新四軍文獻（4）》，北京：解放軍出版社，1995 年。
8. 中國國民黨黨史委會編，《革命文獻》第 60 輯「抗戰時期之高等教育」，臺北：中央文物供應社，1972 年。
9. 中國第二歷史檔案館編，《中華民國史檔案資料匯編》第五輯，第二編，「財政經濟」（九），南京：鳳凰出版社，2010 年。
10. 中國第二歷史檔案館編，《抗日戰爭正面戰場》，南京：鳳凰出版社，2005 年。
11. 王曉華、戚厚杰主編，《抗日戰爭正面戰場檔案全紀錄》，北京：團結出版社，2011 年。
12. 安徽省政府編，《安徽概覽》，立煌：安徽省政府，1944 年。
13. 安徽省檔案館編，《中國檔案精粹》「安徽卷」，香港：零至壹出版有限公司，2001 年。
14. 何智霖編，《陳誠先生書信集：與蔣中正先生往來函電》，新店：國史館，2007 年。
15. 侯坤宏編，《糧政史料》（三），臺北：國史館，1989 年。
16. 秦孝儀編，《革命文獻》第 112 輯「抗戰建國史料——糧政方面（三）」，臺北：中國國民黨中央委員會黨史委員會，1988 年。
17. 秦孝儀編，《革命文獻》第 114 輯「抗戰建國史料——田賦徵實（一）」，臺北：中國國民黨中央委員會黨史委員會，1988 年。
18. 秦孝儀編，《革命文獻》第 115 輯「抗戰建國史料——田賦徵實（二）」，臺北：中國國民黨中央委員會黨史委員會，1988 年。
19. 秦孝儀編，《革命文獻》第 116 輯「抗戰建國史料——田賦徵實（三）」，臺北：中國國民黨中央委員會黨史委員會，1989 年。
20. 國防部史政編譯局，《抗日戰史——二十八年冬季攻勢（二）》，臺北：國防部史政編譯局，1980 年。
21. 國防部史政編譯局，《抗日戰史——二十八年冬季攻勢（八）》，臺北：國防部史政編譯局，1980年。
22. 國防部總政治作戰部編，《抗日戰史紀要》，臺北：國防部總政治作戰部，1996年。
23. 蔣緯國編，《國民革命戰史第三部——抗日禦侮（八）》，臺北：黎明文化事業公司，1978年。
24. 蔣緯國編，《國民革命戰史第三部——抗日禦侮（三）》，臺北：黎明文化事業公司，1978年。
25. 蔣緯國編，《國民革命戰史第三部——抗日禦侮（五）》，臺北：黎明文化事業公司，1978年。
26. 蔣緯國編，《國民革命戰史第三部——抗日禦侮（六）》，臺北：黎明文化事業公司，1978年。

三、年譜、回憶錄、口述歷史

1. 山東省政協文史資料研究委員會編，《抗日名將張自忠》，北京：中國文史出版社，1987年。
2. 中國人民政治協商會議全國委員會文史資料研究委員會《中原抗戰》編審組編，《原國民黨將領抗日戰爭親歷記：中原抗戰》，北京：中國文史出版社，1995年。
3. 中國人民政治協商會議全國委員會文史資料研究委員會《武漢會戰》編審組編，《原國民黨將領抗日戰爭親歷記：武漢會戰》，北京：中國文史出版社，1989年。
4. 中國人民政治協商會議全國委員會文史資料研究委員會《徐州會戰》編審組編，《原國民黨將領抗日戰爭親歷記：徐州會戰》，北京：中國文史出版社，1985年。
5. 中國人民政治協商會議安徽省委員會文史資料研究委員會編，《安徽文史集萃叢書》第4輯，合肥：安徽人民出版社，1983年。
6. 中國人民政治協商會議安徽省委員會文史資料研究委員會編，《安徽文史資料》第17輯，合肥：安徽人民出版社，1984年。
7. 中國人民政治協商會議安徽省委員會文史資料研究委員會編，《安徽文史資料》第21輯，合肥：安徽人民出版社，1984年。
8. 中國人民政治協商會議安徽省委員會文史資料研究委員會編，《安徽文史資料》第22輯，合肥：安徽人民出版社，1984年。
9. 中國人民政治協商會議安徽省委員會文史資料研究委員會編，《安徽文史資料》第25輯，合肥：安徽人民出版社，1986年。
10. 中國人民政治協商會議安徽省委員會文史資料研究委員會編，《安徽文史資料選輯》第1輯，合肥：安徽人民出版社，1983年。

11. 中國人民政治協商會議安徽省委員會文史資料研究委員會編，《安徽文史資料選輯》第32輯，合肥：安徽人民出版社，1984年。
12. 中國人民政治協商會議河北省委員會文史資料研究委員會編，《河北文史資料》第20輯，石家莊：河北人民出版社，1987年。
13. 中國人民政治協商會議湖北省委員會文史資料研究委員會編，《湖北文史資料》第11輯，武漢：湖北人民出版社，1987年。
14. 中國人民政治協商會議湖北省委員會文史資料研究委員會編，《湖北文史資料》第18輯，武漢：湖北人民出版社，1987年。
15. 文思主編，《我所知道的李宗仁》，北京：中國文史出版社，2003年。
16. 文思主編，《我所知道的湯恩伯》，北京：中國文史出版社，2004年。
17. 方治，《我生之旅》，臺北：東大圖書公司，1986年。
18. 白崇禧，《白崇禧先生訪問紀錄》，臺北：中研院近史所，2015年。
19. 全國政協文史資料研究委員會，《一代梟雄韓復榘》，北京：中國文史出版社，1988年。
20. 安徽省軍區政治部主編，《新四軍在安徽》，合肥：安徽人民出版社，1982年。
21. 何智霖編，《陳誠先生回憶錄——抗日戰爭》，新店：國史館，2004年。
22. 李宗仁，《李宗仁將軍言論：焦土抗戰》，漢口：一星書店，1938年。
23. 李宗仁口述、唐德剛撰寫，《李宗仁回憶錄》，臺北：曉園出版社，1989年。
24. 李品仙，《李品仙回憶錄》，臺北：中外圖書出版社，1975年。
25. 李品仙，《李副司令長官兼主席言論集》，合肥：安徽省政府秘書處，1940年。
26. 政協湖北省老河口市委員會編，《老河口文史資料》第16輯，襄陽：老河口政協文史資料委員會，1985年。
27. 政協湖北省老河口市委員會編，《老河口文史資料》第22輯，襄陽：老河口政協文史資料委員會，1990年。
28. 胡適，《南遊雜憶》，臺北：博雅書屋，2013年。
29. 韋永成，《談往事》，臺北：作者自印，年代不詳。
30. 徐啓明口述、陳存恭訪問紀錄，《徐啓明先生訪問記錄》，臺北：中央研究院近代史研究所，1983年。
31. 張雲逸傳編寫組和海南省檔案館合編，《張雲逸年譜》，北京：當代中國出版社，2012年。
32. 程思遠，《政海秘辛》，香港：南粵出版社，1988年。
33. 黃旭初，《黃旭初回憶錄：李宗仁、白崇禧與蔣介石的離合》，臺北：獨立作家，2015 年。
34. 黃旭初，《黃旭初回憶錄：從辛亥到抗戰》，臺北：獨立作家，2015 年。
35. 黃自進、潘光哲編，《蔣中正總統五記——困勉記》，臺北：國史館，2011 年。
36. 劉鳳翰編著，《孫連仲先生年譜長編》，臺北：國史館，1993 年。
37. 廣西區政協文史資料委員會編，《新桂系紀實》，南寧：廣西壯族自治區新聞出版局，1990 年。
38. 顧祝同，《墨三九十自述》，臺北：國防部史政編譯局，1981 年。

四、專著

1. 中華民國建國一百年軍事史編纂小組編著，《中華民國一百年軍制史：1911—2011》，臺北：老戰友工作室，2012 年。
2. 白先勇編著，《父親與民國——白崇禧將軍身影集》，臺北：時報文化，2012 年。
3. 吉田裕、周保雄譯，《亞洲、太平洋戰爭》，香港：香港中和，2016 年。
4. 安徽省地方志編纂委員會編，《安徽省志》「附錄」，北京：方志出版社，1998 年。
5. 安徽省地方志編纂委員會編，《安徽省志》11「人大政府政協志」，北京：方志出版社，1999 年。
6. 安徽省地方志編纂委員會編，《安徽省志叢書》49「價格志」，合肥：方志出版社，1997 年。
7. 朱浤源，《從變亂到軍省：廣西的初期現代化，1860～1937》，臺北：中央研究院，1995 年。
8. 老河口市地方志編纂委員會編，《老河口市誌》，湖北：新華出版社，1992 年。
9. 何應欽，《日軍侵華八年抗戰史》，臺北：黎明文化，2012 年。
10. 吳振漢，《國民政府時期的地方派系意識》，臺北：文史哲出版社，1992 年。
11. 呂芳上編，《中國抗日戰爭史新編》，臺北：國史館，2015 年。
12. 孟衛東，《國共相爭與皖南事變》，臺北：新銳文創，2012 年。
13. 芮納・米德（Rana Mitter）、林添貴譯，《被遺忘的盟友》，臺北：遠見天下文化，2014 年。
14. 施家順，《兩廣事變之研究》，高雄：復文圖書出版社，1992 年。
15. 唐德剛作、中國近代口述史學會編譯，《民國史軍閥篇：段祺瑞政權》，臺北：遠流，2012 年。

16. 徐承倫，《安徽近現代歷史與人物論集》，合肥：安徽大學出版社，2009年。
17. 郭廷以，《近代中國史綱》，香港：中文大學出版社，1986 年。
18. 郭岱君主編，《重探抗戰史一：從抗日大戰略的形成到武漢會戰，1931～1938》，臺北：聯經，2015 年。
19. 陳永發，《中國共產黨革命七十年》，臺北：聯經出版社，2001 年。
20. 陳進金，《地方實力派與中原大戰》，臺北：國史館，2002 年。
21. 陳耀煌，《共產黨・地方菁英・農民》，臺北：政大歷史系，2002 年。
22. 程思遠，《白崇禧傳》，臺北：曉園出版社，1989 年。
23. 鄂豫邊區革命史編輯部，《新四軍第五師抗日戰爭史稿》，湖北：湖北人民出版社，1989 年。
24. 齊錫生，《劍拔弩張的盟友：太平洋戰爭期間的中美軍事合作關係，1941～1945》，臺北：中研院、聯經，2011 年。
25. 劉鳳翰，《抗日戰史論集》，臺北：東大圖書股份有限公司，1987 年。
26. 劉鳳翰，《抗戰期間國軍擴展與作戰》，臺北：國防部史政編譯室，2004年。
27. 戴安娜・拉里（Diana Lary）、陳仲丹譯，《中國政壇上的桂系》，南京：江蘇教育出版社，2010 年。
28. 謝國興，《中國現代化的區域研究——安徽省（1860–1937）》，臺北：中央研究院，1991 年。

五、專文

1. 〈安徽省縣政府組織規程〉，《安徽政治》，3：19-20，立煌：1940 年。
2. 丁甯，〈供銷合作與平抑物價〉，《安徽合作》，2：8-9，立煌：1941 年。
3. 方治，〈廖主席一年來治皖政績——教育方面〉，《安徽政治》，2：26，立煌：1939 年。
4. 王鎮華，〈人事制度在安徽實施之檢討與前瞻〉，《安徽政治》，7：9，立煌：1944 年。
5. 丘國珍，〈團隊整理的途徑〉，《安徽政治》，1：23，立煌，1938 年。
6. 申曉雲，〈抗戰時期新桂系治皖〉，《慶祝抗戰勝利五十週年兩岸學術研討會論文集》，臺北：聯經出版社，1996 年。
7. 申曉雲，〈社會控制與秩序重建——三十年代的廣西建設〉，《傳記文學》，100：6，臺北，2012 年。
8. 安徽省政府秘書處編，〈安徽省非常時期造林運動宣傳週辦法〉，《安徽政治》，1：2，六安，1938 年。

9. 安徽省政府秘書處編，〈第五戰區民眾動員委員會組織條例〉，《安徽政治》，1：1，六安，1938 年。
10. 何振球，〈本省實施新縣制之概況〉，《安徽政治》，4：7，立煌：1941 年。
11. 何寰九，〈安徽管價工作述評及建議〉，《安徽政治》，6：4-5，立煌，1943 年。
12. 李君山，〈桂軍共赴國難（一九三六～一九三八）〉，《傳記文學》，100：6，臺北，2012 年。
13. 李辰昊，《抗戰時期第五戰區豫鄂皖游擊區的軍政建設研究》，大連：遼寧師範大學歷史研究所碩士論文，2014。
14. 李宗仁，〈主席告全省民眾書〉，《安徽政治》，1：1，六安，1938 年。
15. 李宗仁，〈主席致全省各機關勗以三事電〉，《安徽政治》，1：1，六安，1938 年。
16. 李宗仁，〈主席發表施政方針〉，《安徽政治》，1：1，六安，1938 年
17. 李宗仁，〈後方治安問題與黨政軍工作人員新精神新生命之創造〉，《安徽政治》，1：1，六安，1938 年。
18. 李品仙，〈一年來安徽各部門工作及今後設施〉，《安徽政治》，5：2-3，立煌：1942 年。
19. 李品仙，〈一年來安徽重要行政設施〉，《安徽政治》，6：11-12，立煌，1943 年。
20. 李品仙，〈九大項目與六大要點〉，《安徽政治》，6：3，立煌，1943 年。
21. 李品仙，〈告安徽各界同胞書〉，《安徽政治》，3：1，立煌，1940 年。
22. 李品仙，〈李主席就職演詞〉，《安徽政治》，3：1，立煌，1940 年。
23. 李笙清，〈王勁哉與鄂中抗戰〉，《武漢文博》，2006：2，武漢，2006 年。
24. 汪少倫，〈一年來之教育〉，《安徽政治》，7：12，立煌：1944 年。
25. 汪棣閣，〈鄉鎮造產在安徽的地理基礎〉，《安徽政治》，5：8-9，立煌，1942 年。
26. 林伯瀚，《陳誠主政湖北之研究（1938～1944）》，桃園：國立中央大學歷史研究所碩士論文，2010。
27. 建設廳，〈安徽省戰時春耕辦法綱要〉，《安徽政治》，1：6-7，六安：1938 年。
28. 胡健國，〈抗戰時期鄂北五戰區軍糧供需（民國三十年十月至三十二年九月）〉，《中華民國史專題論文集：第三屆討論會》，臺北：國史館，1996 年。
29. 韋永成，〈一年來之安徽民政〉，《安徽政治》，5：1，立煌，1942 年。
30. 韋永成，〈一年來之安徽民政〉，《安徽政治》，7：12，立煌，1944 年。

31. 韋永成，〈鄉鎮造產在安徽〉，《安徽政治》，7：4，立煌，1944 年。
32. 韋永成，〈鄉鎮造產的剖視與展望〉，《安徽政治》，6：11-12，立煌，1943 年。
33. 韋永成，〈新縣制的認識〉，《安徽政治》，4：7，立煌，1941 年。
34. 夏際寬，〈安徽整理田賦與改征實務的工作動向〉，《安徽政治》，4：8，立煌，1941 年。
35. 徐承倫，〈國共合作共同抗日局面在安徽的形成〉，《江淮文史》，2007：4，合肥，2007 年。
36. 桂競秋，〈一年來之安徽財政〉，《安徽政治》，5：1，立煌，1942 年。
37. 殷澄性，〈關於縣地方幹部訓練的諸問題〉，《安徽政治》，6：3，立煌：1943 年。
38. 祝青儒，〈貨檢制度的檢討與展望〉，《安徽政治》，2：23，立煌：1939 年。
39. 張百川，〈廖主席與安徽文化事業〉，《安徽政治》，2：26，立煌：1939 年。
40. 張義純，〈安徽行政之前瞻〉，《安徽政治》，1：6-7，六安，1938 年。
41. 章乃器，〈二年來本省財政實施概況〉，《安徽政治》，2：16-17，立煌：1939 年。
42. 章乃器，〈公平是解決財政困難的原則〉，《安徽政治》，1：3-4，六安，1938 年。
43. 章乃器，〈安徽省民眾總動員初步綱要草案〉，《安徽政治》，1：2，六安，1938 年。
44. 許餞儂，〈本省田賦徵實之檢討及展望〉，《安徽政治》，5：7，立煌，1942 年。
45. 陳良佐，〈軍民合作的基本問題〉，《安徽政治》，1：25，立煌，1938 年。
46. 陳良佐，〈廖主席一年來治皖政績——民政方面〉，《安徽政治》，2：26，立煌，1939 年。
47. 陳良佐，〈廖主席與安徽基層行政之改造〉，《安徽政治》，2：26，立煌，1939 年。
48. 陳客滿，〈立煌無恙〉，《安徽政治》，6：1-2，立煌，1943 年。
49. 陳維沂，〈一年來之安徽保安〉，《安徽政治》，5：1，立煌：1942 年。
50. 陳維沂，〈一年來之保安〉，《安徽政治》，7：12，立煌：1944 年。
51. 陳維沂，〈本省保安團隊之改進〉，《安徽政治》，4：1，立煌：1941 年。
52. 陳劍虹，〈發展本省紡織工業合作問題〉，《安徽合作》，2：19，立煌：1941 年。

53. 陶松，〈合肥實施新縣制概況〉，《安徽政治》，5：4，立煌：1942 年。
54. 黃昊，〈從新桂系與中共的合作與衝突看皖南事變的發生〉，《史學集刊》，2014：1，長春，2014 年。
55. 楊中明，〈一年來之糧政〉，《安徽政治》，7：12，立煌，1944 年。
56. 楊憶祖，〈廖主席一年來治皖政績——財政方面〉，《安徽政治》，2：26，立煌，1939 年。
57. 萬昌言，〈一年來之安徽教育〉，《安徽政治》，5：1，立煌：1942 年。
58. 賈宏宇，〈安徽近年糧價變動軌跡與今後限價要務〉，《安徽政治》，6：4-5，立煌，1943 年。
59. 靳懷禮，〈本省當前農業應有之措施〉，《安徽政治》，1：25，立煌，1938 年。
60. 廖磊，〈目前省政應注意的幾點〉，《安徽政治》，1：23，立煌，1938 年。
61. 廖磊，〈告本省民眾書〉，《安徽政治》，1：24，立煌，1938 年。
62. 廖磊，〈抗戰中的小學教育工作〉，《安徽政治》，2：3，立煌：1939 年。
63. 廖磊，〈爲改編各縣區鄉（鎮）保甲告全省公務員書〉，《安徽政治》，1：29-30，立煌，1939 年。
64. 廖磊，〈訓練幹部與推行新政〉，《安徽政治》，2：3，立煌，1939 年。
65. 廖磊，〈幹訓班創立的意義和學員回鄉工作的要點〉，《安徽政治》，1：29-30，立煌，1939 年。
66. 趙東雲，〈新四軍四支隊與軍部關係探微〉，《鹽城工學院學報》，27：1，鹽城，2014 年。
67. 劉文潮，〈桐城實施新縣制概述〉，《安徽政治》，5：4，立煌：1942 年。
68. 劉貽燕，〈二十七年六安茶產銷救濟辦法綱要〉，《安徽政治》，1：3-4，六安，1938 年。
69. 劉貽燕，〈非常時期林業建設工作〉，《安徽政治》，1：3-4，六安，1938 年。
70. 蔡灝，〈二年來之安徽建設〉，《安徽政治》，2：16-17，立煌：1939 年。
71. 蔡灝，〈廖主席一年來治皖政績——建設方面〉，《安徽政治》，2：26，立煌：1939 年。
72. 蔡灝，〈關於本省戰時建設事業〉，《安徽政治》，2：1，立煌：1939 年。
73. 蕭先佑，《薛岳與抗戰時期第九戰區的發展（1938～1945）》，嘉義：國立中正大學歷史研究所碩士論文，2014。
74. 賴剛，〈廖主席一年來治皖政績——保安方面〉，《安徽政治》，2：26，立煌，1939 年。
75. 儲應時，〈一年來之安徽建設〉，《安徽政治》，5：1，立煌，1942 年。

76. 儲應時，〈一年來之經濟建設〉，《安徽政治》，7：12，立煌：1944 年。
77. 蘇民，〈安徽糧政之回顧與前瞻〉，《安徽政治》，5：7，立煌，1942 年。
78. 蘇聖雄，《蔣中正與統帥部的組建及運作——以徐州會戰為中心》，臺北：國立臺灣大學文學院歷史學系博士論文，2016。

六、報紙

1. 《皖報》

七、外文史料

1. 亞細亞歷史資料中心（アジア歷史資料センター）

（一）防衛省防衛研究所

（1）陸軍一般史料

1. Reference code：C04122431500，〈昭和 15 年「陸支密大日記 第 32 號 2／2」〉
2. Reference code：C11110442300，〈支那事變に於ける主要作戰の梗概　昭和 13 年 12 月 25 日～昭和 15 年 1 月 14 日〉
3. Reference code：C11110444200，〈支那事變に於ける主要作戰の梗概　昭和 15 年〉
4. Reference code：C11110446300，〈支那事變に於ける主要作戰の梗概　昭和 16 年〉
5. Reference code：C13031939000，〈支那方面作戰記錄　第 3 卷〉
6. Reference code：C13031942500，〈支那方面作戰記錄　第 2 卷〉
7. Reference code：C13070584100，〈步兵第 68 連隊第 1 大隊大別山作戰戰鬥詳報　1／3　昭和 17 年 12 月 18 日～18 年 1 月 16 日〉
8. Reference code：C13070584800，〈步兵第 68 連隊第 1 大隊大別山作戰戰鬥詳報　1／3　昭和 17 年 12 月 18 日～18 年 1 月 16 日〉
9. Reference code：C13070587400，〈步兵第 68 連隊第 1 大隊大別山作戰戰鬥詳報　3／3　昭和 17 年 12 月 18 日～18 年 1 月 16 日〉
10. Reference code：C14020165100，〈精神教育資料　感狀賞詞並美談集（其の 3）昭 18・7・1　編纂〉
11. Reference code：C14060930600，〈大陸指綴（大東亞戰爭）卷 09 昭 19・02・14～19・04・21（第 1852～1964 號）〉

八、外文書籍

1. Diana Lary, Warlord Soldiers: Chinese Common Soldies, 1911～1937. Cambridge Cambridgeshire : Cambridge University Press, 1985.

2. Haruo Tohmatsy and H. P. Willmott, A Gathering Darkness : The Coming Of War To The Far East And The Pacific, 1921～1942. Lanham, Maryland : SR Books, 2004.
3. Yung-fa Chen, Making Revolution: The Communist Movement in Eastern and Central China, 1937～1945. Berkeley: University of Californ Press, 1986.